中国财税研究报告2024

CHINA FINANCE AND TAXATION DEVELOPMENT
RESEARCH REPORT 2024

# 深化财税体制改革再思考

马海涛 肖鹏 孙鲲鹏 主编

中国财经出版传媒集团
中国财政经济出版社
·北 京·

**图书在版编目（CIP）数据**

深化财税体制改革再思考 / 马海涛，肖鹏，孙鲲鹏主编．-- 北京：中国财政经济出版社，2025.1.

ISBN 978-7-5223-3761-6

Ⅰ. F812.2

中国国家版本馆 CIP 数据核字第 20256RY197 号

责任编辑：张晓丽　　责任校对：胡永立

封面设计：陈宇琰　　责任印制：史大鹏

深化财税体制改革再思考

SHENHUA CAISHUI TIZHI GAIGE ZAI SIKAO

中国财政经济出版社 出版

**URL**：http：//www. cfeph. cn

E-mail：cfeph@ cfeph. cn



社址：北京市海淀区阜成路甲 28 号　邮政编码：100142

营销中心电话：010-88191522

天猫网店：中国财政经济出版社旗舰店

网址：https：//zgczjjcbs. tmall. com

涿州汇美亿浓印刷有限公司印刷　各地新华书店经销

成品尺寸：185mm×260mm　16 开　25.25 印张　320 000 字

2025 年 1 月第 1 版　2025 年 1 月河北第 1 次印刷

定价：118.00 元

ISBN 978-7-5223-3761-6

（图书出现印装问题，本社负责调换，电话：010-88190548）

本社图书质量投诉电话：010-88190744

**打击盗版举报热线：010-88191661　QQ：2242791300**

# —— 前言 ——

党的二十大报告明确指出新时代新征程下党和国家事业的前进方向，即以中国式现代化全面推进中华民族伟大复兴。推进中国式现代化是塑造未来中国发展蓝图的关键战略。党的二十届三中全会通过的《中共中央关于进一步全面深化改革，推进中国式现代化的决定》（以下简称《决定》）进一步强调：全面深化改革的总目标是继续完善和发展中国特色社会主义制度，推进国家治理体系和治理能力现代化。《决定》聚焦全面深化改革的总目标，把深化财税体制改革作为健全宏观经济治理体系的重要内容进行统筹协调。深化财税体制改革并非财政体制、税收制度、预算制度等某一方面的改革，而是系统性、全面性的改革。因此，需要深刻认识财税体制改革的时代背景、内涵与定位，以及有关财税体制改革的战略部署等。

## 一、全面把握“深化财税体制改革”的时代背景

放眼世界，当前百年未有之大变局加速演进，国际力量对比深刻变化，新一轮科技革命和产业变革深入发展。而放眼国内，当前及今后一段时期是以中国式现代化全面推进强国建设、民族复兴伟业的关键时期。我国经济发展韧性强、潜力大、市场面广等基本优势从未改变，但人口老龄化加剧，数字经济冲击传统经济发展模式，

绿色发展推动生产消费全面转型，发展不平衡不充分的问题仍然突出。从财政自身角度看，预算管理改革触及深层次问题需进一步深入推进，政府间财政关系尚未完全理顺，基层财政刚性支出压力增大，地方政府债务风险凸现，税制效率仍有待提升等等。以上种种新问题，也是改革步入“深水区”所面临的新挑战，需要更系统化和更深层次的改革来全面推进中国式现代化，这都需要财政发挥国家治理的基础性和支柱性作用予以应对。

高水平社会主义市场经济体制是中国式现代化的重要保障，而科学的宏观调控是发挥社会主义市场经济体制优势的内在要求，必须完善宏观调控制度体系，统筹推进财税改革，确立与中国式现代化相适应的现代财税体制。因此，我国亟待通过深化财政体制改革、优化税制结构、完善预算管理制度以提升财税体制的系统性、整体性和协同性，建立健全与中国式现代化相适应的现代财税体制，从而破除深层次体制机制障碍，实现政府与市场的协同运作，提升市场竞争力和生产要素配置效率，促进新质生产力的发展与经济结构调整优化，最终将全面深化改革的战略部署转化为推进中国式现代化的强大力量。

因此，面对纷繁复杂的国际国内形势，面对新一轮科技革命和产业变革，面对人民群众新期待，是全面深化财税体制改革的根本所在。

## 二、准确理解“深化财税体制改革”的科学内涵

本轮财税体制改革是以“财政是国家治理的基础和重要支柱，科学的财税体制是优化资源配置、维护市场统一、促进社会公平、实现国家长治久安的制度保障”这一科学论断为基础，以全面深化

改革的总目标“坚持和完善中国特色社会主义制度、推进国家治理体系和治理能力现代化”为科学牵引，当前目标是调整现行财税体制中不适应中国式现代化发展的部分，长期目标是重塑财税体制机制，为健全宏观经济治理体系、推进中国式现代化提供制度保障。坚持守正创新的原则和方法，在已有改革成果的基础上结合时代发展的新趋势进一步深化财税体制改革。这种“深化”主要体现在：

第一，本轮深化财税体制改革是针对当前经济社会发展的新问题新挑战提出的。在全球经济下行叠加国内有效需求疲软的大背景下，财政汲取能力受损，基层财政运行出现困难，地方政府化债压力较大，数字经济对传统经济发展方式带来冲击，税收征管更加复杂、再分配效应压力增加，绿色低碳发展方式转型过程中存在政策不系统不协调、执行效率低下等问题，以及老龄化新趋势对公共预算稳定性和财政可持续性带来挑战。这些问题是在新时代、新阶段、新形势下产生的，而深化财税体制改革正是要通过解决好这些问题，推动经济实现量的合理增长和质的有效提升。

第二，本轮深化财税体制改革是全局性、系统性改革。正如习近平总书记所强调的：“财税体制改革不是解一时之弊，而是着眼长远机制的系统性重构”。所谓“长远机制的系统性重构”，就是要科学研究和协调好预算制度、税收制度、政府间财政关系等各个子系统的关系，使其相辅相成，形成良性循环，最终实现做大财政蛋糕、增进人民福祉的长远目标。

第三，深化财税体制改革要处理好政府与市场、中央与地方、全局与局部、效率与公平、发展与安全、当前与长远等重大关系，是协调各种利益关系的枢纽，因此必须更加注重财税体制改革的系统性、整体性、协同性。此外，作为进一步全面深化改革的关键一环，深化财税体制改革的战略定位、改革目标和着力点不仅局限于财税体制自身的优化，还聚焦于更好匹配中国式现代化和国家治理能力提升。

## 三、准确领会“深化财税体制改革”的重要意义与战略部署

### （一）深化财税体制改革是推进中国式现代化、实现强国建设目标和民族复兴伟业的重要保证

《决定》将“深化财税体制改革”作为“健全宏观经济治理体系”的重要内容予以阐述，体现了其在服务国家重大战略目标和高质量发展中的重要地位。通过深化财税体制改革，能够进一步破除构建新发展格局、推动高质量发展过程中面临的突出问题，打造一个既能提高资源配置效率、充分调动市场活力，又能强化政府调控的积极作用、切实保障政府职能运行的财税体系，确保财税体制在构建全国统一大市场、协调城乡区域发展、完善社会治理体系、防范化解重大风险、保障和改善民生等重要方面打头阵，为经济运行的稳定性和可持续性注入强大动力。

### （二）深化财税体制改革是防范化解财政风险、统筹发展与安全的现实需要

当前我国财政普遍处于紧平衡状态，财政收支矛盾加剧，城投风险和财政风险交织，一些地方财政运行困难，直接影响到基层公共财政职能的顺利履行。因此迫切需要通过深化财税体制改革提高财政汲取能力，通过清理规范税收优惠政策、创新激励机制等方式优化税收环境和企业营商环境，通过理顺省以下政府间财政关系缓

解地方财政运行压力，通过健全现代预算制度提高财政预算的统筹力、控制力和约束力，增强各级财政可持续性和应对风险的韧性。

### （三）理解深化财税体制改革的战略部署

按照党的二十届三中全会《决定》部署，本轮深化财税体制改革主要包含四个方面的重点内容：

一是健全现代预算制度，加强财政资源和预算统筹，把依托行政权力、政府信用、国有资源资产获取的收入全部纳入政府预算管理，站在全口径角度对强化财政资源统筹提出更高要求。

二是健全有利于高质量发展、社会公平、市场统一的税收制度，优化税制结构，并提出研究同新业态相适应的税收制度、健全直接税体系、全面落实税收法定原则、深化税收征管改革等重点举措。

三是建立权责清晰、财力协调、区域均衡的中央和地方财政关系，并提出增加地方自主财力，完善财政转移支付体系，优化专项债和地方政府债务管理以及进一步规范非税收入等具体措施。

四是建立高效、透明、规范的财政管理体系，提升财政管理的科学化、精细化、法治化水平，强化财政监督效能，加强国有资产管理，重点加大财会监督力度，建立财会监督与其他各类监督贯通协调、央地纵向联动的动态机制。

## 四、本书的内容安排和主要特色

本书紧紧围绕“深化财税体制改革”这一核心主题展开，共包含十章内容。其中，第一章系统梳理改革开放以来我国财税体制改革的演进历程和取得的重大成就。第二章深刻总结我国财税体制改革的基本经验与基本规律，提出改革必须坚持党的全面领导、以人民为中心、统筹协调发展与安全三项基本原则，围绕政府与市场、中央与地方、当前民生与未来可持续发展三组关系展开。第三章介绍当前深化财税体制改革的国际和国内背景，深入分析国际复杂形势和国内重大战略决策需要对深化财税体制改革提出的新要求和新挑战；第四章分析当前财税体制运行的突出矛盾及其原因，为深化财税体制改革找准关键痛点和切入点；第五章和第六章站在宏观角度对深化财税体制改革进行顶层设计，其中第五章搭建基本框架，主要包括深化财税体制改革的指导思想、总体目标、基本思路和主要任务，第六章进一步明确重点，指出改革必须处理好的三个重大关系，而这三组关系正是第二章对财税体制改革经验总结基础上的进一步深化；第七到第十章围绕深化财税体制改革的总体部署展开，包括健全现代预算制度、构建现代税收制度、完善政府间财政关系、统筹加强财政管理四部分。每一章均包含三方面内容，首先阐明基本目标，明确改革方向，其次梳理基本思路，明确改革路线，最后论述重点举措，明确改革着力点。

本书的编写特色是，坚持以习近平新时代中国特色社会主义思想为指导，全面贯彻党的二十大和二十届三中全会精神，面向中国现实问题，具备中国特色。第一，内容安排上系统完备、结构清晰、循序渐进。全书紧紧围绕“深化财税体制改革”这一主线展开，通过成就、思路和方向三部分内容层层深入，通过回顾财税体制改革历程让读者了解我国财税体制改革发展的实际情况，既有顶层设计，又有改革具体路线，内容翔实、体系完整、实用性强。第二，综合全面、深入浅出，对财税体制改革与发展中的重大理论和实践问题进行了较为深刻的阐述，及时吸纳和反映国内外财政学研究的最新进展，既保持了财政学体系的科学性、系统性和完整性，又突出前瞻性和创新性。

本书编写过程中的分工情况如下：马海涛负责全书的立项构思和最终审阅定稿，李慧青负责第一章，白彦锋负责第二章，孙鲲鹏和姜胜杰负责第三章和第八章，张明昂负责第四章，肖鹏负责第五章和第七章，丁怡负责第六章，任强负责第九章，王淑杰负责第十章。

在书稿形成过程中，我们还学习和引用了诸多学界同仁的研究文献，从中受到很大启发和帮助，在此，也向学界的各位同仁表示谢意，当然文责自负。希望本书的出版，能对推动中国式现代化进程中的新一轮财税体制改革作出微薄的贡献。本书在出版过程中，得到中国财政经济出版社高进水副总编辑和相关编校工作者的大力支持，在此表示感谢！

马海涛

2024 年 12 月 28 日

# —— 目录 ——

# 第一章

# 我国财税体制改革历程与成就

深化财税体制改革一直是新时代财政工作的一条主线，回顾中国财税体制的改革历程，自改革开放以来，中国的财税体制改革经历了几个重要阶段，取得了显著成就。20 世纪 80 年代初，中国开始实施财政包干制，这一制度激发了地方和企业的积极性，推动了经济的快速发展。1994 年的分税制改革成为财税体制改革的里程碑，它重新划分了中央与地方的财政关系，增强了中央财政的调控能力，同时促进了市场经济体制的建立和完善。进入 21 世纪，税制改革继续深化，包括增值税转型、内外资企业所得税合并等，这些改革进一步优化了税制结构，提高了税收效率，促进了经济的可持续健康发展。此外，预算管理制度改革、财政法制建设等措施，加强了财政的透明度和规范性，提高了财政资金的使用效率。随着财税体制改革的不断深化，中国在关键领域的制度建设和政策工具的创新发展方面也取得了显著进展。

财税体制改革是广泛而深刻的过程。我国的财税体制改革始终以制度建设为核心，通过对税收制度、预算制度、中央与地方财政关系等关键领域的持续改革，逐步建立起现代财政制度。党的十八大以来，财税体制改革全面发力、多点突破，纵深推进，取得明显成效。而在当前，深化财税体制改革如何推进备受关注。2024 年 7 月 21 日，中国共产党第二十届中央委员会第三次全体会议通过了《中共中央关于进一步全面深化改革推进中国式现代化的决定》（以下简称《决定》）。《决定》对新时代全面深化改革的成果给予了充分肯定，并强调了继续深化财税体制改革以适应中国式现代化的重要性。《决定》中指出，合理的宏观经济控制和政府的有效管理是社会主义经济体系优势得以发挥的关键，因此必须统筹推进财税领域的重点改革。其中，“深化财税体制改革”作为“健全宏观经济治理体系”章节的一部分，对完善预算管理体系、税收体系以及优化中央与地方的财政关系等关键领域提出了具体的改革任务和未来方向。当前，中国正处于实现民族复兴的紧要关头，中国特色的现代化发展新篇章已经开启。在此背景下，深化财税体制改革需要与政治经济的新形势和国家战略的新需求相适应，以支持国家的持续发展和繁荣（马海涛，2024①）。

总体来看，党的十八大以来，中国财税体制改革稳步推进，关键领域制度建设持续推进，财税调控机制和政策工具创新，财政职能定位更加提升明确，在应对国内外形势变化、服务国家发展战略、推动我国经济高质量发展中发挥了重要作用。通过总结这一时期我国财税改革历程与成就，可以深入理解财税体制改革在中国经济社会发展和中国式现代化进程中的重要作用，为未来深化财税体制改革提供有益的借鉴和参考。本章结构如下：第一节着重讨论关键领域的制度建设持续推进，涵盖预算制定、税制改革、中央和地方财政关系等内容；第二节探讨财税调控机制和政策工具创新，包括财政转移支付、税收优惠、财政补贴、地方政府专项债券等；第三节分析财政职能定位的提升与明确，讨论财政的资源配置职能、收入分配职能、宏观经济调控职能等。

① 马海涛．新一轮财税体制改革的重点领域及其推进方向［J］．清华金融评论，2024（04）：22－24.

# 第一节　关键领域的制度建设持续推进

## 一、健全预算制度

### （一）预算管理制度改革的历程

预算管理制度改革是一个持续的过程，旨在提高预算编制、执行、监控和评价的效率和效果。改革开放以来，我国预算管理改革实践经历了从重新恢复并进行初步探索，到逐步适应社会主义市场经济建设需要，再到确立建立适应国家治理现代化要求的现代预算制度等不同发展阶段。

1. 初步探索和发展阶段（1978—1997 年）

1978—1997 年的二十年，中国预算管理制度经历了从恢复到初步探索的阶段。中国重建了预算报告与批准制度，并以《国家预算管理条例》（1991 年 10 月 21 日颁布，2015 年 1 月 1 日废止）为标志，确立了新的预算管理制度，重点在于加强预算平衡管理和预算外资金的管理，为后续改革奠定了基础。随着 1992 年社会主义市场经济体制的确立，1994 年《预算法》的立法工作完成，标志着预算管理制度开始与社会主义市场经济相适应。

2. 全面改革和变化阶段（1998—2012 年）

这一阶段，中央与地方互动，从预算管理的许多侧面广泛展开改革，逐步深入推进，主要涵盖部门预算改革、国库集中收付制度改革和政府采购制度改革。部门预算改革方面，1999 年 9 月，财政部在全国选择部分中央部门进行部门预算编制的探索，首先在河北省进行试点，之后试点省份扩大到安徽、浙江、海南等省，最后在中央本级和全国各地方政府普遍铺开。这一改革改变了传统功能预算条块分割的预算管理模式，实行“一个部门一本预算”和综合预算管理，确立了与公共财政相适应的部门预算管理体系和运行机制。国库集中收付制度改革方面，2001 年，国务院批准了财政国库管理制度改革方案，建立了以国库单一账户体系为基础、资金缴拨以国库集中收付为主要形式的现代财政国库管理制度。这一改革显著提升了财政资金运行调控能力，提高了财政资金运行效率和效益，同时确保了财政资金运行的安全。政府采购制度改革方面，2002 年颁布的《中华人民共和国政府采购法》标志着政府采购进入了全面推行阶段。政府采购制度的实施，不仅规范了采购行为，提高了采购效率，还通过政府采购的政策功能，支持了环境保护、中小企业发展等国家经济社会发展政策目标。

3. 深化改革和现代化发展阶段（2013 年至今）

2013 年党的十八届三中全会之后，预算管理制度改革进入了一个新的阶段，按照全面规范、公开透明的总体方向进行深化改革，重点在于中期财政规划、预算体系的完善，以及预算公开与监督的加强。为了适应社会主义市场经济的发展和公共财政的要求，2014 年我国对《预算法》进行了全面修订。这一修订不仅标志着我国财政管理制度的进一步完善，也体现了我国政府对公共财政管理的重视。新修订的《预算法》对预算编制提出了更高的规范要求，要求各级政府在编制预算时，必须遵循科学化和系统化的原则，明确要求各级政府必须依法向社会公开财政预算和决算情况，同时也强调了对财政资金的绩效管理。新《预算法》也在预算全口径管理、转移支付制度、地方政府债务等方面提出了明确要求，并强化了违法责任追究机制。

2014 年，国务院印发《关于深化预算管理制度改革的决定》，根据新修订的《预算法》系统提出了全面深化预算管理制度改革的任务目标，为深化预算管理制度改革指明了方向。我国在完善政府预算体系、推进预算公开、实施中期财政规划管理、建立跨年度预算平衡机制、实施预算绩效管理等方面的制度建设中取得了明显成效，制度建设持续推进（马海涛等，2022①）。2018 年，《中共中央 国务院关于全面实施预算绩效管理的意见》发布，强调构建全面的预算绩效管理体系，包括政府、部门、单位及政策项目预算的绩效管理。该意见提出建立全过程管理链条，从绩效评估到目标管理、监控、评价和结果应用。同时，要求完善一般公共预算及其他政府预算的绩效管理体系，健全管理流程和标准，强化责任和激励约束。2020 年 8 月修订的《中华人民共和国预算法实施条例》进一步明确了一般公共预算、政府性基金预算、国有资本经营预算和社会保险基金预算这四本预算的收支范围和编制内容，预算编制更加规范科学，预算收支执行制度更加完善，预算体系更加清晰完整，加强了对财政活动的全流程管理。

### （二）预算管理制度改革的成效与影响

中国预算管理制度经历了从初步建立到逐步完善的转变，这一过程中的改革成效显著，对国家财政管理和社会经济发展产生了深远的影响。首先，预算管理制度的改革有助于规范政府资金的分配秩序，确保了预算的完整性。预算单位将所有政府性收入纳入预算管理，不仅提高了财政资金的透明度，还强化了人民代表大会和社会各界对财政资金的监督，从而提高了财政管理的透明度和依法理财水平。其次，改革推动了政府预算体系的建设，形成了由一般公共预算、政府性基金预算、国有资本经营预算、社会保险基金预算组成的有机衔接的政府预算体系，规范了市场经济秩序，减少了乱收费、乱罚款和乱摊派等不良现象。最后，预算管理制度的改革还推动了财政预算管理的现代化，提高了预算编制的科学性和合理

① 马海涛，姚东旻，孟晓雨．党的十八大以来我国财税改革的重大成就、理论经验与未来展望［J］．管理世界，2022，38（10）：25－44．

性，包括建立全面规范、公开透明的预算制度，加强预算的审查和监督，实施跨年度预算平衡机制，推进预算绩效管理等。这些措施不仅提高了预算管理的精细化、专业化水平，还优化了财政资源配置，促进了经济社会的持续健康发展。

党的十八大以来，预算管理制度改革取得重大成果，标准科学、规范透明、约束有力的预算制度基本建立。第一，修订《预算法》及其实施条例。《预算法》的修订是财政制度改革的重要组成部分，它涉及对原有法律框架的更新和完善。修订后的《预算法》增加了法律条文，强化了预算的科学性、规范性和透明度。例如，新《预算法》强调了预算的绩效导向，要求各级预算遵循统筹兼顾、勤俭节约、量力而行、讲求绩效和收支平衡的原则。同时，《预算法实施条例》进一步细化了预算管理的具体操作规则，确保法律条文得到有效执行。

第二，建立跨年度预算平衡机制。为了应对预算执行中可能出现的收支差额，中央财政制定了跨年度预算平衡机制。这一举措是为了适应经济形势变化和财政政策的逆周期调节需求。跨年度预算平衡机制的建立，意味着预算管理不再局限于单一财政年度，而是着眼于更长的时间跨度。这种机制有助于平滑经济周期波动，提高财政资金使用效率，确保财政政策的连续性和稳定性。通过跨年度预算平衡，政府可以更好地规划和实施长期项目，同时对可能出现的财政风险进行预防和控制。

第三，深化预算绩效管理，提升政府治理能力。预算绩效管理改革过程中，通过对各部门和单位的整体财政支出进行绩效评价，建立全过程的预算绩效管理机制，确保绩效目标和评价结果与资金分配挂钩，从而形成循环的反馈机制，不断提升政府的绩效水平（肖鹏等，2024[①]）。除了加

① 肖鹏，陶畅，王亚琪．预算绩效管理与政府治理能力提升：内在逻辑与提升路径［J］．中央财经大学学报，2024（03）：16－25.

强绩效评价外，还要推动支出标准化建设，完善基本支出标准，加快项目支出标准化进程，同时健全基本公共服务保障制度，以确保财政支出的效率和效益。这样的举措将有助于优化资源配置，提高政府的治理效能，以及提升公共服务的质量、均衡性和可及性。总体来说，预算绩效管理不仅是管理财政支出的一种手段，更是提升政府治理能力、优化资源配置、改善公共服务的重要途径。只有不断深化和完善预算绩效管理机制，才能更好地实现政府的治理目标，为人民群众提供更加优质和高效的公共服务。

第四，实施项目的全生命周期管理。全生命周期管理是指对项目从启动、规划、执行到结束的整个过程进行系统管理。在财政预算管理中，这意味着对项目进行持续的监督和评估，确保项目目标的实现，并对项目产生的效益进行评价。全生命周期管理有助于提高财政资金的使用效率和效果，避免资源浪费，确保公共资金的合理配置。

第五，加大预算公开力度。随着预算公开范围的不断扩大，政府预算决算信息和部门预算决算信息也逐步向公众公开，同时逐步细化公开内容。为了方便公众查阅和监督，财政部于 2017 年建立了预算公开统一平台，将相关信息集中公开，大大增强了预算公开的透明度。这一举措有利于提高政府的透明度，促进政府与公众之间的信任关系，进而推动社会经济的健康发展。通过预算公开，公众可以更好地了解政府财政支出情况，监督政府是否合理、透明地运用公共资金。预算公开工作的持续推进将进一步提升政府的治理水平和公信力，为建设现代化国家提供坚实的财政基础。

第六，创新实施财政资金直达机制。财政资金直达机制是指财政资金直接拨付到最终使用单位或个人，减少中间环节，提高资金使用效率。这种机制有助于快速响应社会需求，特别是在应对突发事件和紧急情况时，能够确保资金迅速到位，发挥最大效用。直达机制的实施，也加强了对资金使用的监管，提高了财政资金的透明度和可追溯性。

## 二、改革税收制度

### （一）税收制度改革的历程

税制改革是一项系统工程，需要考虑方方面面的目标。总体来看，中国税制改革历程是一个不断适应经济社会发展需求、优化税制结构、提高税收效率的过程。

1. 改革开放初期的税制变迁（1978—1993 年）

这一时期，中国税制经历了从计划经济向市场经济过渡的重大变革。1978 年，中国开始实行改革开放政策，税收制度也随之进行了全面改革。1984 年，中国实行了“利改税”政策，将国营企业的利润改为税收形式上缴国家，这标志着中国税制开始向市场经济体制转型。同时，这一时期还建立了涉外税制，恢复和开征了一些新税种，如增值税、消费税等，逐步形成了多税种、多环节的复合税制体系。此次税制改革为分税制改革打好了基础，到 1993 年，我国已初步形成了税制结构的雏形。

2. 社会主义市场经济建设时期的税制变迁（1994—2011 年）

1994 年，中国启动了新中国成立以来规模最大、范围最广的税制改革，以适应社会主义市场经济体制的要求。这次改革的主要内容包括全面改革工商税收制度，实行增值税转型，以及内外资企业所得税合并等。通过这些改革，中国税制结构得到了优化，税收征管效率显著提高，为社会主义市场经济的健康发展提供了有力的财政支持。

增值税转型方面，主要是从生产型向消费型的转变，这一转变在 2009 年完成。最初，我国的增值税是以生产型为主，即对生产环节和销售环节的增值部分进行征税。然而，这种方式在经济活动中存在着重复征税的问题，即在生产链的不同环节中同一部分增值被重复征税，从而增加了企业的税负。为了克服这一问题，国家决定对增值税进行改革，转向以消费型为主的税制。这一转变意味着增值税只对最终消费环节的增值部分进行征税，消除了在生产和流通环节的重复征税现象，提高了税收的公平性和合理性。

企业所得税改革方面，2008 年，我国在企业所得税改革中实施了重要措施——统一了内外资企业的税率，设定为25%。这一改革取消了此前对外资企业的税收优惠，有助于消除市场上的不公平竞争现象。之前，内资企业和外资企业在税收上存在差异，外资企业享有比内资企业更低的税率和更多的税收优惠。这种不平等的税收政策在一定程度上扭曲了市场竞争，导致资源配置的不合理。统一税率的实施，不仅消除了内外资企业税收上的差异，还推动了市场竞争的公平化。内外资企业在相同的税收条件下竞争，有利于提升市场的竞争力和企业的创新能力。同时，统一税率也简化了税收管理，降低了税收征管的复杂性，提高了税收的透明度和效率。

3. 现代化发展时期的税制变迁（2012 年至今）

2012 年以来，中国税制改革主要集中在完善税制、减轻税收负担、促进公平竞争等方面。这一时期的税收治理现代化实践，为经济社会发展和民生改善提供了坚实财力保障，为国家治理现代化建设不断夯实基础、创造了更有利的条件（马海涛等，2023①）。

首先，营业税改增值税，旨在消除营业税和增值税之间的重复征税问题，减轻企业税负，促进服务业和制造业的融合发展。自 2012 年起，中国开始实施“营改增”试点，逐步将交通运输业、建筑业、金融业、生活服务业等纳入增值税征收范围。2016 年的“营改增”是增值税改革的重要里程碑，改革的核心在于将原本征收营业税的交通运输业、建筑业、金融业、生活服务业等领域纳入增值税的征收范围，从而彻底结束了营业税的

① 马海涛，邓丹华，马金华．中国式现代化视域下税收治理现代化的演进脉络及路径展望［J］．南开经济研究，2023（11）：3－20.

历史。这一改革不仅标志着我国税制的重大调整，也是对税制改革的深化和拓展。在“营改增”之前，营业税对服务业的征收存在着多重税负的问题，特别是在金融业和建筑业等领域，企业在经营过程中面临着重复征税的问题，这不仅增加了企业的税负，也抑制了这些行业的发展。通过将这些行业纳入增值税征收范围，改革实现了税制的统一和简化，提高了税收管理的效率。这一改革还促进了第三产业的发展，服务业作为经济发展的重要组成部分，其发展受到税制政策的直接影响。增值税的全面推行，为服务业提供了更加有利的税收环境，激励了服务业的创新和发展。

其次，个人所得税改革。改革包括提高起征点、调整税率结构、增加专项附加扣除等措施。例如，2018 年《个人所得税法修正案》将起征点从每月 3500 元提高到每月 5000 元，税率级距也进行了调整，并引入了子女教育、继续教育、大病医疗等专项附加扣除项目。这些专项附加扣除政策的实施，有利于进一步减轻家庭的经济负担，提高税收的公平性。例如，教育支出扣除政策可以减轻有子女教育支出的家庭的税收压力，住房贷款利息扣除政策则有助于减轻购房家庭的财务负担。这些措施不仅体现了税制的公平性和合理性，还推动了社会的和谐发展。个人所得税改革还包括税收管理和服务的优化。国家通过推行个人所得税的信息化管理系统，实现了税务数据的电子化处理和自动化申报。这一改革提升了税收管理的效率，简化了纳税人的申报程序，减少了人工操作的错误和遗漏。同时，政府加强了对个人所得税政策的宣传和解释，提升了纳税人的税收意识和自我申报能力，增强了税收的合规性和透明度。

最后，资源税和环境保护税改革。中国长期依赖高耗能和过度消耗环境资源的发展模式导致了资源浪费和生态环境恶化，迫使我们面临着应对绿色、低碳经济挑战的现实。为此，我国实施了资源税和环境保护税改革，旨在促进资源节约和环境保护，实现经济可持续和高质量发展。资源税改革是我国近年来的重要政策举措之一。资源税的本质是通过调节资源级差收入来反映有偿使用的国有资源，其征税对象主要是自然资源。近年来，我国资源税改革不断深化，从过去的从量计征转变为从价计征，并逐步将资源税范围从单一资源产品扩大到全部资源产品，从地方试点推广到全国范围。在从价计征的制度下，资源税的税额不再以开采量为基础，而是以资源的销售价格作为征税依据。这一调整使资源税的征收更加符合市场经济的实际情况，能够更好地反映资源的真实价值。企业在开采资源时，税负与资源的市场价格挂钩，这不仅有助于调节资源的开采量，还能促进资源的合理利用。为确保资源税政策有效实施，国家对资源税的税率水平进行了合理调整，并清理了相关收费基金。这一举措有助于保障资源税政策的顺利实施，进一步激励市场主体积极参与资源的开发利用，推动资源税改革的深入发展。资源税改革的成功实施不仅可以有效保护国家的资源环境，还可以促进资源的合理开发和利用，实现资源的可持续利用。因此，资源税改革是我国经济可持续发展的重要保障措施之一，对于构建资源节约型、环境友好型社会具有重要意义。

环境保护税改革是为了督促企业加大环保投入，减少污染物排放，推动经济向绿色转型发展。2018 年颁布实施的《中华人民共和国环境保护税法》是我国第一个专门体现绿色税制的单行税法，为我国环保税改革迈出了重要的一步。环保税的税额根据企业排放的污染物种类和数量确定，这种按污染物排放量征税的方式，直接体现了“污染者付费”的原则，激励企业减少排放，采用更环保的生产工艺和技术。税收收入用于支持环境保护和治理项目，为改善环境质量提供资金支持。《环境保护税法》的实施推动了绿色发展和环境保护的进程，通过对污染企业征收环保税，国家对污染行为进行有效的经济制约，促进企业主动采取减排措施，减少对环境的负担。环境保护税不仅是一种财政工具，更是环境治理的重要手段，它鼓励企业在生产过程中减少污染物排放，提高环境保护的意识和责任感。此外，《环境保护税法》的实施还促进了绿色技术和绿色产业的发展。企业在应对环保税的压力时，往往会加大对环保技术的研发和应用，推动绿色产业的发展。这种转变不仅改善了环境质量，还促进了经济结构的优化和产业升级，有助于实现可持续发展目标。

### （二）税收制度改革的成效与影响

1994—2021 年，中国的税制经历了显著的变化（见表 1 -1），这些变化反映了中国经济的发展、市场经济体制的完善以及对国际税收规则的适应。流转税方面，营业税被取消，其征收范围被增值税所覆盖，有助于简化税制，减少重复征税；所得税方面，外商投资企业与外国企业所得税被整合到企业所得税中，体现了内外资企业税制的统一；特定目的税方面，新增了烟叶税和车辆购置税，反映了对特定行业或行为的税收调节需求；财产行为税方面，屠宰税、宴席税被取消，新增了环境保护税和船舶吨税，体现了对环境保护和特定行业税收的重视；资源税方面，税种基本保持不变。总体来看，税制改革的成效包括简化税制、提升效率、促进公平竞争、增强税收调节作用等。

**表 1 -1　　1994 年和 2021 年税制改革税种分类**

| 税类 | 1994 年税种 | 2021 年税种 |
| --- | --- | --- |
| 流转税 | 增值税、消费税、营业税 | 增值税、消费税、关税 |
| 所得税 | 企业所得税、外商投资企业与外国企业所得税、个人所得税 | 企业所得税、个人所得税 |
| 特定目的税 | 固定资产投资方向调节税、城市维护建设税 | 城市维护建设税、烟叶税、车辆购置税 |
| 财产行为税 | 车船使用税、房产税、印花税、屠宰税、宴席税、土地增值税、证券交易税、契税、耕地占用税、遗产与赠与税 | 车船税、房产税、印花税、土地增值税、契税、耕地占用税、环境保护税、船舶吨税 |
| 资源税 | 资源税、城镇土地使用税 | 资源税、城镇土地使用税 |

除了税种分类上的变化，中国税制改革还包括了税收优惠政策的调整和税收监管体系的完善。税收优惠方面，主要包括政府提供研发费用加计扣除、高新技术企业税收优惠等促进科技创新；降低小微企业增值税税率、提高小微企业所得税起征点等支持小微企业；支持环保、节能、农业等特定行业的发展，提供相应的税收减免政策；对特定地区实施了税收优惠政策，如西部大开发、东北振兴等区域税收优惠。税收监管体系方面，主要体现在税收征管的现代化和法治化水平显著提升，高效廉洁的组织体系也初步建成。

## 三、调整中央和地方财政关系

在我国财税体制改革的历程中，中央与地方财政关系的改革始终是一个关键的环节。这一改革不仅直接关系到国家财政收支的合理配置，也影响着地方政府的财政自主权和公共服务的提供效率。政府间财政关系反映了国家权力纵向配置的状况，其实质是财政分配中集权与分权的关系问题，是财政体制的核心内容。中央和地方财政关系的合理划分和有效管理，对于保障各级政府有效履职、促进公共服务均等化、维护市场统一和促进社会公平具有重要意义。通过科学规范的财政管理，可以调动地方政府的积极性，同时确保中央政府在宏观调控和国家重大战略实施中的主导作用。

### （一）中央和地方财政关系的实践

1. 1949—1979 年统收统支体制

在新中国成立初期，政府实行计划经济体制，政府间财政关系主要是统收统支、高度集中，即中央政府与地方政府“吃大锅饭”，所有的财权和财力全部集中在中央，由中央负责财政资源的配置。这种高度集中的财政体制在 1949—1979 年，经历了不同阶段的调整和变化，但总体上保持了中央对财政资源的集中控制。

2. 1979—1993 年分级包干财政体制

1979 年，随着改革开放的推进，中国开始逐步探索财政体制的改革。1979—1993 年，实行了分级包干的财政体制。这一阶段的改革重点在于调整中央与地方的财政关系，给予地方政府更多的财政自主权，以激发地方的积极性和创造性。分级包干体制通过明确划分中央和地方的财政收支范围，使地方政府在一定范围内拥有更多的自主权，从而促进了地方经济的发展。

3. 1994 年至今的分级分税体制

1994 年分税制改革是我国改革开放后财政适应市场经济的浓墨重彩之笔。从财政收入的结构变化来看，中央财政收入占全国财政收入的名义比重显著提高，从 1993 年的 22% 增长到 1994 年的 55.7%，而地方财政收入占全国财政收入的比重从 1993 年的 78% 下降到 44.3%（见图 1－1）。从分税制改革的具体内容上来看，这一改革包含税收体系完善、收支重新划分和征管体制重构三个重要支柱，三个支柱缺乏任何其一都不能称作是分税制改革（马海涛等，2024①）。

首先是税种的重新划分，改革将税种分为中央税、地方税和共享税三大类。中央税主要包括关税、消费税等；地方税包括营业税（后改为增值税）、房产税等；共享税则包括增值税、企业所得税等，由中央和地方共同征收，按一定比例分享。中央与地方政府根据税种的划分和具体的分享比例进行财政收入的分配。这种分配方式确保了中央政府的宏观调控能力，同时也保障了地方政府的财政收入。其次是收支责任的重新划分，包

① 马海涛，任强，李林．分税制改革实践探索与未来政府间财政关系展望［J］．地方财政研究，2024（01）：26－32．

括明确各级政府的财政责任和建立转移支付制度两大部分，中央政府主要负责国防、外交、国家重大基础设施建设等，地方政府则负责地方基础设施建设、教育、卫生等公共服务；同时，为了平衡不同地区之间的发展差异，建立了中央对地方的转移支付制度，包括一般性转移支付和专项转移支付，以确保地方政府能够提供基本公共服务。最后是征管体制重构，2018 年以前中央和地方分别设立了国税和地税系统，分别负责中央税和地方税的征收管理，提高了税收征管的效率和规范性；2018 年，国务院宣布将国家税务总局和地方税务局的职责整合在一起，以实现税收征管的统一和高效，解决税收征管中的重叠和不便问题。

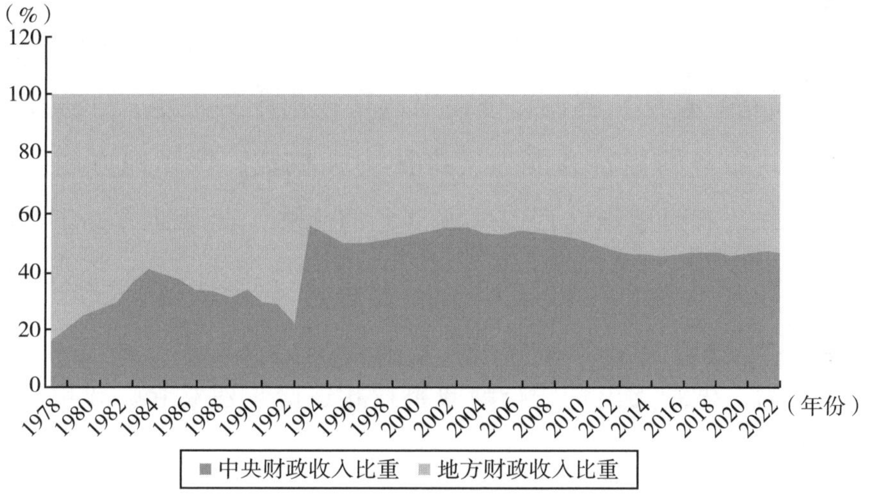


**图 1－1　中央财政收入和地方财政收入占全国财政收入的比重**

### （二）中央和地方财政关系改革的成效

分税制改革作为我国财政体制改革的关键环节，不仅重新定义了中央与地方的财政关系，还为我国经济的稳定发展和区域均衡发展提供了制度保障。第一，分税制改革增强了中央财政调控能力，为国家实施宏观调控和重大战略提供了坚实的财政基础。第二，分税制改革规范了地方财政行为，明确了中央与地方的财政责任，有效规范了地方政府的财政行为，避免了地方政府无序举债和乱收费的问题。地方政府在财政管理上的透明度和规范性得到了提升。同时，通过主体税种的合理分配，激发了地方政府发展经济的积极性，促进了地方经济的繁荣。第三，分税制改革促进区域协调发展，通过转移支付制度，中央政府能够有效调节区域间的财政差距，支持经济欠发达地区的发展，有效缩小了地区间的发展差距。

党的十八大以来，我国以财政事权与支出责任划分改革为主要抓手，研究政府间财政关系改革的深化。2016 年，《国务院关于推进中央与地方财政事权和支出责任划分改革的指导意见》指出，“合理划分中央与地方财政事权和支出责任是政府有效提供基本公共服务的前提和保障，是建立现代财政制度的重要内容，是推进国家治理体系和治理能力现代化的客观需要”。该《指导意见》强调，坚持财政事权由中央决定，加强中央政府承担基本公共服务的指责和能力，维护中央权威；保障地方履行财政事权，发挥地方政府因地制宜管理地方事务的优势，调动地方办事的积极性和能动性。中央和地方财政事权和支出责任的划分要体现基本公共服务受益范围，要兼顾政府职能和行政效率，实现权、责、利相统一，激励地方政府主动作为，做到支出责任与财政事权相适应，建立起财政事权划分动态调整机制。

近年来，中央与地方财政事权与支出责任划分改革不断健全完善，国务院办公厅印发紧急救援领域、自然资源领域、公共文化领域、科技领域、交通运输领域、教育领域、医疗卫生领域等重大领域中央和地方财政事权与支出责任划分改革方案。这些方案切合人民群众所求，响应公共服务所需，详细明确了中央财政和地方财政在社会各重要领域的事权划分和责任划分，完善中央与地方关系在实践中的运用，并在此引导下使各领域真正做到为人民服务。

总体来看，中央与地方财政关系的改革通过一系列有力的措施，不断推进现代财政制度的建设。这些改革不仅提升了财政管理的效率和透明度，还为实现区域协调发展和共同富裕提供了强有力的财政支撑。未来，随着改革的进一步深化，中央与地方的财政关系将更加规范和科学，为我国经济的高质量发展奠定坚实的基础。

## 四、完善财政转移支付体系

完善转移支付制度是实现财政公平的重要手段。转移支付制度的改革旨在更精准地调节中央与地方财政资源的分配，特别是加强对中西部和欠发达地区的支持，缩小地区间的经济和财政差距。近年来，中央政府不断优化转移支付的结构，逐步提高一般性转移支付的比重，赋予地方更多的使用自主权。同时，为了提高资金的使用效率和透明度，改革还加强了对专项转移支付的整合，减少了资金分配的分散性，确保财政资源真正用到刀刃上，服务于当地的经济社会发展和民生改善。

### （一）财政转移支付体系的实践

1. 新中国成立初期（1950—1979 年）

这一时期，中国的财政体制以中央集权为主，统一领导，分级管理。转移支付的情况表现为中央统一进行财力调剂，即收大于支的地方上解收入，支大于收的地方由中央补助。这一阶段的转移支付模式相对单一，主要是中央对地方的补助和上解。

2. 改革开放初期（1980—1993 年）

改革开放后，中国的财政体制开始向地方分权转变，转移支付制度也经历了十几年的摸索。这一时期，转移支付方式变得复杂，制度不规范，政策缺乏透明度，存在主观因素影响过多等问题。由于补助项目过多过散，转移支付的调控力度小，宏观调控的政策意图不明显，使用效率低，难以体现效率与公平原则，不利于地方经济均衡发展。

3. 分税制财政体制改革初期（1994—1999 年）

1994 年，中国实行了分税制财政体制改革，转移支付制度也相应进行了调整。政府间财政转移支付分为特殊性转移支付和一般性转移支付。特殊性转移支付包括专项拨款补助、专项结算补助和解决临时问题补助等方式。然而，分税制改革确立的财政转移支付制度也存在一定的问题，例如一般性转移支付分配缺乏对财政激励因素的应用，导致公共服务均等化效果不明显；转移支付结构不合理，中央与地方之间事权和支出责任划分不清晰等。

4. 调整与规范阶段（2000—2011 年）

2000 年以后，中国财政转移支付制度继续进行调整和完善。2002 年开始，一般性转移支付取代了过渡期转移支付，采用规范的公式化方式进行分配。2009 年，财政转移支付口径经历了新的调整，原财力性转移支付全部划入一般性转移支付，并更名为“均衡性转移支付”。

5. 深化改革阶段（2012 年至今）

自 2012 年以来，随着中国特色社会主义进入新时代，中央政府在建设现代财政制度方面进行了深化改革，重点推动地区间公共服务的均等化。为此，中央对一般性转移支付制度进行了进一步整合，主要目标是促进公共服务资源的均衡分配。在这一改革中，中央逐步形成了以均衡性转移支付为主线的体制，同时将老少边穷地区转移支付作为补充，并且结合少量的体制结算补助。具体措施包括整合民族地区转移支付，设立专项资金来支持老少边穷地区；单独设置重点生态功能区转移支付项目，并将其独立管理；同时将定额补助、企事业单位划转补助和结算财力补助整合到体制结算补助中。通过以上措施，中央政府力求实现资源的合理配置和公共服务的均等化，从而推动地区间的平衡发展。

党的十八大以来，中央财政不断加强整体统筹，充分发挥专项转移支付指向明确、精准高效等优势，服务于国家战略任务需要（马海涛，2023[①]）。2014 年修订的《预算法》对财政转移支付制度提出了明确的要求，强调了规范性、公平性和公开性，其核心目标是推动不同地区间基本公共服务的均等化。为了实现这一目标，中国的转移支付体系经历了持续的改革和优化，形成了一个以“一般性转移支付”和“专项转移支付”为核心的框架。前者主要目的是平衡不同地区之间的基本财力差异，促进区域均衡发展；后者主要根据法律、行政法规和国务院的规定，专门用于支持特定的政策目标或项目，例如支持基础设施建设、教育、医疗、扶贫等特定领域。2019 年，中央财政整合设立了共同财政事权转移支付，主要用于履行教育、医疗、养老、就业等基本民生领域的中央财政支出责任。共同财政事权转移支付的设立，有利于更好地实现中央与地方在基本公共服务领域的共同责任，确保这些基本民生领域得到充分的财政保障。

### （二）转移支付体系改革的成效

近年来，我国财政体制改革持续推进，其中财政转移支付体系制度建设持续推进，不断取得新进展。其中，一般性转移支付的比重逐渐增加，以增强地方政府的自主性和财力保障。此外，中央政府还对专项转移支付进行了整合和精简，减少了资金的分散和使用的复杂性。通过转移支付制度，中央政府在弥补地方财政缺口、支持贫困地区发展、推动区域协调发展方面取得了显著成效。例如，在西部大开发、中部崛起等国家战略中，转移支付制度为中西部地区的基础设施建设、公共服务提升和经济发展提供了重要支持，促进了全国范围内的均衡发展。

党的二十大报告明确把“完善财政转移支付体系”作为新时代新征程下财政体制改革的重点任务。2020 年 8 月，《中华人民共和国预算法实

---

① 马海涛．新时代财政转移支付体系改革：成就与展望［J］．财政监督，2023（01）：11－14．

施条例》的修订版对完善财政转移支付机制提出了新的规定。根据修订案，财政转移支付的管理和执行职责由财政部门承担，此举旨在规范各级政府间的财政互动，确保预算编制的全面性和精确性，同时提升转移支付的效率与合规性。该《实施条例》强调转移支付在中期财政规划和支出政策中的核心作用，特别是将财政预算绩效管理的视野从单一年度扩展至中期时段。这种拓展不仅加强了对专项转移支付的中期财政规划，还有效解决了预算分配和使用中的低效问题，包括年末的集中支出现象，从而推动了财政预算的稳健与持续发展。通过这些措施，条例旨在实现财政资源的更高效利用，并为经济的长期健康发展奠定基础。

总体而言，中国的转移支付体系已经形成了一个结构合理、协调配合的系统，以财政事权和支出责任划分为依据，以一般性转移支付为主体，同时有效组合共同财政事权转移支付和专项转移支付，以实现地区间基本公共服务的均等化。从 2009 年的约 2 万亿元人民币开始，中央对地方的转移支付金额逐年递增，在 2024 年达到了 10 万亿元人民币。其中，2018—2022 年的四年，转移支付的增势较为显著（见图 1 –2），这也是中央政府为了应对经济下行压力和突发事件以及促进民生改善等多重目标而采取的财政政策。

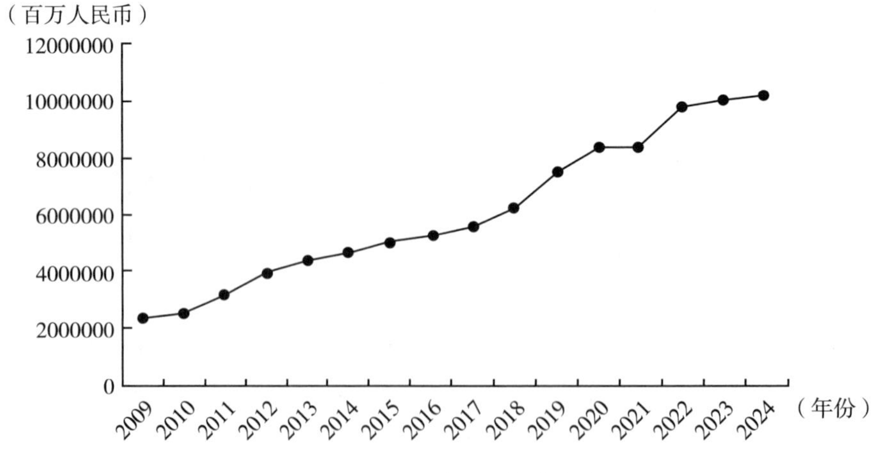


**图 1 –2　中央对地方转移支付**

## 五、强化地方政府债务管理

财政部门在解决地方融资难题的过程中经历了三个关键阶段。首先是中央代发代还阶段，财政部门通过探索地方政府发债的“闸门”机制，开始了债务代发和偿还工作。为帮助地方政府解决融资问题，中央财政在2009年颁布了《财政部代理发行2009年地方政府债券发行兑付办法》，连续三年累计发行6000亿元的地方政府债券，并代理还本付息。其次是地方自发阶段，地方政府开始主动发行债券，中央政府采取回报措施。2011年，财政部发布了《2011年地方政府自行发债试点办法》，批准浙江、广东、上海、深圳试点自行发债，并实行年度发行额管理制度，但仍由财政部代理偿还本金和利息。到2013年，这一试点扩大到江苏、山东。最后是地方自我回报阶段，财政部在2014年颁布了《2014年地方政府债券自发自还试点办法》，首次允许地方政府自主发债并自行偿还本息，同时要求将债务余额和债务主体财务状况等情况向社会公开。此举进一步扩大了试点范围，包括北京、青岛、江西、宁夏等地。这一系列措施有效推动了地方财政自主发展，提高了地方政府的财务独立性和透明度，为地方政府债务管理和风险防范奠定了基础。

随着地方政府自主发债试点的推进，中央政府开始着手规范和透明地方政府的融资方式。2010年，国务院对地方融资平台及其债务进行了清理整顿，而2013年，银监会进一步规范了地方融资平台贷款风险监管。此外，中组部将地方政府性债务纳入考核范围，并将其纳入领导干部政绩考核评价体系。2014年8月，全国人大常委会修改通过了《中华人民共和国预算法》，打破了地方政府长期以来禁止发行债券的基调。为了构建全面规范的地方政府举债融资机制，2014年《国务院关于加强地方政府性债务管理的意见》正式颁布。该意见强调了“疏堵结合、分清责任、规范管理、防范风险、稳妥推进”的原则。这一系列的改革和政策措施旨在防止地方政府过度举债，规范其融资行为，提高透明度和监管水平。

2015 年，财政部陆续发布了一般债券和专项债券的预算管理办法和发行管理暂行办法，并要求对地方政府性债务实行限额管理。2017 年，《关于试点地方政府专项债券品种发展项目收益与融资平衡、债务限额管理措施的通知》为项目收益专项债券的实施迈出了第一步。2018 年，财政部进一步要求地方政府债券必须对应具体项目，并推出《地方政府债务信息公开办法（试行）》，为地方政府债务信息公开打开新的篇章。2020 年 12 月，财政部发布了《地方政府债券发行管理办法》，标志着地方政府债务风险管理“全链条”模式在全国范围开始实施。随后，2021 年 1 月，《地方政府债券信息公开平台管理办法》发布，进一步规范了信息公开平台管理。这些措施的出台，意味着地方政府债券管理的制度框架逐渐完善。发展债券种类、实施债务限额、强化信息公开是管理地方政府债券的重要举措，为规范化管理奠定了基础。通过具体项目对应债券，债券发行管理办法的实施以及信息公开平台的管理，地方政府债券的发行和管理都更加透明规范。未来，地方政府将进一步加强对债务风险的管控，并不断完善相关管理办法，以确保地方政府债券的安全和稳健发展。

近年来，地方隐性债务管理成为政府工作的重中之重，特别是对于地方政府融资平台公司的清理和规范。国家出台了一系列政策文件，针对这一问题进行了及时回应和规范。2015 年，国务院开始整治城投债和隐性债务问题，着手解决地方政府融资平台公司在建项目后续融资问题，引起了高度重视。2016 年，国务院办公厅制定了《突发事件处置预案》，重点应对地方政府性债务风险。2017 年，财政部再次强调，地方政府不能借政府购买服务之名进行非法筹资行为，必须坚决杜绝这种行为，同年发布《财政部关于坚决制止地方政府以政府购买服务名义违法违规融资的通知》。随着时代的发展，2020 年，中共中央、国务院再次发布《关于加快完善新时期社会主义市场经济体制的意见》，重申对地方融资平台公司清理规范的重要性。为持续推进地方政府性债务管理改革，国务院办公厅在 2022 年 5 月印发了《关于进一步推进省以下财政体制改革的指导意见》，为加强地方融资平台公司管理提供了明确方向。

## 第二节　财税调控机制和政策工具创新

自党的十八大以来，我国在深化财税体制改革方面取得了显著进展。其中，财税调控机制和政策工具的不断创新实践，深刻地改变了我国财税治理的格局，并为深化财税体制改革奠定了坚实的基础和明确的改革方向。

首先，财税调控机制的创新使政府在宏观经济调控中的作用更加精准和高效。通过优化税收结构、调整税率、完善税收征管等措施，政府能够更好地发挥税收的杠杆作用，促进经济的稳定增长和社会的公平正义。例如，增值税的改革不仅简化了税制，还减轻了企业的负担，激发了市场活力。个人所得税的改革则更加注重公平，通过提高起征点和调整税率结构，使税收更加合理，更好地体现了社会公平原则。

其次，政策工具的创新为财税体制改革提供了有力支持。我国综合运用顺周期和逆周期调节工具，有利于我国财税政策的全经济周期的政策适应性和调整及时性。政府通过引入现代信息技术，如大数据、云计算等，提高了财税管理的效率和透明度。例如，金税三期工程的实施使税收征管更加智能化、精细化，有效打击了税收违法行为，保障了国家税收的稳定增长；“以数治税”通过数字化方式便捷高效处理信息，大大增加了规避征税风险的税收管理力度。此外，政府还通过发行地方政府债券等方式，拓宽了地方政府的融资渠道，为基础设施建设和公共服务提供了有力的资金支持。

## 一、地方政府专项债券

地方政府专项债券是地方政府债券的一种，其目的是通过专项融资支持特定领域的发展，同时确保资金的专款专用和风险控制。随着近年来积极财政政策的逐步落地实施，地方政府专项债券作为落实积极财政政策的重要抓手，将在我国整体经济发展中发挥更加重要的作用。

1. 正式起步阶段（2015 年）

在 2015 年之前，中国地方政府债务管理主要通过国债转贷、代发代还等方式进行。专项债券尚未成为主流。2015 年施行的新《预算法》赋予了地方政府依法举债的权利，明确了地方政府债券是地方政府举债融资的唯一合法渠道。全国 31 个省份和 5 个计划单列市可以“自发自还”发行地方债券，开创了我国地方政府举债融资的新纪元。同年 9 月，《国务院关于加强地方政府性债务管理的意见》公布，首次提出地方政府可以发行专项债，专项债券正式登上历史舞台。2015 年 4 月，《地方政府专项债券发行管理暂行办法》出台，对地方政府专项债券的定义、偿债来源、预算管理、承销发行等作出了正式规定。这一时期，专项债券的类型主要为置换专项债和新增专项债，以置换专项债为主。

2. 快速发展阶段（2015—2017 年）

从 2015 年开始，专项债券的类型主要为置换专项债和新增专项债，以置换专项债为主。这一阶段专项债的项目类型相对单一，发债期限较短，新增债主要为土地储备专项债，期限一般为 3 年或 5 年。2018 年开始，这一阶段发行的专项债逐步进入偿付阶段。2016 年颁布的《地方政府专项债务预算管理办法》详细规定了专项债务的预算编制、批复、执行和决算等方面，确保了专项债务管理的规范和透明。这一管理办法不仅使地方政府的债务预算管理更加规范，还为有效防范和控制专项债务风险提供了制度保障。通过该《管理办法》，地方政府能够更好地管理本地区的债务，确保债务使用合理，避免风险。

3. 拓展与深化阶段（2018 年至今）

随着原有债务基本在 2018 年置换完成，专项债券的类型主要有新增专项债、置换专项债和再融资专项债，以新增专项债为主。专项债的项目类型越来越广泛，从土地储备、棚户区改造、政府收费公路，扩大到能源、农林水利、生态环保、社会事业、城乡冷链物流基础设施等领域。不仅专项债券的种类日益丰富，而且专款专用的特点也更加凸显出来。例如，《地方政府土地储备专项债券管理办法（试行）》作为第一个针对特定领域的专项债券政策，在地方政府的实践中提供了重要的指导。随后，财政部陆续推出了《地方政府收费公路专项债券管理办法（试行）》和《试点发行地方政府棚户区改造专项债券管理办法》，进一步明确了专项债券的资金流向和偿还来源。这些政策的相继出台，标志着专项债券种类的多样化和资金使用更加细致，有助于更好地实现项目的财务平衡。这也体现了政府在债务管理上的不断创新和完善，为地方政府提供了更多的融资渠道和财政支持，推动了项目建设的顺利进行，有力促进了各地经济的发展和社会的进步。

2019 年专项债支持领域进一步拓宽，包括国家重大战略项目、公共医疗卫生、城镇老旧小区改造和新型基础设施领域等。2019 年发布了《关于做好地方政府专项债券发行及项目配套融资工作的通知》，其中对专项债券制度作出了重要修订。这一修订允许符合条件的专项债券资金用于重大项目的资本金，不再限制专项债资金只能用于特定项目。这一政策的实施为地方政府提供了极大的资金支持，缓解了它们的资金压力，也进一步促进了基础设施投资的扩大。

2019 年，财政部印发《地方政府债务信息公开办法（试行）》，为地方政府债务管理提供政策保障，这一举措切实增强了地方政府债务信息透明度。同年，《关于做好地方政府专项债券发行及项目配套融资工作的通知》发布，推动地方政府专项债券对重点领域和薄弱环节的支持力度，并进一步完善专项债券的管理及配套措施。这一阶段，地方政府专项债券的适用范围和举债方式进一步扩大完善，极大健全了地方政府举债融资机制。为加强专项债券项目管理，2019 年财政部和发改委建立了联席工作机制。发改委负责项目立项和清单提出，财政部门则根据项目收益情况筛选和把关，确保项目实现收支平衡和融资要求。多部门协作有效保障了专项债券项目质量和实施效果。这一联动机制充分体现了各部门的分工合作，为项目管理提供了有力支持。由此可见，政府部门之间的密切合作对于项目顺利实施至关重要，带来了良好的管理结果。

专项债券的全生命周期管理对于地方政府来说至关重要。2021 年颁布的《地方政府专项债券项目资金绩效管理办法》是在这一领域的重要创新。该《管理办法》全面考虑了专项债券项目的前期质量控制、资金预算执行以及项目完成后的绩效评价，确立了一套监管机制。这一制度的实施不仅能够有效确保专项债券资金的有效运用，同时也大大减少了债务风险。通过全程监管和及时纠偏，这一《管理办法》有效地防范了项目实施过程中的各种潜在风险，从而保证了专项债券最终能够真正发挥出经济效益和社会效益。只有通过严格的监督管理，专项债券才能在实践中得以充分体现其应有的作用，从而为地方经济的发展和社会的进步作出积极贡献。这一《管理办法》的出台，为地方政府在专项债券项目管理上提供了有力的制度支持，带动了整个领域的规范和发展，促进了地方政府财政的健康发展。

2019 年之前，专项债券的资金投向比较广泛，主要涉及土地储备、收费公路和棚户区改造等领域。随着专项债券制度的不断完善，政策相继明确了专项债券投资的重点领域，包括重大区域发展、乡村振兴、生态环保、保障性住房、公共医院、公立高校、交通、水利和市政基础设施等方面。与此同时，政策也规定，专项债券不得用于土地储备和房地产领域，也不能用于债务置换或完全商业化的项目。这些明确规定进一步指明了专项债券的使用方向，确保资金流向符合国家的重点发展领域和战略需求。通过这些举措，专项债券的使用更加精准，有助于支持国家重要领域的建设和发展，推动经济和社会的可持续发展。

2022 年，我国地方政府专项债券继续重点用于交通基础设施、能源、农林水利、生态环保、社会事业、城乡冷链等物流基础设施、市政和产业园区基础设施、国家重大战略项目、保障性安居工程 9 大领域。2024 年，财政部同有关部门不断优化调整地方政府专项债券投向领域和用作项目资本金范围，将更多新能源、新基建、新产业领域纳入专项债券投向领域。2024 年地方政府专项债券支持范围增加了独立新型储能、重点流域水环境综合治理等领域。同时，引导地方加大对国家级产业园区基础设施、5G 融合应用设施、城中村改造、保障性住房等领域的支持力度，进一步谋划经济社会效益明显、带动效应强、群众期盼、早晚要干的重大项目。此外，将保障性住房等领域纳入专项债券用作项目资本金范围，进一步发挥专项债券撬动作用。

## 二、特别国债

特别国债是指政府为了应对特别时期的需要而发行的一种政府债券。其主要目的是弥补政府在应对特别时期所需的资金缺口，如应对自然灾害、战争等。特别国债同一般国债、地方债、专项债券不同，职能上各司其职，实践中相互配合。党的十八大以来，我国更加注重政策的统筹和协调，组合使用一般国债、地方债券、专项债券、特别国债、中央预算内投资等不同工具，充分发挥政府资金的利用效能和带动作用，助力社会各界资本参与到国家重大战略实施和重点领域安全能力建设当中，发挥“集中力量办大事”的中国特色社会主义市场经济优势。

我国历史上有四次新发特别国债。此外，我国还分别在 2017 年和 2022 年对到期的特别国债进行了续发。

第一次特别国债发行于 1998 年。财政部经第八届全国人大常委会批准，于 1998 年 8 月向四大国有独资商业银行发行了 2700 亿元长期特别国债，国债筹集资金全部用于补充国有独资商业银行资本金。此次发行特别国债的背景是亚洲金融危机后，国内银行体系面临资本充足率低下的问题，通过这种方式，可以增强银行体系的稳定性和抗风险能力。

第二次特别国债发行于 2007 年。财政部发行了 15500 亿元的特别国债，用于购买约 2000 亿美元外汇，作为即将成立的国家外汇投资公司——中国投资有限责任公司的资本金。这次发行的国债期限主要为 10 年和 15 年，部分通过银行间债券市场公开发行，部分定向发行给农业银行。此举旨在通过成立专门的外汇投资机构，优化外汇资产的管理，同时缓解国内流动性过剩的问题。

第三次特别国债发行于 2020 年。2020 年 6 月 15 日，财政部为筹集财政资金，统筹推进疫情防控和经济社会发展，决定发行 2020 年抗疫特别国债 1 万亿元。

第四次特别国债发行于 2024 年。2024 年 3 月 5 日在第十四届全国人民代表大会第二次会议上，国务院总理李强作《政府工作报告》指出，为了支持国家重大战略实施和重点领域安全能力建设，中国计划从今年（2024 年）开始连续几年发行超长期特别国债。2024 年的发行额度为 1 万亿元人民币，这些国债将专项用于资助强国建设和民族复兴过程中的重大项目建设。根据 2024 年超长期特别国债发行安排，2024 年 6 月 14 日，财政部发行了2024年超长期特别国债（三期），面值总额为350亿元，期限为50年。这是中国历史上发行的最长期限的国债之一。本次发行的超长期特别国债重点用于支持科技创新、城乡融合发展、区域协调发展、粮食食品安全、人口高质量发展等领域建设，体现了党中央结合世界百年未有之大变局和中华民族伟大复兴战略全局“两个大局”和我国经济社会发展新形势新格局而实施的新部署。

## 三、财政补贴

财政补贴是指国家财政为了实现特定的政治经济和社会目标，向企业或个人提供的一种无偿转移收入。其主要目的是通过财政资金的直接资助，支持生产发展，调节供求关系，稳定市场物价，以及维护生产经营者或消费者的利益。

### （一）改革开放初期

改革开放初期，为了适应市场经济的发展，财政补贴政策开始进行调整，以促进国民经济建设。这一时期，国家财政开始支持农业、科技、教育及其他国家重点建设事业。

财政支持重点体现在支持农业生产发展上，特别是对粮、棉、油、猪等农产品的价格补贴。1979年实行改革开放政策后，国家为了支持农产品价格改革，对农民实行了加价款补贴政策，并采取了销售价格不提或少提的办法，对购销价格倒挂的价差和企业经营性亏损实行财政补贴。

### （二）20世纪80年代至90年代

在这一时期，国家多次较大幅度地提高了农产品收购价格，但为了稳定人民群众生活，对主要农产品的销售实行了“价格基本稳定，购销价差由财政补贴”的政策。同时，对一些与人民日常生活相关的工业消费品以及煤炭石油等基础工业产品也实行了亏损补贴政策，导致财政补贴总额有明显的增加。这也造成了一定的财政负担，1978—1989 年，国家财政负担的价格补贴和企业政策性亏损补贴由 135. 99 亿元增加到 972. 43 亿元，增长了6. 2 倍，平均每年递增 19. 6%，明显快于同期财政收入的增长速度。

### （三）21 世纪初至今

随着经济的发展和市场经济体制的完善，财政补贴政策也在不断调整和改革。财政补贴的种类和环节较多，按补贴的形式可分为亏损补贴、利息补贴等；按补贴的作用可分为稳定和改善人民生活的农副产品和日用工业品补贴、支援农业生产的农用生产资料价格补贴等。

总体来看，在市场经济条件下，政府采用财政补贴支出手段可以帮助应对市场失效、满足社会政策需求以及平滑经济转轨过程中的冲击。首先，针对自然垄断行业如公共交通、煤气和水电等，政府通过价格管制和财政补贴来保证社会福利，因为市场定价无法有效配置这些领域的资源。其次，政府通过财政补贴来支持农产品价格，以维护农民和城镇居民的利益，特别是在农业生产成本高和居民收入水平偏低的情况下。最后，财政补贴在经济体制转轨期间起到了关键作用，它帮助维持了企业的存在和职工就业，避免了大规模破产和失业引发的社会动荡，并在价格体系改革中缓解了物价上涨对居民生活的影响，从而促进了社会经济的稳定和改革的顺利进行。

## 四、政府采购

在过去 20 年里，中国政府采购制度取得了巨大的发展进步，实现了许多发达国家历经数百年才能达到的成就。从制度建设到实施效果，都呈现出显著的提升，对经济社会产生了日益深远的影响。这些改革不仅符合了我国经济新常态下供给侧结构性改革的需求，也顺应了政府职能转变和“简政放权”的方向。这一系列改革体现了“创新、协调、绿色、开放、共享”的新发展理念，并展示了中国作为发展中大国积极参与和推动全球化的意愿（姜爱华和马海涛，2019①）。

一是研究探索阶段（1995 年至 1998 年 7 月）。这一时期主要是政府采购理论上的探索阶段，1995 年，财政部开始结合财政支出改革对政府采购进行理论上的研究。1996 年，上海、河北、深圳等地启动了政府采购的试点工作。1996 年 10 月，财政部编写了第一份政府采购简报；同年，上海市政府采购试点工作取得了一定的进展。1997 年，财政部向国务院法制办报送了制定《政府采购条例》的立法请示。当年，国务院法制办就《中华人民共和国招标投标法》和《政府采购法》的立法思路进行了协调。

二是试点阶段（1998 年 7 月至 2003 年 1 月）。这一阶段主要是政府采购的试点阶段。1998 年 7 月财政部指定《中国财经报》作为政府采购的宣传媒体；同年，国务院进行机构改革，在国务院核定财政部的“三定方案”的基础上赋予了财政部负责拟定和执行政府采购政策的职能，从而确立了我国政府采购的主管部门。1999 年，财政部颁布了《政府采购管理暂行办法》，这是我国第一部关于政府采购管理的全国性的部门规范性文件。2000 年 6 月，财政部在国库司专门设立了政府采购管理机构。2002 年 6 月 29 日，《政府采购法》颁布。

三是全面推行阶段（2003 年 1 月至 2018 年 11 月）。2003 年 1 月 1

① 姜爱华，马海涛．迈上现代治理新台阶的中国政府采购制度——回顾与展望（上）[J]．中国政府采购，2019（01）：18－26.

日，《政府采购法》正式实施，标志着我国的政府采购制度由试点进入全面推行阶段。自此之后，我国政府采购的规范化程度得到不断提升，政府采购管理工作得到加强，如批量集中采购的推广、政府采购预算管理的加强、政府向社会力量购买服务的拓展等。政府采购的政策功能得到不断发挥，支持环保产业发展、支持中小企业发展等方面的政策功能得到不断发挥。比如，2006 年 11 月，首份“绿色清单”公布，并发布《环保标志产品政府采购实施意见》，标志着政府绿色采购制度的开始。再如，2009 年 9 月，国务院《关于进一步促进中小企业发展的若干意见》出台，明确提出完善政府采购支持中小企业的有关制度。这一时期，政府采购市场开放的步伐加快。2007 年 12 月底，我国向世界贸易组织提交了加入《政府采购协定》申请书和初步出价清单，正式启动了加入谈判。2008 年 9 月，我国向世界贸易组织提交了《中国政府采购国情报告》，请《政府采购协定》参加方对我国政府采购法律和管理体制进行审议。2015 年 1 月 30 日，酝酿已久的《政府采购法实施条例》终于公布，并于同年 3 月 1 日起实施。截至 2019 年底，我国已经向世界贸易组织提交了加入《政府采购协定》的七份出价清单。

四是深化改革阶段（2018 年 11 月至今）。2018 年 11 月 14 日中央全面深化改革委员会第五次会议通过了《深化政府采购制度改革方案》，会议指出，深化政府采购制度改革要坚持问题导向，强化采购人主体责任，建立集中采购机构竞争机制，改进政府采购代理和评审机制，健全科学高效的采购交易机制，强化政府采购政策功能措施，健全政府采购监督管理机制，加快形成采购主体职责清晰、交易规则科学高效、监管机制健全、政策功能完备、法律制度完善、技术支撑先进的现代政府采购制度。自此，我国政府采购领域深化改革的大幕拉开，围绕着“建立现代政府采购制度”改革目标，出台了一系列办法、实施了一系列改革举措。如开展政府采购意向公开，强化政府采购需求管理，推动中小企业发展、助力脱贫攻坚、支持乡村振兴，促进政府采购公平竞争、优化营商环境，等等。

## 五、税收优惠

税收优惠政策是指政府为了实现特定的经济和社会目标，通过减免税款、降低税率、税收抵免、延期纳税等措施，给予特定行业、地区、企业或个人以税收上的优惠待遇。这些政策旨在通过税收手段调节经济活动，促进社会和经济的全面发展。

改革开放后，中国开始逐步建立适应社会主义市场经济调控要求的复合税制。在这一时期，税收优惠政策作为国家宏观调控的一个重要工具，开始被广泛运用。这些政策主要目的是吸引外资、促进出口、支持特定行业的发展，以及促进地区平衡发展。随着经济体制改革的深入，税收优惠政策的法制化和规范化逐渐加强。1994 年，中国进行了税制改革，建立了较为完善的税收法律体系。税收优惠政策开始更加注重法律级次，力求体现产业政策的要求，并逐步完善宏观预算控制。

进入 21 世纪，中国税收优惠政策进一步深化改革。2008 年，中国首次提出“结构性减税”的概念，这一政策随后在中央经济工作会议和《政府工作报告》中被多次强调。结构性减税是一种税制改革方案，其核心是通过“有增有减，结构性调整”的方式，重点实施减税措施。与全面大规模减税不同，结构性减税侧重于针对特定税种和群体进行税负削减，旨在优化税种结构和其构成要素。其目标是实现“惠民生、调结构、促增长”的多重效果（马海涛等，2023①）。

① 马海涛，姚东旻，孙榕．我国减税降费的理论内涵、演进逻辑及基本特征［J］．财经问题研究，2023（02）：14－24.

2012 年至今，我国进入实质性减税降费阶段。实质性减税降费的特点在于其目的是显著降低宏观税负，实现全面性的税负减轻。实质性减税具有大规模的实施效果，强调主动性和战略性，着眼于长远的经济社会发展。与结构性减税相比，实质性减税降费更注重于降低整体税负，而非仅在特定税种或群体中进行结构性调整，最大限度地避免前者这种由政府主导的财税政策而引致的国内外的负面影响（白彦锋，2020[①]）。这一政策调整包括对增值税率的逐步降低。最初，增值税率分为 17%、13%、11% 和 6% 四个档次。到了 2017 年 7 月，税率档次简化为 17%、11% 和 6% 三个档次，取消了 13% 的税率，特别是农产品和天然气的税率从 13% 降至 11%。随后，在 2018 年 5 月，原先适用 17% 和 11% 税率的纳税人的税率分别降至 16% 和 10%。自 2019 年 4 月起，16% 的税率进一步降至 13%，而 10% 的税率降至 9%，6% 的税率则保持不变。同时，增值税留抵退税改革也全面铺开。

自 2018 年起，中国对装备制造业、研发服务业和电网企业等先进领域实施了一次性退还增值税期末留抵税额的措施。2019 年，试行了增值税留抵退税制度，对纳税人的增量留抵税额进行了全部或部分返还。到了 2022 年，增值税留抵退税金额直接返还给企业，这不仅提高了减税降费的效率，还消除了增值税的重复征税问题，有效减轻了企业的税收负担，促进了企业效率的提升和科研创新及转型升级。

与此同时，税收优惠政策也更加注重支持创新、环保、中小企业发展等社会经济目标。支持科技创新方面，税收优惠政策在推动产业升级和技术创新方面发挥了重要作用。为了鼓励企业加大研发投入，提升科技创新能力，政府实施了一系列针对高新技术企业的税收优惠政策。例如，对于符合条件的高新技术企业，企业所得税税率从 25% 降低至 15%；同时，

① 白彦锋．实质性减税降费与经济高质量发展［J］．新疆财经，2020（01）：5－12.

对于企业研发费用实行加计扣除政策，即企业可以按研发费用的150%或175%在税前扣除。这些政策有效降低了企业的研发成本，激励企业不断进行技术创新和产品升级。此外，政府还针对特定新兴产业，如人工智能、物联网、绿色能源等，推出了专项税收优惠政策。这些政策不仅吸引了更多企业和资本进入高科技领域，也加速了我国从传统制造业向高端制造业和新兴产业的转型。

推动绿色发展方面，税收激励政策也发挥了重要作用。政府通过实施环保税收优惠政策，鼓励企业采用绿色生产技术、减少污染排放。例如，对于符合环保标准的企业，政府提供税收减免或退税优惠，鼓励企业在节能减排和资源循环利用方面进行投资。此外，政府还对新能源汽车、可再生能源、节能建筑等领域的企业提供税收优惠，支持绿色经济的发展。这些措施不仅帮助减少了环境污染，还推动了我国经济向绿色、低碳、可持续的方向发展。

中小企业是经济活力的重要来源，也是创新和就业的重要支撑。为了减轻中小企业的税负，政府推出了一系列针对中小企业的税收优惠措施。例如，政府对小型微利企业实施了普遍的所得税减免政策，将其应纳税所得额低于一定标准的部分按较低税率征税。此外，为了缓解中小企业的融资难题，政府还出台了增值税减免政策，支持金融机构对中小企业的贷款业务。这些税收优惠政策有效帮助中小企业降低了经营成本，增强了企业的市场竞争力和生存能力。同时，这些政策也促进了就业，稳定了社会经济。

此外，自党的十八大以来，中央和地方政府大幅取消了多项行政事业性收费，停征和减免了一些费用，导致行政事业性收费在财政收入中的占比持续降低。这些措施有助于降低企业和个人的非税负担，进一步激发市场活力。如图1-3所示，我国大规模减税降费成效显著。

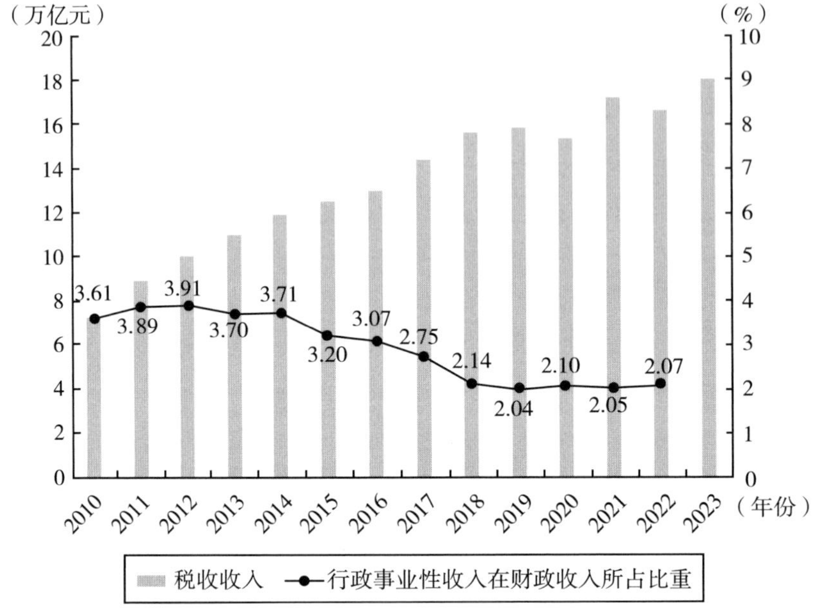


**图 1－3　2010—2023 年实质性减税降费变化**

## 六、专项财政资金与投资基金

为提高财政资金的使用效率和促进重大项目的发展，政府设立了多种专项财政资金和投资基金，并创新性建立了中央财政资金直达机制。这些资金和基金在支持特定领域和重点项目方面发挥了重要作用，成为优化资源配置、推动经济发展的重要工具。专项财政资金和投资基金的运作模式多样，包括直接投资、贷款贴息、风险投资等。这些多样化的运作模式不仅提高了财政资金的使用效率，还增强了政府在资源配置和经济调控中的灵活性。通过风险投资和贷款贴息，政府能够支持具有高成长潜力的企业和项目，引导社会资本流向关键领域和战略性产业，推动经济的结构调整和转型升级。

国家科技创新基金和战略性新兴产业基金是支持科技创新和新兴产业

发展的重要财税政策工具。这些基金专注于支持前沿科技研发和战略性新兴产业，如人工智能、生物技术、新能源等领域。政府通过直接投资、风险投资和贷款贴息等多种方式，推动科技企业和新兴产业的发展。这些专项资金不仅增强了企业的创新能力，还加快了新技术的产业化进程，为国家经济的高质量发展奠定了基础。

政府通过设立基础设施专项基金，重点支持交通、能源、水利等基础设施项目的建设。这些基金旨在优化资源配置，解决资金短缺问题，加快重大基础设施项目的推进速度，从而改善区域间的经济发展不平衡，促进区域协调发展。例如，“中国基础设施投资基金”是政府设立的一项重要基金，专门用于支持国家级重点基础设施项目。通过这一基金，政府能够调动社会资本，吸引更多的民间投资参与到基础设施建设中来，从而减轻财政负担，提升资金使用效率。此外，基础设施建设带来的经济效益还能够反哺基金，实现良性循环。

2020 年，财政部创新性建立了中央财政资金直达机制，将部分转移支付资金直达基层财政。根据《中央财政实行特殊转移支付机制资金监督管理办法》，中央财政资金直达机制流程为：中央直达资金按照“中央切块、省级细化、备案同意、快速直达”的原则分配。财政部主要按照因素法将资金切块到省，省级财政部门统筹本地实际提出细化到市县的分配方案报财政部备案，财政部审核提出意见反馈省级财政部门，省级财政部门进行相应调整后直接下达到市县。中央财政资金直达机制打通了中央财政资金转移支付过程的堵点，缓解了转移支付过程中资金逐步下拨中程序和部门因素产生的障碍，减少了政府层级间对财政资金运用的信息不对称，提升了财政资金的分配、拨付和支出效率，进一步增强了中央政府的宏观调控能力，促进了我国转移支付体系的完善和发展，为实现“六保”“六稳”发挥了重要作用。

## 七、数字经济助力税收征管

在新时代税制改革的显著成就之一就是国家税务总局推出的“金税三期”工程，这一项目旨在显著提升税收征管的水平。通过信息化手段的应用，“金税三期”工程成功地将信息融入我国税收征管的各个环节，确保了税收的“应收尽收”和“应享尽享”。“金税三期”工程的核心可以概括为“一个平台、两级处理、三个覆盖、四类系统”。具体而言，“金税三期”工程广泛运用了大数据、云计算等前沿技术，构建了一个统一的技术基础平台，这个平台包括了网络硬件和基础软件，从而逐步实现了数据信息对所有税种、所有工作环节以及国地税局等各部门的全面覆盖。

“金税三期”工程利用信息大数据平台，有效地实现了涉税信息的跨地区联通和信息共享。这一举措显著提高了逃税的成本，极大地提升了税务机关的税收稽查能力和涉税信息监管能力。通过这一系列的信息化建设，税务部门能够更加精准地掌握纳税人的经济活动，从而确保税收政策的公平执行，维护了国家税收的合法权益。“金税三期”工程的实施，不仅提高了税收征管的效率和准确性，还为纳税人提供了更加便捷、高效的纳税服务，进一步优化了税收营商环境，为我国经济的持续健康发展提供了有力的支撑。

2013 年 3 月，国务院发布《关于进一步深化税收征管改革的意见》，提出到 2023 年要基本建成“双随机、一公开”监管和“互联网 + 监管”为基本手段，以重点监管为补充、以“信用 + 风险”监管为基础的税务监管新体系，实现从“以票管税”向“以数治税”的分类精准监管转变。以数治税是数字经济时代下，税收征管体系的数字化升级和智能化改造。这一概念的核心在于通过数据和算法重塑税收治理方式，提高税收征管的效率和质量，降低税收征管的成本，同时优化税收服务，提升纳税人的体验和满意度。近年来，通过建立全国统一的电子发票服务平台，实现电子化管理发票，降低市场交易成本；利用大数据、云计算和人工智能技术，对税收数据进行深度分析和发掘，提高税收征管的精准度和效率；以数治税也进一步提供了个性化的税费服务，例如“一户式”“一人式”等精细化、个性化税收征管方式实践运用。未来，以数治税的数据安全性和隐私保护问题，也将成为深化税收体制改革的关注点。

## 第三节　财政职能定位更加提升明确

财政职能是指政府通过财政活动在经济和社会发展中所承担的角色和功能，例如资源配置职能、收入分配职能、政治目标实现职能、宏观经济调控职能等。在当前经济发展的关键时期，财政政策作为国家宏观调控的重要工具，其职能和作用的发挥对于推动经济社会的全面进步和高质量发展具有至关重要的意义。党的第十八届三中全会提出了“财政是国家治理的基础和重要支柱”的全新的论断。这一论断将财政职能的定位从单纯的经济范畴提升到了国家治理的层面，赋予了财政更为重要的使命和要求，同时也对财税体制改革提出了更高的标准。新时代财政必须勇于担当起新的角色使命。在新时代背景下，财政的定位得到了进一步的提升和明确。除了传统的资源配置、收入分配以及经济稳定与发展的三大职能之外，财政还承担着防范和化解公共风险、推进共同富裕的实现以及推动生态环境保护等符合时代发展要求，贴近人民对美好生活诉求，符合国家发展战略的重点任务。这些新的内容也成为新时代财政职能逐步拓展和完善的未来方向。

## 一、加强资源配置作用

### （一）资源配置作用定位的转变

在中国，财政职能在经济制度变迁中扮演了重要角色，其定位经历了从财政政治化向财政经济化的转型。这一转型也意味着政府在资源配置方面的角色和功能发生了根本性的变化。新中国成立初期到改革开放前夕，这一阶段财政职能定位主要在于服务国家的政治目标，通过集中统一的财政管理体制，国家对经济资源进行全面控制和分配。这一时期，中国实行“统收统支”的财政体制，即国家对企业的收入和支出进行统一管理。这种体制下，企业的利润几乎全部上缴国家，国家再根据计划分配资源和资金。为了实现社会主义建设目标，国家对国有企业实行了全面的控制和管理，包括生产计划、产品定价、利润分配等，确保国有企业按照国家的计划和目标运作。

随着改革开放的推进，财政职能逐渐转向以经济目标为主，开始了从财政政治化向财政经济化的过渡。放权让利、分税制等改革措施有效激发了市场活力和地方政府的积极性，促进经济的市场化和多元化发展。在这一阶段，财政职能的定位更加注重经济效率和市场机制的作用，通过税收、支出和债务管理等手段，促进资源的有效配置和经济的稳定增长。

政府通过调整投资结构和资产存量结构，引导企业投资方向，促进产业结构升级和区域协调发展。这包括增加对优先发展产业的投资，以及通过资产重组和市场竞争调整产业结构。例如，政府可以提供财政补贴和税收减免给太阳能、风能等可再生能源项目，同时对传统高污染能源行业征收环保税。这些政策旨在引导企业投资方向，鼓励更多资源流向绿色能源产业，促进该行业的快速发展。

### （二）新时代资源配置作用的具体发挥

在供给侧结构性改革的关键时期，政府通过财政资金引导，促进资本和资源向战略关键领域集中，支持产业基础能力和产业链水平提升，推动制造业高质量发展。在传统行业方面，财政支持深入推进“三去一降一补”。首先是去产能，对于那些主动淘汰落后产能、进行技术升级或转型的企业，政府提供财政补贴或奖励，以减轻企业转型过程中的经济压力。其次是去库存，面对三四线城市房地产库存较多的问题，政府通过财政补贴和税收优惠等措施，支持住房租赁市场的发展，鼓励房地产企业加快库存销售。再次是去杠杆，政府积极推动企业兼并重组，出台针对性税收优惠政策，支持市场化法治化债转股，降低企业杠杆率，减轻企业债务负担，提高企业财务健康水平。又次是降成本，政府多措并举，扩大小微企业享受减半征收所得税优惠的范围，取消城市公用事业附加等基金，降低企业制度性交易成本。最后是补短板，政府引导财政资金撬动社会资本投入基础设施及公共服务领域，通过政府和社会资本合作模式等，增加有效供给，改善公共服务水平，促进经济社会的均衡发展。

在新兴产业方面，政府为其提供直接的财政补贴或资助，以降低企业在研发和初期发展阶段的成本压力。例如，2009 年起，我国开始实施光伏产业的财政补贴政策，从装机补贴到上网电价补贴再到如今的平价上网；我国也支持集成电路产业的发展，国家鼓励的符合条件的集成电路生产企业或项目可以免征企业所得税。同时，国家大力支持绿色产业的发展和清洁能源设备的生产。截至 2023 年，累计安排中央预算内投资 1000 多亿元支持环境基础设施建设。

考虑到地区间经济发展不平衡的问题，财政职能通过税收、投资、财政补贴和转移支付等手段，促进资源在不同地区间的合理分配，以支持经济落后地区的发展。例如，为支持实施西部大开发战略，中央财政不断加大对西部地区的转移支付规模，用以支持改善公共基础设施；同时，为了支持西部地区居民的就业和社会保障事业，中央政府采取了包括专项补助资金、税费减免、小额担保贷款、社会保险费补贴等在内的多项政策措施。

## 二、优化收入分配作用

财政部门承担着至关重要的收入分配职能，其主要目标是维护公平分配，确保民众的基本生活需求得到满足。通过精心设计和优化税收政策，实施减税降费措施，增加社会保障支出，以及通过财政转移支付等手段，财政部门能够有效地影响社会财富的初次分配和再分配过程。这些措施有助于确保政府之间、企业之间以及个人之间的社会财富分配更加公平和高效，同时调整不同收入层次和不同地区之间的收入不平衡现象，努力缩小收入分配差距。

### （一）积极推进个人所得税的改革

2018 年 10 月 1 日起，个人所得税的起征点从 3500 元/月提高至 5000 元/月，这意味着月收入低于 5000 元的个人不再需要缴纳个人所得税。同时，《个人所得税法》修订后，引入了新的税率表，以适应不同收入水平的纳税人，确保税负更加合理。2019 年 1 月 1 日，个人所得税进一步进行改革，增加了住房、教育、医疗、赡养老人等 6 项专项附加扣除，允许纳税人在计算应纳税所得额时扣除这些费用，减轻了中低收入群体的税负。在 2020 年，顺利完成了个税改革后的首次综合所得年度汇算，即对纳税人在一年内的综合所得进行汇总计算。

## （二）加大对社保和医疗卫生的投入力度

近年来，政府一直在加大对公共卫生服务的财政投入，包括疾病预防控制、健康教育、妇幼保健等，提高公共卫生服务水平。国家财政医疗卫生支出显著增长，从 2018 年的 15623.55 亿元增长至 2023 年的 22392.90 亿元。中央财政也在持续补助企业职工基本养老保险基金，2022 年补助金额达 6500 亿元左右；中央层面已划转国有资本 1.68 万亿元充实社保基金，居民养老保障更为坚实。

## （三）促进高质量教育和就业

政府积极通过财政政策加大财政投入，支持教育基础设施建设。国家财政教育支出从 2018 年的 32169.47 亿元增长至 2023 年的 41242.44 亿元。教育投入的增量主要用于优先保障义务教育、补齐学前教育的短板、支持深度贫困地区以及通过“建档立卡”优先资助深度贫困学生，最终实现高质量教育的普惠发展。除此，政府也在通过财政政策对稳就业进行一系列的宏观政策部署，2023 年中央财政下达就业补助资金达到 667.6 亿元，主要用于支持各项就业创业扶持政策。对符合政策条件的首次创办小微企业或从事个体经营的特定群体，政府可予以一次性创业补贴以对冲创业风险。

## （四）完善精准扶贫政策和社会救助政策

政府通过精准扶贫政策和社会救助政策，保障了弱势群体的基本生活。例如，通过农村贫困人口的最低生活保障和精准扶贫专项资金，政府有效改善了贫困地区群众的生活条件。通过这些政策，政府不仅提供了直接的经济支持，还推动了贫困地区的经济发展和社会进步，助力实现全面脱贫的目标。

## 三、发挥宏观调控作用

### （一）实施减税降费，提振市场信心

面对经济下行压力，政府大力实施减税降费以提振市场信心，同时也更加注重政策的连续性和精准性。2023 年全国新增减税降费及退税缓费超 2.2 万亿元。减税主体方面，考虑到小微企业和个体工商户的抗风险能力普遍较弱，我国一直将其作为减税降费支持的重点。减税行业方面，制造业及与之相关的批发零售业占比最高，新增减税降费及退税缓费占比 42.6%。具体实施方面，税务部门建立了总局、省局、市局、县局四级贯通联动的政策落实工作机制，提升工作效率，保证红利直达。

### （二）提高居民收入，增强消费对经济发展的基础性作用

政府多渠道促进居民消费意愿和消费能力，通过扩大内需，推动消费市场回暖升级。政府增加对基本养老保险、医疗保险、失业保险等社会保障项目的财政投入，扩大社会保障覆盖范围，特别是将更多非正规就业人员和灵活就业人员纳入社会保障体系。同时，政府实施有针对性的转移支付政策，为中低收入家庭提供住房补贴、教育补助、医疗补助等，减轻其生活负担。这些措施都有助于提高中低收入居民的消费能力。除了对居民的针对性政策，财政部门积极营造良好的消费环境，支持实施县域商业建设行动，降低部分优质消费品进口关税。

### （三）逆周期调节，稳定经济增长

我国财政政策在宏观经济调控中发挥了关键的反周期调节作用。这种调节机制的核心在于，通过政府的主动干预来平抑经济波动，确保经济在不同周期阶段的平稳运行，并降低由周期性波动积累的系统性风险。逆周

期调节不仅有助于经济稳定，还在维护社会和谐方面发挥了重要作用。经济波动往往会带来就业问题、收入分配不均等社会问题。通过财政政策的逆周期调节，政府能够有效缓解经济波动对就业、民生的负面影响，确保社会的稳定和和谐。在开放的全球经济体系中，中国经济不可避免地受到外部环境变化的影响。面对这些外部不确定性，政府通过逆周期的财政政策，如增加对外贸企业的扶持、扩大内需、加强基础设施建设等，来减轻外部冲击对国内经济的影响。特别是在2008年全球金融危机和2020年新冠疫情全球大流行期间，政府迅速采取积极的财政措施，通过大规模的经济刺激计划，推动经济复苏，防止经济陷入长期衰退。

逆周期调节的成功实施，离不开财政政策的灵活性和精细化管理。在制定财政政策时，政府不仅要考虑当前的经济形势，还要预测未来可能的经济走势，确保政策的前瞻性和预见性。同时，政府需要对政策工具进行精细化管理，确保政策能够精准发力。例如，政府通过定向减税、专项债券发行、地方财政转移支付等措施，针对特定行业、区域或群体实施有针对性的调节，避免“一刀切”的政策带来的负面效果。

## 四、防范和化解重大公共风险

随着社会的发展，现阶段我国经济发展内外部环境较为复杂，除三大职能外，防范和化解重大公共风险，也是我国财政必须要考虑的重点内容。公共风险指的是可能对社会造成广泛影响的风险，如自然灾害、公共卫生事件、经济危机等。这些风险往往超出了个人或单一企业能够应对的范围，需要政府介入。财政政策在防范和化解公共风险方面扮演着重要角色。例如，通过建立和完善社会保障体系、应急储备基金、灾害救助和重建资金等，政府可以减轻这些风险对社会和经济的冲击。公共风险如果处理不当，可能会对国家的长期发展造成负面影响，增加发展成本。同时，在面对复杂多变的经济环境时，财政政策需要具有适应性和前瞻性。

面对地方债务风险，中国政府合理控制政府债务规模，提高债务管理的透明度和效率。在疫情冲击、房地产市场调整等多重因素影响下，地方财政收支运行面临一定的压力。在此背景下，中央政府坚决遏制隐性债务增量，加快建立同高质量发展相适应的政府债务管理机制。

面对公共卫生风险，政策的制定同时兼顾短期控制和长期影响。短期来看，政府设立应急预算和专项资金，用于应对突发公共卫生事件，包括购买医疗设备、药品、防护物资，以及支持科研攻关等。长期来看，政府通过财政政策支持加强公共卫生体系建设，包括提升基层医疗卫生服务能力、完善疾病预防控制体系等。

面对全球气候变化带来的风险，政府增加对绿色能源和环保技术的投资，同时减少对高污染、高耗能产业的依赖。财政政策主要包括绿色政府采购、政府绿色补贴和生态转移支付，而税收政策主要包括环境保护税的开征和资源税的完善以及消费税、车船税、增值税、企业所得税等传统税种的“绿化”调整。

## 五、推动财政政策的国际化

随着经济全球化的深化，财政政策在国际化中的作用愈加凸显，尤其在税收领域，国家间的合作与竞争对国家经济发展的影响至关重要。中国积极参与全球税收治理，推动税制改革以提高国际竞争力，为跨国企业和外资提供有利环境。

### （一）国际税收规则与合作协议

在全球化背景下，国际税收规则的制定和协调变得尤为重要。中国积极参与经济合作与发展组织主导的税基侵蚀和利润转移（BEPS）行动计划，并在G20等多边平台上发声，推动国际税收规则的公平合理性。通过参与这些规则的制定，中国不仅在全球税收治理中争取话语权，还能确保本国利益在国际税收体系中的实现。为了减少跨国企业的税收负担，避免双重征税，中国与多个国家和地区签订了避免双重征税协定（DTAs）。这些协定保障了企业在跨境经营中的税收权益，降低了企业在不同税收管辖区中面临的重复征税风险。此外，通过税收情报交换协议，中国加强了与各国税务机关的信息共享，提升了国际税务透明度。这些协议不仅促进了国际合作，也有助于打击跨境逃税和避税行为。

### （二）税制国际竞争力与研发支持

在全球市场竞争日益激烈的环境下，税制的国际竞争力成为吸引跨国企业和外资的重要因素。中国通过一系列税制改革，逐步降低企业所得税率，简化税收制度，并提供更多税收优惠政策。这些措施不仅增强了中国税制的透明性和可预见性，还帮助企业更好地规划全球业务布局。同时，税收制度的优化使中国成为外资企业设立区域总部和研发中心的理想选择。为了推动科技创新，提升产业国际竞争力，中国推出了研发费用加计扣除政策。该政策允许企业在计算应纳税所得额时，按照实际发生研发费用的一定比例进行加计扣除，减少企业税负，鼓励更多资金投入研发领域。这一政策特别受到跨国企业和高科技企业的青睐，吸引了大量全球研发资源流向中国，进一步提升了中国在全球创新领域的竞争力。通过在国际税收合作与税制竞争力提升方面的多重举措，中国不仅在全球税收治理中发挥更大作用，也在税收竞争中取得优势，打造了一个对跨国投资友好的税收环境。未来，中国将继续在国际税收合作中发挥建设性作用，同时进一步优化国内税制以适应全球经济格局的变化。

## 六、推动财政信息化与智能化建设

财政管理的现代化依赖于信息技术和智能化系统的发展，信息化与智能化的深度融合使财政管理更加高效、精准和透明。这一过程包括建设统一的信息系统、推动智能预算管理以及广泛应用大数据与人工智能技术。

### （一）财政信息系统与智能预算

财政信息系统的整合是财政管理现代化的核心环节。通过建设全国统一的财政信息管理平台，实现中央与地方各级财政部门的信息互联互通、数据共享与流程优化。这样的系统能够对预算编制、资金拨付、执行监督等环节进行全流程管理，提高财政管理的透明度和实时性。在传统的预算管理中，预算编制与执行往往依赖于人工和手工流程，导致效率低下且容易出现偏差。智能化预算系统基于大数据和人工智能技术，能够进行精细化的预算编制和实时调整。例如，通过历史数据分析、趋势预测和动态调整，确保财政资金在不同经济形势下的精准分配和高效使用。智能预算系统还可实时监测预算执行情况，及时发现并纠正资金使用中的异常问题。

### （二）大数据与人工智能应用

大数据和人工智能技术在财政决策中扮演着越发重要的角色。通过对海量财政数据进行实时采集、整合与分析，智能系统能够帮助决策者快速掌握宏观经济运行态势、预测财政收入、分析财政支出结构，并为政策制定提供科学依据。这种决策支持系统减少了人为决策的主观性，提升了决策的精准度和有效性。大数据和人工智能技术的应用极大地改变了税收征管模式。通过数据挖掘和智能分析，税务部门能够精准识别潜在的税收风险，自动化监控纳税人的合规情况，并通过智能审计工具提升税收管理的效率。此外，智能征管系统还可以动态跟踪税收政策的执行效果，为政策调整提供及时反馈。大数据平台和智能分析工具在财政资金监管中发挥重要作用。通过资金流向的实时监控，智能系统能够及时发现和预警资金使用中的违规行为。资金绩效评估也可以借助智能化技术，将资金投入与项目产出进行科学关联分析，确保财政资金的使用效果最大化。总体来看，财政信息化与智能化建设不仅提升了财政管理的效率，还在制度规范、透明度和精准度上实现了质的飞跃。这一进程使得财政管理更加符合现代化需求，也为未来的财政政策创新奠定了坚实基础。

综上所述，中国财税体制改革的历程和成就体现了国家在经济和社会发展中的积极角色。从财政包干制到分税制改革，再到税制的持续优化，每一步改革都旨在提高财政管理的效率和透明度，促进经济的健康发展。在新的财税体制改革浪潮下，推进中国式现代化是塑造未来中国发展蓝图的关键战略。在此背景下，财政职能和定位在不断演变和提升，变得更加明确和多元化，不仅强化了资源配置、收入分配和宏观经济调控的作用，还扩展到促进社会公平、防范重大公共风险、维护国家安全等新的领域。这些改革和措施共同构建了一个更加完善和高效的财税体制，为中国的现代化进程提供了坚实的财政支持和政策工具。

党是我国经济发展的“掌舵人”。回顾中国财税发展历程，无论是宏观层面财政体制框架的确立还是微观层面税种分设合并的调整，党的意志始终贯穿其中，以确保财税改革适配各阶段经济发展特点（马海涛，2022①）。因此，在实现中国式现代化的进程中，要充分发挥党中央集中统一领导的作用，确保财政事业发展始终沿着正确方向前进。一方面，提高政治站位，心怀“国之大者”，将党中央精神和国务院决策部署贯彻落实到具体的财税实践中。另一方面，坚持和完善党领导经济社会发展的体

① 马海涛．中国式现代化与财税事业高质量发展［J］．地方财政研究，2022（11）：4－9.

制机制，增强财税政策制定的前瞻性、财政资源统筹的系统性、财政资金使用的规范性和财税人才队伍建设的科学性。展望未来，随着经济社会的不断进步，中国财税体制将继续创新和完善，以适应新的发展需求，为实现全面建设社会主义现代化国家的目标作出更大贡献。

## 本章主要参考文献

[1] 白彦锋．实质性减税降费与经济高质量发展［J］．新疆财经，2020（01）：5－12.

[2] 姜爱华，马海涛．迈上现代治理新台阶的中国政府采购制度——回顾与展望（上）［J］．中国政府采购，2019（01）：18－26.

[3] 马海涛，邓丹华，马金华．中国式现代化视域下税收治理现代化的演进脉络及路径展望［J］．南开经济研究，2023（11）：3－20.

[4] 马海涛，任强，李林．分税制改革实践探索与未来政府间财政关系展望［J］．地方财政研究，2024（01）：26－32.

[5] 马海涛．新时代财政转移支付体系改革：成就与展望［J］．财政监督，2023（01）：11－14.

[6] 马海涛．新一轮财税体制改革的重点领域及其推进方向［J］．清华金融评论，2024（04）：22－24.

[7] 马海涛，姚东旻，孟晓雨．党的十八大以来我国财税改革的重大成就、理论经验与未来展望［J］．管理世界，2022，38（10）：25－44.

[8] 马海涛，姚东旻，孙榕．我国减税降费的理论内涵、演进逻辑及基本特征［J］．财经问题研究，2023（02）：14－24.

[9] 马海涛．中国式现代化与财税事业高质量发展［J］．地方财政研究，2022（11）：4－9.

[10] 肖鹏，陶畅，王亚琪．预算绩效管理与政府治理能力提升：内在逻辑与提升路径［J］．中央财经大学学报，2024（03）：16－25.

# 第二章

# 我国财税体制改革经验与规律

国家治理体系和治理能力现代化进程中，财税体制改革始终是其中的重要组成部分。财政和税收既是国家运行的“血脉”，更是社会公平正义的制度保障，充分体现国家政策的执行效率与国家资源的再分配能力。我国财税体制改革的推进过程并非一帆风顺，任何一次改革的背后，都是对旧有利益格局的深刻调整，是对国家治理能力和经济体制的优化。步入21世纪以来，我国财税体制改革深入发展，在党的坚强领导下，稳步推进，逐步构建起一套符合国情的发展模式，一方面为推动国家现代化建设、促进社会经济发展提供坚实保障，另一方面为全球经济治理提供有效经验。然而，随着全球经济环境日益复杂，国内经济结构转型调整，我国财税体制改革既要解决传统的财政收入分配问题，还要应对更加多元化的社会需求、日益复杂的经济运行模式，以及各级政府之间的财政职责和财力分配平衡问题。对此，党的二十大报告和党的二十届三中全会提出要全面深化改革，优化财税体制，提升治理效能。

当前背景下，深化财税体制改革需要立足于既有经验的基础，与时俱进，适应新时代的要求，在国家治理现代化、社会公平正义以及可持续发展等方面发挥更加重要的作用。因此，分析和总结我国现有的财税体制改革经验规律，是推动国家治理体系和治理能力现代化的必然要求，也是应对未来挑战、实现长期可持续发展的战略选择，有助于明确未来财税体制改革的方向和路径。本章结构如下：第一节我国坚持财税体制改革的原则，围绕“全面坚持党的领导、践行‘以人民为中心’的执政理念、统筹协调安全与发展”三方面展开，梳理我国财税体制改革中坚守的原则；第二节处理财税体制改革的三组关系，聚焦于“政府与市场、中央与地方以及当前民生与未来可持续发展”，分析财税体制改革过程中的三组关系；第三节我国财税体制改革的经验规律，总结我国在长期财税体制改革实践过程中的经验规律，即“坚持党的全面领导，充分立足于国情；遵循‘循序渐进，稳中求进’的渐进式路径；问题导向，创新驱动；以人为本，共享发展”，为今后财税体制改革提供参考和借鉴。

# 第一节　坚持财税体制改革的三项原则

## 一、全面坚持党的领导

### （一）全面坚持党的领导是中国共产党百年奋斗的光荣传统与根本经验

全面坚持党的领导，是中国共产党百年奋斗时期中的光荣传统，是党领导全国各族人民团结奋斗的根本经验[①]。全面坚持党的领导，是历史的选择、人民的选择，是由近代以来中国社会发展的历史逻辑、理论逻辑、实践逻辑决定的[②]。

聚焦于党的领导的历史逻辑，历史是最好的教科书。回顾近代以来的中国历史，其无不彰显：没有中国共产党就没有社会主义的新中国，就没有中国特色社会主义道路的开创和发展，就没有新时代中国特色社会主义的开启[③]。中国共产党的百年历史，是一部波澜壮阔、与人民群众血肉相连的奋斗史。1921 年，无产阶级的先锋队组织中国共产党正式诞生，1927 年南昌起义、井冈山斗争等，我党一步一步走向全国革命的领导核心。抗日战争、解放战争，我党建立抗日民族统一战线，人民民主统一战线，领导一切可团结的阶级群众。新中国成立后，党领导全国人民进行社

① 刘复兴．坚持党对教育事业领导的全面性、系统性、整体性［J］．教育研究，2021，42（04）：4－10．

② 本刊编辑部．坚持和加强党的全面领导［J］．求是，2020（14）：18－26．

③ 中共中央党史和文献研究院．深刻认识坚持和加强党的领导历史逻辑［J］．求是，2020（14）：30－32．

会主义改造和建设。改革开放以来，党领导开辟出中国特色社会主义道路，推动中国由贫困走向繁荣，由封闭走向开放，为国家繁荣和人民富足作出重要贡献。历史证明，只有坚持党的领导，才能实现国家的繁荣富强和人民的幸福安康。进入新时代，党的领导力、执政力和号召力增强，尤其是在面对自然灾害、金融危机、公共卫生事件等重大挑战时，党团结领导全国各族人民，积极应对诸多挑战，保障国家安全和社会稳定。全面坚持党的领导，是中国历史发展的必然选择。坚持和加强党的全面领导符合历史发展规律，符合政党长期执政建设规律，符合人民根本利益，是坚持和发展中国特色社会主义的必由之路。

聚焦于理论逻辑，全面坚持党的领导具备深厚的科学理论支撑。中国共产党是建立于马克思主义理论基础之上的无产阶级政党，马克思主义理论的重要内容是全面坚持党的领导。坚持无产阶级政党的领导，是由马克思主义理论的宗旨和本质属性决定的。习近平新时代中国特色社会主义思想，是对新时代我党对马克思列宁主义、毛泽东思想、邓小平理论、“三个代表”重要思想、科学发展观的继承和发展，是马克思主义理论中国化的最新成果，是党和人民实践经验和集体智慧的结晶，是中国特色社会主义理论体系的重要组成部分，是全党全国各族人民为实现中华民族伟大复兴而奋斗的行动指南①。武装习近平新时代中国特色社会主义思想，是全面坚持党的领导的必然要求，党的领导是中国特色社会主义最本质的特征，是中国特色社会主义制度的最大优势。理论的成熟是实践坚实的基础。全面坚持党的领导，是历史的选择，是理论发展的必然结果，是中国特色社会主义事业不断前进的根本保证。

聚焦于实践逻辑，实践是检验真理的唯一标准。新时代坚持党的全面

① 本刊评论员．坚持用习近平新时代中国特色社会主义思想武装全党［J］．党建研究，2017（12）：10－11．

领导，其实践逻辑本质上就是坚持党的全面领导的历史之于现实和理论源于实践并回应实践问题、遵循实践规律及其所取得的实践成果，即历史逻辑、理论逻辑统一于实践逻辑，是对实践逻辑的历史追问和理论溯源[①]。党百年奋斗的伟大成就，深刻揭示新时代坚持与加强党的全面领导的历史逻辑，侧面印证一百年来坚持党的领导的实践逻辑[②]。在中国特色社会主义建设的诸多阶段，党始终坚持对建设发展全局的把控，于长期的实践检验中，形成高度统一的政策执行力和决策效率。无论是涉及经济、政治、文化，或者是社会建设，党的领导始终贯穿于其中，保障建设发展的连续性和一致性，在实践过程中加强完善党的领导核心地位。尤其是在重大历史关头，如改革开放、脱贫攻坚、新冠疫情防控等，党的领导实践检验其决策的有效性。实践逻辑是党的领导优势的重要体现。

党的百年奋斗历程展现我党的成长史、国家的命运史。坚持党的领导的历史、理论与实践逻辑密切相连，三者相辅相成。习近平总书记明确指出"我们是中国共产党执政并长期执政，坚持依宪治国、依宪执政，首先就包括坚持宪法确定的中国共产党领导地位不动摇"[③]。中国最大的国情，就是中国共产党作为国家领导核心的存在，决定党在中国社会发展中的不可替代性。坚持和加强党的全面领导，开启我国第二个百年奋斗目标新征程，实现中华民族伟大复兴的中国梦，推进新时代中国特色社会主义事业前进。

### （二）全面坚持党的领导是推进财税体制改革的根本保证，是我国财税体制改革的根本原则

历史和现实充分证明，办好中国的事情，关键在党。坚持和完善党的

---

① 郭庆松．新时代坚持党的全面领导的实践逻辑［J］．思想理论教育，2022（10）：85－90.

② 刘红凛，商爽．坚持党的领导的政治意蕴与四重逻辑［J］．理论探讨，2022（05）：5－12.

③ 中共十九届二中全会第二次全体会议上的讲话，2018－01－19.

领导，是党和国家的根本所在、命脉所在，是全国各族人民的利益所在、幸福所在①。党的全面领导是中国特色社会主义制度的根本特征，是确保我国在复杂国际形势下行稳致远的重要政治保障。财税体制改革作为国家治理体系和治理能力现代化的重要内容，是以国家为主体，实现其战略意图的重要工具，其顺利推进和有效实施，离不开党的坚强领导和科学决策。党的二十大报告中，习近平总书记明确指出，党是最高的领导力量，国家的一切工作都必须在党的统一领导下进行。全面坚持党的领导是实现中华民族伟大复兴的根本保证，是推进改革开放、实现高质量发展的关键。尤其是在世界百年未有之大变局的外部环境和我国发展不平衡不充分的内部矛盾的复杂形势下，我国正式迈入全面建设社会主义现代化国家、向第二个百年奋斗目标进军的新发展阶段，必须置于大局中去谋划下一步的财税体制改革，必须全面坚持党的领导②。全面坚持党的领导，不仅体现在把控财税体制改革的方向，更体现在财税体制改革顶层设计和具体实施的过程中。

1. 全面坚持党的领导保障财税体制改革方向

全面坚持党的领导，是中国财税体制改革的根本政治保障。财税体制改革是关系国家治理体系和治理能力现代化的重要内容，必须在党的领导下进行。党的二十大报告指出，坚持中国共产党领导是中国式现代化的本质要求之一。财税体制改革应自觉贯彻党总揽全局、协调各方的根本要求，以习近平新时代中国特色社会主义思想为指导，加强对财税体制改革的顶层设计和整体规划，坚持以政领财、以财辅政，确保财税体制改革始终沿着正确的政治方向前进。

党的领导是保障财税体制改革方向的基础。财税体制改革作为国家治

① 习近平. 中国共产党领导是中国特色社会主义最本质的特征［J］. 求是，2020（14）：4-17.

② 马海涛. 以“三个坚持”引领“三个全力”财政需承载起新时代的历史使命——学习贯彻党的十九届六中全会精神［J］. 财政监督，2022（02）：5-7.

理能力的基础和重要支柱，涉及国家治理的方方面面，是项复杂的系统工程。党的领导确保财税体制改革在复杂多变的国内外环境中不迷失方向。面对经济全球化、信息化、区域一体化等大趋势，财税体制改革必须在党的领导下，保持战略定力，不为外界干扰所动摇。全面坚持党的领导，加强顶层设计和整体规划，确保财税体制改革系统推行。顶层设计确保改革方向明确，整体规划确保各项改革措施有序衔接、协同推进。党的十八届三中全会明确提出深化财税体制改革的总体目标和主要任务，后续出台的一系列政策举措，均基于其顶层设计的框架下进行。党的二十届三中全会《关于进一步全面深化改革 推进中国式现代化的决定》强调深化财税体制改革的重要方向在于，统筹推进财税体制改革，增加地方自主财力，拓展地方税源，适当加强中央事权、提高中央财政支出比例。党的二十届三中全会部署全面深化财税体制改革，与党的十八届三中全会一脉相承，瞄准建立健全与中国式现代化相适应的财政制度，确保财税体制改革系统推行。

坚持以政领财、以财辅政的方针，是党的领导在财税体制改革中的实际体现，是中国治理体系中政党—国家体制的重要组成部分。“以政领财”，即财政政策需服从并服务于国家的整体政治布局，保障党和国家的战略决策可顺利进行。中国共产党作为国家的领导核心，其政治意图和战略目标需要通过财政政策的支持才能得以实现。党的二十大和二十届三中全会的精神指引下，无论是在重大经济改革、维护国家安全，还是在应对突发危机、保障社会稳定方面，财税政策都必须与党的政治要求高度一致。财税改革需要服务于国家安全大局，尤其是全球经济不确定性增加、国际竞争加剧的背景下，财税政策要与国家安全战略相衔接，维护国家经济和财政的长期安全。“以财辅政”，即通过财税政策的调节和引导，支持经济社会发展，保障党的治国理政方略的实施。财税政策既是经济调控的重要工具，也是政府实现公共政策目标的重要手段。基于税收和财政支出等手段，政府可调节收入分配、引导资源配置、稳定经济运行，为实现社会公平和公共利益提供保障。坚持“以政领财、以财辅政”的方针，是中国共产党在财税体制改革中贯彻党的领导的重要体现。

全面坚持党的领导是确保财税体制改革方向正确的根本保障。财税体制改革只有在党的领导下，才能全面发挥国家治理的支柱力量，才能真正推动国家治理体系和治理能力的现代化发展，发展中国特色社会主义事业。

2. 全面坚持党的领导保障财税体制改革顺利推进

全面坚持党的领导是财税体制改革的根本制度保障，既体现在财税体制改革的宏观方向指导方面，更贯穿财税体制改革的每一个具体环境以及实施逻辑中。全面坚持党的领导，从科学决策、推进机制以及监督保障等方面，保障财税体制改革的顺利推进以及持续优化。

第一，党的领导下，科学决策是财税体制改革的重要基础。党在财政事项上的决策权是发挥财政国家治理基础和重要支柱作用的关键①。在全面坚持党的领导下，党可组织相关政府部门、科研机构以及社会团体展开多层次、多角度的调查研究，范围涵盖宏观经济、行业发展、区域差异等多方面。如此全方位系统性的调研和分析，为制定科学合理的财税体制改革方案奠定坚实的基础。所以党领导下所作出的科学决策，极大地提高了财税体制改革方案的针对性和有效性，也强化了财税体制改革中的可操作性。例如，党在制定税收政策时，通过深入调研和数据分析，制定出符合不同地区、行业和企业特点的差异化税收政策，有效提升税收政策的公平性和合理性。党的领导保障政策制定过程的严谨性，使财税体制改革措施可适应复杂多变的国内外环境，服务于国家经济社会发展战略。

第二，党的领导下，高效推进是确保财税体制改革措施落地见效的关键。党的领导下，政府可设立改革领导小组和专门机构，统筹协调多方面

① 马海涛，姚东旻，孟晓雨．党的十八大以来我国财税改革的重大成就、理论经验与未来展望［J］．管理世界，2022，38（10）：25－44．

的力量，保障财税体制改革措施顺利实施。集中统一的领导体制，打破部门壁垒，减少沟通成本，加快财税体制改革进程。例如，在企业税务服务改革中，党通过推进“放管服”改革，简化税务登记和报税流程，提高企业的办税效率。此外，党还推动税务信息化建设，实现纳税申报的线上化和智能化，提高税务管理的效率和透明度。

第三，党的领导下，监督检查机制是确保财税体制改革顺利推进和取得实效不可或缺的环节。党的领导下，纪检监察、审计等多种手段并行，对我国财税体制改革过程进行全方位的监督检查，保障相关改革措施以既定的目标和时间表推进。党的领导强调财税体制改革的持续性和灵活性，建立动态反馈机制，对财税体制改革内容进行动态调整，及时应对改革过程中出现的新情况和新问题。

全面坚持党的领导，是我国财税体制改革的根本原因、突出表现和重大成果。全面坚持党的领导，确保我国财税体制改革的方向和原则，保障财税体制改革的科学性和有效性，为国家长远发展和人民幸福生活奠定坚实基础。

## 二、践行“以人民为中心”的执政理念

“以人民为中心”的执政理念是中国共产党长期坚持的重要治国理政原则。我党的根基在人民、血脉在人民，力量在人民，党的百年历史，就是一部践行党的初心使命的历史，就是一部党与人民同呼吸、共命运、心连心的历史[①]。党的二十大强调，“以人民为中心”是社会主义制度的根本要求，是财税体制改革的根本出发点。对此，党的二十届三中全会

① 《求是》杂志编辑部．永远同人民同呼吸、共命运、心连心［EB/OL］．求是网，2022－10－17．

《决定》中提出“六个必然要求”，其中强调“坚持以人民为中心、让现代化建设成果更多更公平惠及全体人民的必然要求”。谋划和推进财税体制改革，必须坚持以人民为中心，以人民整体利益、根本利益、长远利益为根本，深刻践行“以人民为中心”的执政理念。

### （一）“以人民为中心”的执政理念内涵

党的十九届六中全会强调，“坚持以人民为中心”是中国共产党百年奋斗的重要执政理念。中国共产党自成立之初，始终坚持以“为中国人民谋幸福、为中华民族谋复兴”为建党的初心使命。习近平新时代中国特色社会主义思想以“人民至上”作为理论基点、价值支点和实践原点，展现党的初心使命在新时代新征程中的延续和发展。在中国的治理理念中，“以人民为中心”是中国特色社会主义的核心价值观和执政理念，是中国共产党全心全意为人民服务宗旨的具体体现，强调人民在国家治理中的主体地位和核心作用。

坚持“以人民为中心”，必须坚持人民主体地位，坚持立党为公、执政为民，践行全心全意为人民服务的根本宗旨，把党的群众路线贯彻到治国理政全部活动之中，把人民对美好生活的向往作为奋斗目标，依靠人民创造历史伟业①。党的十八大以来，党中央坚持把“以人民为中心”贯穿于治国理政全过程、落实到治国理政各环节，推动新时代中国特色社会主义事业不断向前发展。“以人民为中心”，必须体现人民利益的至上性。党的一切工作都在于维护最广大人民群众的根本利益。无论是政策制定、改革发展，还是在经济社会发展过程中，党始终坚持把人民的福祉视为最高追求。只有坚持人民的主体地位，才能保障中国特色社会主义制度中的人民性，

① 习近平谈新时代坚持和发展中国特色社会主义的基本方略［EB/OL］. 新华网，http://www.xinhuanet.com/politics/2017-10/18/c_1121820368.htm.

加强人民群众的凝聚力和向心力，推动中国特色社会主义事业发展前行。

坚持“以人民为中心”，必须加强全面从严治党。全面从严治党是确保党始终保持先进性和纯洁性的重要保证，是落实“以人民为中心”理念的关键举措。治国必先治党，治党务必从严，管党治党既关系到党的前途命运，也关系到国家和民族的前途命运①。党的十八大以来，以习近平同志为核心的党中央始终坚持以党自身伟大革命引领社会伟大革命，全面从严治党，坚持把人民对美好生活的向往视为党的奋斗目标，同人民想在一起、干在一起，巩固党与最广大人民群众亲密无间的鱼水关系②。党代表人民，离不开人民；人民选择党，要在党的领导下开创历史、创造幸福。

坚持“以人民为中心”，必须贯彻落实“五位一体”总体布局和“四个全面”的战略布局。党的十八大以来，党中央在推动中国特色社会主义事业的过程中，提出“五位一体”总体布局和“四个全面”的战略布局，明确中国特色社会主义事业的方向和路径，体现“以人民为中心”的执政理念。“五位一体”总体布局强调经济、政治、文化、社会、生态文明建设的全面协调发展，特别是将生态文明建设提升为国家战略，体现对人民生活质量和环境权益的高度重视。“四个全面”战略布局以全面建成小康社会为目标，以全面深化改革、全面依法治国、全面从严治党为战略举措，丰富“以人民为中心”理念的内涵，确保党的治国理政能够紧密围绕人民的根本利益和长远福祉展开。

“以人民为中心”的执政理念是中国共产党在长期执政实践中形成的核心理念，贯穿于国家治理的方方面面。既强调人民在国家发展中的主体地位，还要求党和政府始终将人民的利益放在首位，确保人民的福祉、尊

---

① 关键在全面从严治党——五论深刻把握“五个必由之路”的重要认识［EB/OL］. 人民网，http：//theory. people. com. cn/n1/2022/0316/c40531 – 32375841. html.

② 全面从严治党进一步密切党同人民群众血肉联系［EB/OL］. 新华网，http：//www. xinhuanet. com/politics/2020 – 08/27/c_1126419780. htm.

严和安全得到最大程度的保障。坚持以习近平新时代中国特色社会主义思想武装头脑、指导实践、推动工作，就要在新时代新阶段的治国理政工作中坚持“以人民为中心”。

### （二）“以人民为中心”，是财税体制改革的根本立场

百年征程波澜壮阔，百年初心历久弥坚。党的十九届六中全会审议通过《中共中央关于党的百年奋斗重大成就和历史经验的决议》，其中提到“以人民为中心，人民至上”是党百年奋斗成功的关键，强调“以人民为中心”的执政理念是中国建设改革发展的根本底气。新时代新征程，以中国式现代化推动中华民族伟大复兴的发展，其根本在于，满足人民对美好生活的向往。以党的二十大精神为引领，推动中国式现代化过程中，以人民为中心的理念必须贯穿于财税体制改革全进程，深刻践行“以人民为中心”在财税体制改革中的核心地位。

第一，践行“以人民为中心”的执政理念，保障财税收入分配的公平性。财税体制改革的重要任务之一是改善收入分配格局，缩小贫富差距。财税收入的公平分配是实现社会公平的基础。2022 年，全国居民人均可支配收入基尼系数为 0.467，相对于 2015 年的低点 0.462 有所攀升。对此，我国财税体制改革坚持收入分配和财富积累两个领域兼容、收入流量和财富存量两种调节并重。一方面，调整税收政策，加大对低收入群体的扶持力度，减轻中等收入群体的税收负担，同时对高收入群体加强税收调节，努力实现社会公平，从“补足”财富积累领域的税种（如财产税及其项下的房地产税、遗产和赠与税）入手，让税收、社会保障和转移支付的调节作用跃出收入分配而扩展至财富积累①。另一方面，财税政策

① 高培勇．新一轮财税体制改革的战略谋划［J］．经济理论与经济管理，2024，44（05）：2－8.

结合区域经济发展的不平衡，制定差异化的税收优惠政策。特别是对于经济欠发达地区，应当通过财政转移支付和税收优惠等方式，加大对这些地区的支持力度，以实现区域间的均衡发展。差异化的分配方式，既有助于消除区域差距，还能增强全国经济发展的协调性和可持续性，是对“以人民为中心”理念的生动践行。

第二，践行“以人民为中心”的执政理念，保障基本公共服务供给优化。财税体制改革的另一个重要目标是提升公共服务质量。在公共服务供给方面，财税体制改革持续加大对基本公共服务的投入，确保全体公民都能公平享有教育、医疗、养老等关键服务。尤其是在教育方面，优化财政投入的分配，增加对农村和贫困地区教育的支持，缩小城乡教育资源差距。在提升基本公共服务质量的过程中，财税政策重视环境保护和绿色发展的协调。通过增加对环保项目的投入，推动绿色基础设施建设，不仅可以提升人民的生活质量，还有助于实现可持续发展目标。诸多举措是践行“以人民为中心”理念的具体体现，有助于提高人民的幸福感和满意度。需要注意，“以人民为中心”要避免直接福利依赖引发的负面影响。财税体制改革需要注重引导群众通过劳动致富，避免“等靠要”的心态蔓延。例如，财政补贴和政策优惠的发放过程中，利用现代信息化手段提高补贴和政策的精准性，确保资源流向真正需要的人群，避免财政资源的浪费和政策效果的折扣。

第三，践行“以人民为中心”的执政理念，保障税收政策的透明性和公正性。税收政策的制定和实施必须体现透明、公正的原则。通过完善税收立法，提高税收管理的透明度，确保每一项税收政策都能得到公平、公正的执行。同时，加强税务机关的廉政建设，杜绝腐败现象，维护税收的公信力和权威性。通过建立健全内部监督机制和外部监督机制，确保税务机关在执法过程中遵循法律法规，杜绝任何形式的腐败行为。透明和公正的税收环境，有助于提升纳税人对政府的信任感，增强社会整体的税收遵从度，是践行“以人民为中心”理念的重要保证。

“以人民为中心”的执政理念，是中国共产党坚持的根本立场，也是财税体制改革的核心原则。通过财税体制改革，进一步优化税制结构，完善财政管理，提高公共服务质量，缩小收入差距，最终实现全体人民的共同富裕和全面发展，是中国经济社会发展的必然要求，是实现中华民族伟大复兴中国梦的重要保障。

## 三、统筹协调发展与安全

统筹协调发展与安全是新时代中国特色社会主义事业的重要任务之一。安全是发展的前提，发展是安全的保障，两者密不可分，互为依托，安全和发展是一体之两翼、驱动之双轮。习近平总书记指出：“统筹发展和安全，增强忧患意识，做到居安思危，是我们党治国理政的一个重大原则。”党的十九届五中全会首次把统筹发展和安全纳入“十四五”时期我国经济社会发展的指导思想。党的二十大中明确指出，统筹发展和安全是新时代坚持和发展中国特色社会主义的重大原则。财税体制改革作为国家经济调控的核心工具之一，必须在推动经济发展的同时，注重防范化解重大风险，确保财政的可持续性。对此，习近平总书记于 2023 年第十四届全国人大一次会议的讲话中再次强调“只有更好统筹发展和安全，坚持发展和安全并重，在发展中更多考虑安全因素，下好先手棋、打好主动仗，守住新发展格局的安全底线，才能始终把我国发展进步的命运牢牢掌握在自己手中”①。统筹发展和安全，是我们党立足我国发展所处的新阶段、国家安全面临的新形势作出的战略选择，是统

① 更好统筹发展和安全——论学习贯彻习近平主席十四届全国人大一次会议重要讲话［EB/OL］. 司法部，https：//www. moj. gov. cn/pub/sfbgw/zwgkztzl/2023zt/2023qglh20230223/lhgc20230223/202303/t20230318_474631. html.

筹中华民族伟大复兴战略全局和世界百年未有之大变局的重要支点，是贯彻总体国家安全观的必然要求①。

### （一）安全与发展的关系

习近平总书记指出："安全是发展的前提，发展是安全的保障。"安全与发展是相辅相成、互相促进的。安全是发展的前提，没有安全的环境，经济发展难以持久和稳定。两者之间存在辩证关系，必须统筹兼顾、协调推进。发展是安全的保障，只有经济持续健康发展，才能为国家安全提供坚实的物质基础和充足的财力支持。

1. 安全是发展的前提

安全是发展的条件和保障，是国家稳定和经济持续增长的基石。我党诞生于民族危亡之际，对于国家安全的重要性具备刻骨铭心的认知，坚定不移地把维护国家安全工作紧紧抓在手上。习近平总书记指出："我们党要巩固执政地位，要团结带领人民坚持和发展中国特色社会主义，保证国家安全是头等大事""实现中华民族伟大复兴的中国梦，保证人民安居乐业，国家安全是头等大事"②。国家安全是国家生存发展的基本条件和重要保障。当今世界一些国家和地区冲突不断、战乱不止，国家经济社会发展陷入停滞甚至是倒退，人民陷入无休止的战火中，毫无安全感和幸福感可言。实践一再表明，没有国家安全，发展只能是"镜中花水中月"。只有国家安全和社会稳定，改革发展才能不断推进。无论是创新、协调、绿色或是开放发展，前提都是国家安全、社会稳定。

一个国家若无法确保安全稳定，发展将无从谈起。无论是国际形势的

---

① 坚持统筹发展和安全两件大事——深入学习《习近平谈治国理政》第四卷［EB/OL］. 党建网，http：//dangjian. people. com. cn/n1/2022/0914/c117092 – 32525541. html.

② 国家安全，习近平总书记心中的"头等大事"［EB/OL］. 求是网，http：//www. qstheory. cn/zhuanqu/2024 – 04/15/c_1130109410. htm.

动荡、内政的失控，或是自然灾害、新冠疫情等突发性风险事件频繁发生，对经济发展产生长久的负面影响。尤其是对于中国这样庞大且复杂的经济体，安全稳定是维持经济发展的必要前提。改革开放以来，中国由落后的农业大国跃升成世界第二大经济体，一定程度上取决于稳定的国家安全形势以及良好的社会秩序。一个安全的国家、稳定的社会，可为人们日常生活和工作提供保障，为社会各项事业发展创造有利条件。总之，安全不单单是发展的条件和保障，更是国家长治久安和人民幸福生活的基石。只有在确保国家安全的前提下，才能实现经济的持续增长、社会的全面进步。对此，习近平总书记反复强调“国家安全是头等大事”，正是基于对国家安全的深刻认识。确保国家安全，才能为中国的发展提供强有力的保障，推动中华民族的伟大复兴。

2. 发展是安全的保障

发展是硬道理，是解决我国一切问题的关键。习近平总书记指出：“我们要坚持以经济建设为中心，坚持发展是硬道理的战略思想，变中求新、新中求进、进中突破，推动我国发展不断迈上新台阶[①]”。尤其是对于我国这样人口众多、地域广阔的发展中国家而言，发展是提高人民生活水平、增强国家综合国力的必要途径，是确保国家安全、维护社会稳定的重要保障。中国处于并将长期处于社会主义初级阶段，是我国最大的国情和最基本的实际。作为世界上最大的发展中国家，中国的发展任务异常艰巨。如此情况下，发展既是经济领域的必要任务，更是事关社会稳定、国家安全的全局性战略任务。没有发展，国家的经济实力无法提升，人民的生活水平无法改善，国家的治理能力和国际地位无法巩固。发展是保障国家安全的根本前提，是提升安全能力的根本途径，避开发展谈安全难以真

① 习近平：聚焦发力贯彻五中全会精神 确保如期全面建成小康社会［EB/OL］. 中国共产党新闻网，https：//cpc. people. com. cn/n1/2016/0119/c64094 -28065200. html.

正保证安全。改革开放以来，我国毫不动摇地坚持以经济建设为中心，大力发展生产力，以经济发展为国家安全提供坚实的物质基础。1978 年，我国经济总量占世界经济的比重仅为 1.7%、居世界第 11 位；2023 年，比重已上升至 17% 左右。目前，我国稳居世界第二经济体，已经由新中国成立之初的低收入国家跃升为中等偏上收入国家。经济实力的发展，大大改善人民生活水平，加强国家的财政实力，使国家有能力有资源发展国防建设、科技创新、社会保障等关键领域，全方位提升国家的安全能力。

尤其是当前，中国社会主要矛盾已由人民日益增长的物质文化需要同落后的社会生产之间的矛盾，转变为人民日益增长的美好生活需要和不平衡不充分的发展之间的矛盾①。社会主要矛盾的转变要求我国坚持发展的主题，把发展作为党执政兴国的第一要务，才能为解决新的社会矛盾夯实基础。只有发展，国家才能不断加强治理能力，巩固国家安全。必须始终坚持以经济建设为中心，把发展作为党执政兴国的第一要务，以发展夯实国家安全的基础，为实现国家长治久安和人民幸福生活提供坚实的支撑。

### （二）统筹安全与发展是党立足于现阶段财税体制改革的重大战略思想

财税体制改革作为经济体制改革的重要组成部分，是推动国家治理现代化的关键环节。当前，中国正处于实现“两个一百年”奋斗目标的历史交汇期，面对复杂多变的国际环境和国内经济转型的巨大压力，财税体制改革的任务尤为艰巨。在中国经济由高速增长阶段转向高质量发展阶段的过程中，统筹协调安全与发展的关系成为财税体制改革的战略重点。国家安全与经济发展是一个硬币的两面，二者相辅相成、互为支撑。统筹协调安全与发展，不单单要确保当前财税体制改革手段可应对现阶段的调整，更要着眼于长远，为未来的发展奠定坚实基础。在新时代背景下，党

---

① 张廷广．习近平新时代中国特色社会主义思想蕴含的矛盾观［J］．党建，2023（09）：30－33.

以全局的视野、战略的眼光，高度重视并系统谋划财税体制改革，将统筹安全与发展作为一项重要战略思想。既体现党对经济社会发展规律的深刻把握，也展示党对实现国家长治久安、人民幸福安康的高度责任感。在推动财税体制改革的过程中，必须遵循统筹安全与发展原则，以确保改革的顺利推进和目标的顺利实现。

第一，稳增长与防风险并重是财税体制改革的重要指导方针。稳增长与防风险是财税体制改革的两个重要目标，两者相辅相成，缺一不可。稳增长是推动经济发展的重要手段，防风险是保障国家安全的必要条件。稳增长是财税体制改革的首要任务。政府基于减税降费、优化税制、调整财政支出结构等措施，旨在减轻企业负担，激发市场活力，促进经济增长。尤其是经济下行压力较大的时期，财税政策发挥逆周期调节作用，以扩大财政支出、实施结构性减税等手段，刺激经济增长，保持经济的平稳运行。然而，经济增长往往伴随着各种风险，尤其是全球经济不确定性增加、国内债务问题突出、金融市场波动较大的情况下，防范和化解风险成为财税体制改革的重中之重。改革过程中必须注重防范地方政府债务风险、金融市场波动风险以及其他可能影响经济稳定的风险因素，加强财政纪律、完善风险管理体系、健全金融监管机制，确保经济发展的可持续性。稳增长与防风险并重是财税体制改革的长期战略。财税体制改革过程中，既要注重短期内的经济增长，又要关注长远的风险防控，以合理的政策设计，确保经济发展的可持续性和国家的长治久安。

第二，生态文明建设与经济发展统筹推进是财税体制改革的基本要求。绿色发展是实现高质量发展的必由之路。财税体制改革在推动经济增长的过程中，必须注重生态文明建设，确保经济发展与环境保护的协调推进。生态文明建设是财税体制改革的基本要求。财税体制改革推动绿色税收政策的实施，引导市场主体参与生态文明建设，为实现可持续发展提供动力。生态文明建设与经济发展并不矛盾，反而可以相互促进。财税体制改革可以在促进经济增长的同时，减少对环境的负面影响，实现经济与生态的协调发展。生态文明建设与经济发展统筹推进，是财税体制改革的重要目标。只有在推动经济增长的同时，注重环境保护，才能实现真正的高质量发展。通过合理的财税政策设计，可以在保障经济发展的同时，提升生态环境质量，为国家的长远发展奠定坚实基础。

财税体制改革作为中国经济体制改革的重要组成部分，其核心在于统筹协调安全与发展的关系，并围绕稳增长、防风险、生态文明建设等多个方面展开。在当前全球局势复杂多变、国内经济转型升级的关键时期，财税体制改革不仅要解决当前的突出矛盾，还要为国家的长治久安和可持续发展奠定坚实基础。

## 第二节　处理财税体制改革的三组关系

科学的财税体制是优化资源配置、维护市场统一、促进社会公平、实现国家长治久安的制度保障[①]。财税体制是政府和市场、政府和社会、各级政府间等诸多关系的交汇和集合体。财税体制改革的关键在于，科学认识和处理若干重大关系，以更好地发挥财政在国家治理中的基础和重要支柱作用[②]。财税体制涉及政府与市场、社会、公民以及政府之间利益关系的规范，是财税体制改革的重头戏，是财税体制改革中“最难啃的骨头”，是嵌入国家、社会、文化的重要制度安排。我国在财税体制改革历程中，始终坚持处理好政府与市场之间、中央与地方之间、当前民生与未

① 中共中央关于全面深化改革若干重大问题的决定［EB/OL］. 中国政府网，https：//www. gov. cn/jrzg/2013 - 11/15/content_2528179. htm.

② 吕炜. 新时期财政工作的几个重大关系［J］. 财政研究，2021（09）：3 - 13.

来可持续发展之间的关系，立足全局观念，坚持系统思维，全面认识财税体制改革与宏观经济运行之间的深刻关系。

## 一、政府与市场之间的关系

财政的本源功能和直接表现是资源汲取和配置[①]。现代财政公认的三大基本职能：资源配置、收入分配和经济稳定，其职能作用离不开市场机制的配合[②]。财税体制是社会主义市场经济体制的重要组成部分，其支柱性作用与重要角色参与，以调节政府与市场之间的关系来实现。对于政府与市场之间的关系，早在 2013 年，党的十八届三中全会就指出“要紧紧围绕使市场在资源配置中起决定性作用深化经济体制改革”[③]。随后，党的十九届五中全会强调“充分发挥市场在资源配置中的决定性作用，更好发挥政府作用，推动有效市场和有为政府更好结合，建立现代财税金融体制，建设高标准市场体系，加快转变政府职能”。2022 年中共中央国务院印发《关于加快建设全国统一大市场的意见》强调要坚守“有效市场，有为政府”工作原则，要充分发挥市场在资源配置中的决定性作用，更好发挥政府作用，强化竞争政策基础地位，加快转变政府职能。“双有”理念的提出，是理论与实践结合、有效市场与有为政府相互作用、市场效率优势与政府制度优势相互补充的创新成果[④]。党的二十大报告指出，要“加快完善社会主义市场经济体制，发挥市场在资源配置中的决定性作

---

① 吕炜，靳继东．从财政视角看中国式现代化道路［J］．中国社会科学，2022（11）：165－184，208.

② 理查德·A．马斯格雷夫，佩吉·B．马斯格雷夫．财政理论与实践［M］．邓子基，邓力平，译．北京：中国财政经济出版社，2003.

③ 中国政府网，中共中央关于全面深化改革若干重大问题的决定，2013 年 11 月 12 日，https：//www. gov. cn/jrzg/2013－11/15/content_2528179. htm.

④ 马海涛，姚东旻，孟晓雨．党的十八大以来我国财税改革的重大成就、理论经验与未来展望［J］．管理世界，2022，38（10）：25－44.

用，更好发挥政府作用”。2024 年党的二十届三中全会，提出“必须更好发挥市场机制作用，既“放的活”又“管得住”，更好维护市场秩序、弥补市场失灵”。处理政府与市场关系始终是我国财税体制改革的重要内容。推动财税体制改革，正确处理政府与市场之间关系，就是要发挥市场在资源配置中的决定性作用和更好地发挥政府作用。

### （一）明确政府职能定位及政府干预边界，加快转变政府职能

深化财税体制改革，核心是正确把握政府与市场之间的关系，首先要明确政府职能。政府职能是政府根据国家和社会发展的需要而承担的职责和功能，是政府活动的逻辑与现实起点，反映政府“应该做什么”“能够做什么”“怎么做”等重大政策及现实问题。明确政府职能定位，加快转变政府职能是我国财税体制改革的重要内容之一。明确政府职能定位，就是要明白“该放给市场和社会的权一定要放足、放到位，该政府管的事一定要管好、管到位”。

改革开放以前，我国基于巩固新生政权、保障国家安全等方面的考虑，政府职能以政治职能为主，忽视经济、文化、社会管理等职能。对此，党的十一届三中全会提出“要以社会主义现代化建设为中心，转变政府的经济职能”。随后，我国开始逐步转变经济职能和经济管理方式，1992 年，党的十四大提出要建立社会主义市场经济体制，我国政府职能的定位逐渐清晰，继续调整和加强经济职能，并逐步建立起与社会主义市场经济体制相适应的政府管理架构。出于适应完善社会主义市场经济的需要，我国进入到加快推进政府职能转变的改革新阶段。2002 年，党的十六大报告中明确指出“要完善政府的经济调节、市场监管、社会管理和公共服务的职能，减少和规范行政审批”，“十六字职能”是社会主义市场经济条件下政府的四项基本职能，是我国政府职能最基本的、框架性的表述，奠定我国政府管理领域工作的基本平台。2013 年，党的十八届三中全会再次提

出“加强中央政府宏观调控职责和能力，加强地方政府公共服务、市场监管、社会管理、环境保护等职责”，其表述是对政府职能转变理论和工作思路的新发展。相比于“十六字职能”，党的十八届三中全会对于政府职能结构与核心具备明确的认知。明确政府职能，是正确处理政府与市场的关系、建立现代企业制度、机构改革、发展社会组织等多项改革的重要基础。

党的十八大以来，我国政府职能的转变以“放管服”改革为抓手，以行政审批制度改革为突破口。一方面，做好简政放权的“减法”；另一方面，做好加强监管的“加法”和优化服务的“乘法”，实现审批更简、监管更强、服务更优。一系列改革举措表明，我国关于政府职能转变的认知由关注职能内涵拓展到明确核心职能与职能边界，由关注职能本身拓展到构建职责体系。对此，党的十九大作出关键性概括：“转变政府职能，深化简政放权，创新监管方式，增强政府公信力和执行力，建设人民满意的服务型政府。”其中，转变职能是基础，放权和监管是手段，提高公信力和执行力是要求，人民满意是宗旨，建设服务型政府是方向。这是对新时代中国改革发展路径的再思考①。

### （二）更好地发挥市场在资源配置中的决定性作用

财税体制改革的核心问题是处理好政府与市场的关系。回顾我国40多年的改革历程，其核心就是坚持市场化的改革方向，充分发挥市场在资源配置中的决定性作用。改革开放之初，我国对社会主义市场经济体制进行初步探索，突破完全排斥市场调节的传统经济观念，发展市场经济，为发挥市场调节作用奠定理论基础和实践基础。党的十四大以来，我国在明确社会主义市场经济体制改革的目标和方向的基础上，确立国家宏观调控

① 朱光磊，锁利铭，宋林霖，等. 构建中国特色社会主义政府职责体系推进政府治理现代化（笔谈）[J]. 探索，2021（01）：2，49－76.

下市场对资源配置起基础性作用的新机制。党的十四大正式确立社会主义市场经济体制的改革目标；党的十五大提出“使市场在国家宏观调控下对资源配置起基础性作用”，党的十六大提出“在更大程度上发挥市场在资源配置中的基础性作用”，党的十七大提出“从制度上更好发挥市场在资源配置中的基础性作用”，党的十八大提出“更大程度更广范围发挥市场在资源配置中的基础性作用”，党逐步强化对市场作用的发挥。尤其是党的十九大报告，其中提出“使市场在资源配置中起决定性作用”，党对社会主义市场经济规律的认识和把握达到新的高度。市场由“基础性作用”向“决定性作用”的转变，宣示党坚持社会主义市场经济改革方向的决心和立场。党的二十大再次重申其立场，强调“充分发挥市场在资源配置中的决定性作用”，“构建全国统一大市场，深化要素市场化改革，建设高标准市场体系”。党的二十届三中全会报告提出，“高水平社会主义市场经济体制是中国式现代化的重要保障。必须更好发挥市场机制作用，创造更加公平、更有活力的市场环境，实现资源配置效率最优化和效益最大化，既‘放得活’又‘管得住’，更好维护市场秩序、弥补市场失灵。”由充分发挥市场在资源配置中的决定性作用向更好地发挥市场机制作用的转变，揭示社会主义市场经济的本质要求，抓住解决中国一系列现实问题的根本，是以中国式现代化推进中华民族伟大复兴的三中全会光辉理论，是指导财税体制改革等系列改革的关键思想理论。

市场的决定性作用，指的是在市场经济体制中，市场通过供求关系、价格机制、竞争机制等手段，自发调节资源的配置，实现资源的有效分配和高效利用。市场在资源配置中的决定性作用要求政府在财税政策中减少对市场的过度干预，更多通过税收、补贴等手段引导市场行为，而非直接插手经济活动。搞市场经济，就得搞与市场经济相匹配的财税体制。财政体制改革与市场化改革二者是相辅相成、协同并进的关系：一方面，财政体制改革首先要适应市场化的经济体制改革进程；另一方面，财政体制改革也推动市场化体制改革落地。从财政收入的角度而言，依据市场化程度和市场化进程中各阶段经济形势，完善税制结构，调整税收负担，实行税收优惠管理，并且调整财政支出的方向。随着经济体制向市场经济体制下公共财政取向转化，由“钱”入手推动政府职能转变就要求财政支出由生产领域向公共领域（民生、环保、教育、医疗，维护市场环境公平）倾斜。市场发挥决定性作用，是市场经济体制的核心原则。只有尊重市场规律，充分发挥市场在资源配置中的决定性作用，才能实现财税体制改革的稳定推进。

### （三）政府与市场的协同作用

社会主义制度框架下，发展市场经济是我党的伟大创举。习近平总书记指出“我国经济发展成功的关键因素在于，既发挥市场经济的长处，又发挥社会主义制度的优越性”，意味着我国经济体制的成功，其关键在于有机结合市场机制与社会主义制度，充分利用市场的高效资源配置能力，发挥政府的宏观调控和社会保障职能。习近平总书记进一步提出：“在市场作用和政府作用的问题上，要讲辩证法、两点论，‘看不见的手’和‘看得见的手’都要用好。”使市场在资源配置中起决定性作用和更好发挥政府作用，二者是有机统一的，不是相互否定的，不能把二者割裂开来、对立起来。

市场经济体制下，政府的职能涵盖宏观调控、市场监管、社会管理和公共服务等方面，需要尊重市场规律，避免对市场微观活动的直接干预，基于法律法规和政策引导市场行为，维护市场的公平竞争环境。其中宏观调控方面，政府可使用财政政策、货币政策等工具，调节经济运行的总体态势，防止经济过热或衰退，确保经济平稳运行。市场监管方面，政府要健全市场规则，加强对垄断、虚假广告、欺诈等行为的监管，保护消费者和市场主体的合法权益。社会管理和公共服务方面，政府应加强社会保障、教育、医疗等公共服务的供给，促进社会和谐与稳定。

政府与市场并不是对立的，而是相互补充、相互促进的关系。除了“必须强化市场机制的主导作用”外，政府还扮演着至关重要的角色，特别是在打破束缚发展的体制机制障碍上。关于财税体制改革方面，现阶段中国地方政府的收入来源重点在于税收收入、中央转移支付收入等方面，对于增值税、所得税以及资源税等大规模的税种，由中央与地方共享，地方政府只享有对城市维护建设税等小规模税种的财政收入权。随着土地财政和地方债务的压力增大，现阶段税收已难以满足地方政府庞大的支出需求。政府逐步考虑对消费税等税种进行改革，以更好地为民众服务。协调政府职能与市场机制，是我国经济体制改革的重要任务。在习近平新时代中国特色社会主义思想指引下，通过不断深化改革，发挥市场在资源配置中的决定性作用，更好地发挥政府的作用，中国特色社会主义市场经济体制将不断完善，推动经济社会持续健康发展。通过这一过程，我国不仅能实现经济的高质量发展，还能为全球经济治理提供中国智慧和中国方案。

深入探讨政府职能定位、市场在资源配置中的决定性作用和政府与市场的协同作用，我国在财税体制改革中积累丰富的经验。既为我国经济的高质量发展提供有力支持，也为全球经济治理提供有益借鉴。未来，随着改革的不断深化，政府与市场的关系将更加协调，为实现经济社会的全面进步奠定坚实基础，支撑全面深化财税体制改革。

## 二、中央与地方之间的关系

中央与地方关系的良性互动，是财税体制改革的重要任务之一。党的十八届三中全会《决定》为深化中央与地方财税体制改革绘制蓝图，明确“建立事权和支出责任相适应的制度”的总体要求，理顺中央与地方收入划分，明确政府间的事权和支出责任，确保在保持中央与地方收入格局基本稳定的前提下，进一步优化完善我国财税体制。党的二十大和党的二十届三中全会进一步提出，要“优化中央和地方财政关系，健全转移支付制度，赋予地方更多自主权，激发地方政府的积极性”。立足“建立事权和支出责任相适应的制度”的总体要求和党的二十大和党的二十届三中全会要求，财税体制改革必须从中央权威与地方自主的平衡、财政资源和事权的合理划分、处理好中央与地方的利益博弈等方面出发，以促进央地权责相匹配为基础，打破影响央地有效发挥的障碍。

### （一）中央权威与地方自主的平衡

中央权威与地方自主的平衡是复杂且重要的议题，其平衡关系的维护对经济体制、政治体制的有效运作起到至关重要的作用。中央权威并非中央直接参与处理地方的治理事务，而是需要结合地方自主。地方自主中的“地方”，是指宪法和法律上所规定的地方行政机关，有权自主负责区域内事务的落实。随着经济社会发展，中央与地方之间的平衡关系不断调整。尤其是经济全球化与区域经济发展的加速，导致地方政府的自主性成为推动地方经济增长的重要因素。然而，地方自主权的扩大引发一系列问题，如地方保护主义、资源分配不均、政策执行力度不足等，其问题若无法有效解决，会削弱中央的宏观调控能力，影响国家的整体发展。因此，平衡中央权威与地方自主之间的关系成为财税体制改革中重要的课题。

第一，强化中央宏观调控能力。改革开放以来，中央政府始终强调加强宏观调控能力。强化中央宏观调控能力，中央可更加有效统筹应对全国性和跨区域的重大挑战，如经济危机、自然灾害、新冠疫情公共卫生事件等。集中力量办大事的机制，是中国全面坚持党的领导，坚持以人民为中心的实践体现。1994 年，分税制改革把增值税的 75% 和消费税的全额划归中央政府，充实中央政府的财政收入，显著加强中央的宏观调控能力。伴随着改革后中央财力的扩充，我国社会主义制度集中力量办大事的政治优势显现，中央宏观调控作用十分突出。在全球金融危机期间，中央政府筹备“四万亿”的财政刺激计划，充分调动全国资源，充分展示中央政府在宏观调控中的核心作用。此外，中央政府通过灵活调整财政政策，在不同经济周期采取差异化的应对对策，如在经济过热时采取紧缩性政策，抑制通货膨胀；在经济低迷时则通过扩大财政支出，刺激经济增长。灵活而高效的宏观调控机制，确保中国经济的稳步发展。

第二，赋予地方更多自主权。在维护保障中央权威的同时，历次改革也注重激发地方的积极性，赋予地方更多的自主权。中央政府充分认识到地方政府在推动经济社会、完善财税体制改革中的重要作用。改革开放以来，中国逐步扩大地方政府在财政上的自主权，使其能够根据地方实际情况制定更加灵活的政策，推动地方经济发展。早在 1980 年的包干制改革，政府采用“财政包干”的方式，赋予地方政府更大的财政自主权，使地方政府能够更好地发挥其在区域经济发展中的主导作用。近年来，中央政府进一步推动地方政府在创新驱动发展、环境保护、社会保障等方面的自主性。在创新驱动发展方面，地方政府通过设立创新基金、推动科技企业孵化器建设等措施，促进地方经济的转型升级。同时，中央政府也鼓励地方政府在环境保护领域进行探索，如实施更加严格的地方性环保法规，推广清洁能源的使用。

然而，地方自主权的扩大并不意味着中央与地方之间的关系趋于松散。相反，在赋予地方政府更多自主权的同时，中央政府依然保持着对地方经济社会发展的总体把控能力。中央政府通过制定统一的法律法规和政策框架，为地方政府的自主权行使划定明确的边界。例如，中央政府在税收政策、土地政策、环保政策等方面制定全国统一的标准，地方政府必须在这一框架内进行决策。中央与地方之间的合作机制，确保国家政策的统一性和连贯性，同时也为地方政府的创新和发展提供空间。中央政府在保持宏观调控能力的同时，通过赋予地方政府更多的自主权，激发地方的创新活力。中央与地方之间的平衡关系，不仅增强国家治理的效率，也为中国经济社会的持续健康发展提供有力保障。

## （二）中央政府和地方政府财政事权和支出责任的合理划分

中央与地方财政事权和支出责任划分改革是建立科学规范央地财政关系的核心内容，是完善国家治理结构的一项基础性、系统性工程。随着经济体制改革的不断深化，中央和地方的财政关系经历多次调整，优化财政资源的配置和事权的分配，成为国家财税体制改革的重要任务。

第一，动态调整财政关系。中央与地方财政关系的调整是中国财政体制改革的重要内容之一，其核心在于如何有效应对国家经济社会发展过程中出现的新问题和新挑战。2014 年中央出台的《关于推进中央与地方财政事权和支出责任划分改革的指导意见》，对不同行业、不同领域的事权和支出责任进行更加明确的划分。《意见》强调，根据不同领域的特点，合理确定中央与地方的财政事权和支出责任，确保财政资源配置与实际支出责任相匹配。这一改革，一方面减少中央和地方政府之间在财政支出上的重叠和推诿，提高财政资源的配置效率和使用效益；另一方面，为地方政府的财力保障提供更加清晰的框架。例如，在基础设施建设、教育、医疗等领域，中央与地方政府的事权和支出责任划分更加明确，地方政府能够根据自身实际需求，获得更为充分的财政支持，从而更好地推进本地区的经济社会发展。然而，动态调整并非意味着频繁地调整，而是在大局稳定的前提下，根据经济发展阶段性特点和区域差异，进行适时适度的调整。例如，随着经济发展重心的转移，区域经济差距的拉大，中央与地方财政关系的调整应更加关注中西部地区和农村地区的财政需求，进一步完善中央对这些地区的财政转移支付机制，确保全国范围内的公共服务均等化。对于经济发达地区，应给予其更多的财政自主权，以更好地发挥其作为经济增长引擎的作用。

第二，明确财权和事权划分。“中央政府集中了60%的收入，地方政府却承担80%的职能”的说法，在社会上流传甚广，其本质在于中央、地方财权和事权的失衡①。近年来的改革逐步从粗放式的分配模式转向精细化管理，强调支出责任与事权的对应性，以确保财政资源的合理配置和有效使用。改革不仅是对过去财政管理中存在的问题的反思，也是为适应新时代国家治理现代化的需要。党的十九届四中全会提出“健全充分发挥中央和地方两个积极性体制机制”的重要思想，是中央与地方财政关系调整的根本指导原则。根据这一原则，中央和地方在财权和事权的划分上应当遵循“权责对等、责权相应”的基本原则，确保各级政府在履行职责的同时，拥有足够的财力支撑。对此，近年来的改革措施逐步细化和法定化中央与地方的财权和事权划分。在税收政策的制定和执行上，中央政府负责制定税收政策的总体框架和基本标准，地方政府根据本地区的实际情况，负责具体的税收征管工作。央地分工有助于提高税收政策的执行效果，确保税收政策的公平性和合理性。例如，在环保税的征收上，中央政府规定全国统一的税收标准，而地方政府则可以根据当地的环境治理需求，适当调整税率和征收范围，从而提高环保税的针对性和有效性。

然而，明确财权和事权划分并不意味着一成不变。在实际操作中，随着经济社会的发展和国家治理需求的变化，财权和事权的划分仍需要不断调整和优化。例如，在国家重大项目的实施中，中央与地方之间需要更加紧密的合作，合理分配财力和职责，确保项目的顺利推进。同时，对于一些跨区域的重大问题，如环境治理、公共卫生等，中央政府需要发挥更加重要的统筹协调作用，确保各级政府在财权和事权的划分上形成合力，共同应对挑战。

---

① 高培勇．将分税制进行到底——我国中央和地方财政关系格局的现状与走向分析［J］．财贸经济，2023，44（01）：5－17.

### （三）处理好中央与地方的利益博弈

处理好中央与地方的利益博弈，是国家财税体制改革中的关键任务。一方面，中央政府往往承担着维护国家整体利益、实现宏观调控的职责，更加注重政策的一致性和全国范围内的公平性。另一方面，地方政府更加关注本地经济发展、财政收入增长和社会稳定，因而在资源争夺和政策执行上有时会与中央政府的宏观目标产生冲突。两者之间的利益博弈如果处理不当，可能会导致政策执行不力、资源配置不均，甚至引发区域间的发展不平衡和社会矛盾。因此，财税体制改革过程中在利益分配、公平原则和协作机制等方面进行精细化的管理和制度设计，以确保中央与地方能够在博弈中实现共赢，共同推动国家治理体系的现代化进程。

第一，协调中央与地方利益。中央与地方政府在财税体制改革过程中，利益博弈不可避免。为确保改革的顺利推进和政策的有效执行，中央政府需要在利益分配上做出合理的平衡，以协调各方利益。在所得税分享改革中，中央政府通过基数返还和收入分享的方式，实现中央与地方财政收入的合理划分。具体而言，所得税分享改革引入“基数返还”和“增量分享”机制，通过将所得税收入的一部分返还给地方政府，同时对增量部分进行合理分配，使得地方政府既能够获得稳定的财政收入来源，又能够享受经济增长带来的财政收入增加。这种机制既增强中央财政收入，又保证地方政府的积极性和财力，从而在宏观上实现中央与地方利益的协调。

此外，中央政府还通过转移支付制度来调节地区间的财政差距，以确保全国范围内的基本公共服务均等化。中央财政通过一般性转移支付和专项转移支付两种形式，将部分财力转移到财力相对薄弱的地方政府，特别是中西部地区和农村地区。然而，利益协调并不仅仅依赖于财力的再分配，更需要通过制度创新和机制设计，确保中央与地方在经济发展中的协同作用。例如，在环境保护领域，中央政府通过设立生态补偿机制，以税收优惠等手段，将环境保护与地方利益挂钩，使地方政府在追求经济利益的同时，也能有效推动生态环境的改善，从而实现经济效益与环境效益的双赢。

第二，构建长效机制。在处理中央与地方关系时，中央政府不仅注重短期利益的协调，更注重通过建立长效机制，确保改革措施的长期有效。中央政府在制定改革政策时，往往会制定出明确的路线图和时间表，以指导地方政府有序推进改革。2016 年发布的《关于推进中央与地方财政事权和支出责任划分改革的指导意见》就为改革提供具体的实施步骤和时间节点。制度安排确保改革的持续推进和有效实施，为地方政府明确了改革的方向和目标。此外，中央政府还通过建立各类协调机构和平台，确保中央与地方之间在政策制定和执行过程中的信息共享和沟通顺畅。例如，设立中央与地方财政关系协调小组，定期召开会议，研究解决改革过程中出现的问题，确保各项政策的协调推进。这种机制不仅促进中央与地方之间的合作与互动，也为及时调整财税体制改革措施提供重要的决策支持。

第三，强化考核与监督。为确保财税体制改革措施的有效落实，中央政府不断强化对地方政府的考核与监督机制。中央政府通过设立财政绩效评价制度，对地方政府的财政管理和政策执行情况进行全面考核。财政绩效评价制度不仅考核地方政府的预算执行、财务管理和资金使用效益，还考核地方政府改革措施进行过程中的表现等内容。另外，中央政府通过建立健全监督机制，防止和纠正地方政府在执行中央政策过程中出现的偏差和问题。例如，通过设立专门的监督机构，对地方政府的财政行为进行独立审计和监督，确保财政资金依法依规使用，防止出现违法违纪行为。中央政府还通过制定问责机制，确保地方政府对改革目标的实现承担责任。

在处理中央与地方的利益博弈中，中央政府通过协调利益、构建长效机制和强化考核与监督，确保改革措施的有效落实和持续推进。未来，在推动财税体制改革的过程中，如何进一步完善这些机制，适应新的经济社会发展形势，将是中央与地方关系调整的重要课题。

## 三、当前民生与未来可持续发展之间的关系

财税体制改革中，需要平衡短期的民生需求与长期的可持续发展目标。党的二十大明确提出，要“坚持在发展中保障和改善民生，推动实现全体人民共同富裕”。这一要求反映了财税政策既要关注当下，又要放眼长远。当前民生与未来可持续发展之间的关系，是国家发展战略中的重要议题。民生与未来可持续发展之间关系的处理，直接关系到社会的和谐稳定与长期发展。民生问题，作为一个国家政府的首要任务，涉及教育、医疗、住房、就业、社会保障等多个方面，直接影响人民的生活质量和社会幸福感。可持续发展是指在满足当前人类需求的同时，不对未来世代满足其需求的能力构成危害，涵盖经济增长、环境保护和社会进步三大领域。尽管民生与可持续发展紧密相关，但两者之间也存在着矛盾和冲突。矛盾的存在，要求我们在财税体制改革过程中既要考虑当前民生需求，又要兼顾未来的可持续发展。

### （一）保障和改善民生

在财税体制改革过程中，保障和改善民生是推动社会进步和经济发展的核心目标之一。民生作为社会稳定与和谐的基础，关系到国家的长治久安和人民的幸福安康。在财税体制改革过程中，对财税政策进行调整和优化，加大对民生领域的财政投入，力求实现人民群众的普惠性福祉。

第一，保障和改善民生，要求提高财政资源用于民生的比重。随着我国经济社会的发展，财政资源的分配在满足国家建设的同时，不断倾斜于民生领域。中央政府通过优化财政支出结构，明确以民生为优先的支出导

向。教育、医疗、住房、养老等领域是民生保障的重要组成部分，是国家财政重点支持的对象，其投入在近年来显著增加。2023 年国家财政性教育经费为 50433 亿元，比上年增长 4.0%，占国内生产总值的比例为 4%，连续 11 年实现“国家财政性教育经费支出占国内生产总值的比例一般不低于 4%”，成为一般公共预算第一大支出。在医疗卫生领域，2023 年国家财政性卫生健康支出 22393 亿元，推进分级诊疗制度的实施，提高城乡居民的健康水平。

第二，保障和完善民生，需要完善社会保障体系。新中国成立之初，我国社会保障基本处于空白状态。在财税体制改革的推动下，我国社会保障体系的覆盖面不断扩大，逐步建立起覆盖城乡居民的社会保障体系，极大提高社会保障的普惠性和公平性。尤其是党的十八大以来，我国逐步建成世界上规模最大的社会保障体系。2023 年底，全国参加基本养老保险的人数超过 10 亿人，城乡居民基本医疗保险参保人数超过 13 亿人，参保率稳定在 95% 以上。社会保险是社会保障体系的重要组成部分。在财税体制改革中，中央政府不断完善社会保险制度，提高其保障水平和可持续性。例如，基本养老保险制度的改革，逐步实现全国统筹，提高养老保险基金的调剂能力和风险防范能力。企业职工基本养老保险的个人账户制度也在逐步完善，确保参保人退休后的基本生活保障。在社会保障体系建设中，城乡统筹和差异化保障成为重要方向。通过推进城乡居民基本医疗保险的整合，实现城乡居民同等享有基本医疗服务的权利。

在财税体制改革过程中，保障和改善民生始终是政府工作的重中之重。在未来的改革中，国家应继续深化民生领域的财税改革，确保人民群众共享经济发展的成果，实现社会的全面进步。

### （二）促进经济可持续发展

财税体制改革在推动国家经济发展中具有战略性意义，尤其在当前全球化、信息化以及环境危机等背景下，其重要性更加凸显。作为国家宏观调控的重要手段，财税体制影响政府收入的来源和使用方式，影响着社会的资源配置和经济活动的活跃度。在这样的背景下，推动财税体制改革成为提升经济韧性、促进长期可持续发展的必然选择。

第一，深化增值税改革，促进经济可持续发展。增值税作为我国税收体系中最重要的税种之一，其改革的深化对经济的可持续发展产生深远影响。传统的生产型增值税主要在生产环节征收，导致企业负担较重，尤其是在固定资产投资方面，企业无法充分享受税收抵扣，抑制其扩大再生产的积极性。中央政府逐步推进增值税从生产型向消费型的转变。通过取消固定资产进项税额抵扣的限制，企业在扩大生产、更新设备时可以享受更多的税收优惠，从而减轻其资金压力，增强创新动力。这一举措不仅提升企业的生产效率，还促进全社会的投资增长，为经济的高质量发展奠定了坚实基础。

第二，完善绿色税制，促进经济可持续发展。随着我国经济的快速发展，资源消耗和环境污染问题日益突出。为应对这一挑战，中央政府在税制改革中不断完善环保税、资源税等绿色税制，推动经济向绿色低碳方向发展。环保税的开征，旨在通过经济手段促进企业节能减排，将环境治理成本内部化，从而倒逼企业改进生产工艺、减少污染物排放。此外，资源税的改革通过调整税率和扩大征收范围，鼓励资源的高效利用，减少浪费，推动资源型企业转型升级。这些绿色税收政策不仅促进生态环境的改善，也为经济的可持续发展提供保障。

第三，推动税制结构合理化，促进经济可持续发展。税制结构的合理化是确保税收政策在经济发展中发挥应有作用的重要前提。为此，中央政府在推进税制改革中，着力调整直接税与间接税的比重，逐步提高直接税的比重，特别是个人所得税和财产税的比例。这一调整不仅有助于缩小贫富差距，促进社会公平，还通过引导社会财富的合理分配，增强了居民消费能力，从而推动内需的扩大和经济的稳定增长。此外，通过简化税种、统一税率等手段，税制结构的合理化进一步降低企业的合规成本，优化营商环境。

第四，创新税收优惠政策，促进经济可持续发展。科技创新是推动经济转型升级的关键动力。中央政府通过一系列税收优惠政策，大力支持企业的研发创新。例如，企业研发费用加计扣除政策，允许企业在计算应纳税所得额时，将实际发生的研发费用按一定比例加计扣除。这一政策有效降低企业的研发成本，激励企业加大对新技术、新产品的研发投入。此外，对高新技术企业实施的所得税优惠政策，使企业不仅在技术创新上受益，也在税收负担上得到大幅减轻。这些政策的实施，极大地推动我国企业技术创新能力的提升，加速新兴产业的成长，促进经济结构的优化升级。

政府在推动经济可持续发展方面取得了显著成效。增值税改革、绿色税制的完善、小微企业税收减免等措施，不仅减轻了企业负担，促进了经济结构调整，也为实现经济的绿色发展提供了有力支撑。在未来的财税体制改革中，中央政府应继续深化税制优化和创新支持，确保经济的可持续发展，为实现高质量发展目标提供坚实保障。

### （三）强化财政风险防控

财税体制改革在强化财政风险防控方面具有重要的战略意义。随着中国经济进入高质量发展阶段，财政风险防控面临着日益复杂的挑战。传统的财政管理模式已不足以应对复杂多变的经济环境，需要通过财税体制改革，构建更加科学、透明和可持续的财政风险管理体系。强化财政风险防控，不仅是为确保国家财力的稳定和持续，也是在为整个经济体系构建安全屏障。财税体制改革的成败在很大程度上决定中国经济能否稳健前行、可持续发展。

第一，完善地方政府债务管理制度。地方政府债务风险是财政风险防控中的重要环节。中央政府通过《关于加强地方政府性债务管理的意见》的制定与实施，建立系统化的地方政府债务管理制度。其中包括明确加快建立规范的地方政府举债融资机制、对地方政府债务实行规模控制和预算管理、控制和化解地方政府性债务风险、完善配套制度、妥善处理存量债务和在建项目后续融资等内容，为地方政府债务发行提供制度基础。

第二，加强财政资金使用的监督和管理。财政资金的安全使用是财政风险防控的核心内容之一。中央政府通过建立健全财政资金使用监督机制，加强对财政资金的管理和审计。例如，国家审计署定期对各级财政资金的使用情况进行审计，确保资金的使用符合法律法规和预算安排。同时，中央政府还推动财政资金使用的透明化，要求各级财政部门公开财政支出信息，提高资金使用的透明度和公众监督力度。

第三，建立财政储备制度。财政储备制度是增强国家财政抗风险能力的重要手段。中央政府通过建立国家财政储备基金，储备一定规模的财政资金，用于应对突发事件和经济波动。财政储备的建立和完善，为国家应对自然灾害、经济危机等突发事件提供充足的资金支持。例如，在疫情暴发期间，中央政府通过动用财政储备，迅速支持抗疫工作和经济复苏，为国家的稳定提供坚实的财力保障。

第四，多渠道筹措财政资金。为应对未来可能出现的各种风险和挑战，中央政府不断探索多渠道筹措财政资金的方法。例如，通过发行国债、地方政府债券等方式筹集长期和短期财政资金。不仅为政府提供稳定的财政资金来源，也有效分散财政资金的筹集风险。此外，中央政府还鼓励社会资本参与基础设施建设和公共服务项目，通过政府与社会资本合作（PPP）模式，引入社会资本进行合作。

第五，强化财政风险评估和预警。财政风险评估和预警系统是防控财政风险的前瞻性措施。中央政府通过建立和完善财政风险评估和预警机制，对可能出现的财政风险进行综合分析和预判。例如，通过制定财政风险评估指标体系，对财政收支、债务水平、经济形势等因素进行动态监测。此外，中央政府还建立风险预警系统，对关键指标进行实时跟踪，及时发出风险预警信号。这些措施有助于提前识别和应对潜在的财政风险，保障国家财政的安全和稳定。

未来，中央政府需要继续优化财政风险防控机制，提升财政风险管理水平，为经济的持续健康发展提供有力支持。

## 第三节　我国财税体制改革的经验总结

2024 年，是 1994 年分税制改革的 30 周年，是 2014 年深化财税体制改革总体方案出台的 10 周年。我国财税体制改革是自改革开放以来经济体制改革中的重要组成部分，对我国经济社会发展造成深远影响。回顾我国财税体制改革历程，特别是党的十八大以来，以习近平同志为核心的党中央高度重视财税体制的改革与发展，提出“财政是国家治理的基础和重要支柱”等重要论断，作出“加快建立现代财税金融体制”等关键部署。数十年的财税体制改革，我国财税体制发展在制度、机制、职能发挥等多方面已取得一系列重大成就，形成若干亟待理论化的经验。财税体制改革的经验规律是改革过程中不断探索和实践的结果，是对经济社会发展规律的深入认识和准确把握。总结我国财税体制改革的经验规律，有助于全面理解和把握财税体制改革的内在逻辑，为未来改革提供科学依据和行动指南。本报告旨在总结我国财税体制改革中的经验规律，以期为深化财税体制改革提供扎实的理论基础与实践指导。在探寻我国财税体制改革的经验规律，可从坚持党的领导，适应国情；

循序渐进，稳中求进；统筹兼顾，协调推进；问题导向，创新驱动；以人为本，共享发展等方面总结。

## 一、坚持党的全面领导，充分立足于国情

财税体制改革必须坚持党的全面领导。党的二十届三中全会针对新时代新征程，提出要"进一步全面深化改革"，要总结和运用改革开放以来特别是新时代全面深化改革的宝贵经验，贯彻"六个坚持"重大原则。其中"六个坚持"中居于首位的就是坚持党的全面领导，坚定维护党中央权威和集中统一领导，发挥党总揽全局、协调各方的领导核心作用，把党的领导贯穿改革各方面全过程，确保改革始终沿着正确政治方向前进。

中国共产党领导是财政事业蓬勃发展的根本保证。财税体制改革作为基础性改革，必须在党的领导下进行，确保正确的改革方向、清晰的改革思路、科学的改革举措和良好的改革效果。必须坚持以政领财、以财辅政。中国共产党领导是党和国家的根本所在、命脉所在，是全国各族人民的利益所系、命运所系。财政制度安排体现党和国家的意志，涉及各领域各方面各环节。长期以来，财政为我党奠基立业、治国理政、当家理财做服务保障工作，确保党总揽全局、协调各方的领导核心作用在财政领域充分彰显。走好全面建设社会主义现代化国家新征程，财政部门必须进一步增强"四个意识"、坚定"四个自信"、做到"两个维护"，牢记"国之大者"，持续提高政治判断力、政治领悟力、政治执行力，确保财政各项工作始终沿着正确的政治方向推进，必须强化"以政领财、以财辅政"思想行动自觉，凡事多从政治上考量、多从经济社会发展大局考虑，在思想上政治上行动上同以习近平同志为核心的党中央保持高度一致，以实实在在的改革成效坚定捍卫"两个确立"、坚决做到"两个维护"，心怀"国之大者""省之要者"，切实把党的全面领导贯穿财税体制改革全过程

各方面，确保财税体制改革始终沿着正确的政治方向行稳致远。“财”和“政”有机统一，所有财政工作都是贯彻落实党中央路线方针政策的具体化，必须自觉维护党中央权威和集中统一领导，旗帜鲜明讲政治。财税体制改革要根据党中央决策部署推进，从思路酝酿、政策设计、方案出台到落实落地，都要坚决服从服务于党和国家工作大局，确保改革各项工作始终坚持正确政治方向。财税制度安排要鲜明体现党的宗旨，着力解决人民最关心的利益问题，让改革发展成果更多惠及全体人民。

财税体制改革必须立足于我国国情。立足我国国情实际是财政事业蓬勃发展的内在要求，必须坚持紧紧围绕、主动适应。不同时期财政工作具有不同的职能定位和宏观调控目标，要始终坚持实事求是，着力解决我国社会主要矛盾。中国的事情必须根据中国的实际、按照中国的特点来办。财政部门准确领会把握我们党关于我国社会主要矛盾的判断，坚持实事求是，尊重经济规律，不断推进财政各项工作。走好全面建设社会主义现代化国家新征程，财政部门必须坚持中国特色社会主义道路，牢牢立足我国正处于并将长期处于社会主义初级阶段这个最大国情、最大实际，完整准确全面贯彻新发展理念，做好对内财政政策设计、制度安排以及对外财经工作，加快构建新发展格局，坚定不移走好中国式现代化新道路。

必须立足中国国情，研究财税体制改革中的难题，回应改革的挑战，是加快建立现代财政制度的要求。改革开放留下大量可供比较与借鉴的经验，其经验在未来的改革中仍可发挥作用。比较和借鉴在现代财税改革的过程中是十分必要的，具体如何借鉴，要看这些做法能否与中国实际兼容，能否有助于既定改革目标的实现。例如，房地产税制改革是个大难题。简单照搬发达国家的做法，可能给国家治理带来巨大的风险。一方面，中国城镇土地归国家所有，农村土地归集体所有，在土地公有制下探索房地产税制，不可能照搬土地私有制国家的做法；另一方面，中国房地产税立法的大背景是高房价，高房价视角下的房地产税立法难题也是许多发达国家所未遇见的。又如，政府间财政关系改革所涉及的转移支付分配难题，既涉及利益，又有许多技术难题需要解决。

财税体制改革在党的全面领导下，牢牢立足中国国情，推动国家治理体系和治理能力现代化，使得财政工作更好地服务于国家和人民的根本利益。未来，财政部门将继续坚持党的全面领导，立足中国国情，不断总结和运用改革经验，迎接新的挑战，推动改革不断深化，为全面建设社会主义现代化国家作出更大贡献。

## 二、遵循“循序渐进，稳中求进”的渐进式路径

财税体制改革必须坚持循序渐进的改革策略，这是由我国特殊的国情和复杂的利益格局决定的。财税体制涉及广泛，包括经济、社会、政治等多个领域，各方面利益复杂交织，牵一发而动全身。改革过程中如果一味追求速度和力度，可能导致社会经济的剧烈震荡，甚至引发不稳定因素。因此，必须在稳中求进的前提下，分步实施改革，通过局部试点、逐步推广的方式，积累经验，确保改革在平稳的基础上推进。

财税体制改革的核心在于利益调整，不同利益群体之间的博弈复杂而敏感。为减少改革的阻力和成本，必须充分考虑各方的承受能力，平衡好各方面的关系。通过循序渐进的方式推进改革，可以逐步化解矛盾，减少对社会和经济的冲击，从而为改革创造更加有利的外部环境。同时，在推进改革的过程中，始终保持与社会各界的沟通，争取广泛的社会共识，为改革的顺利实施打下坚实的基础。循序渐进的推进方式不仅降低改革的风险，也为改革的成功提供保障。在改革的初期，通过局部试点的方式进行探索，积累经验，发现问题并及时调整。待条件成熟后，再在全国范围内推广。这种方式不仅确保改革的稳健性，也使得改革能够更好地适应各地的实际情况，因地制宜地推进。在分税制改革、增值税改革等重大改革

中，均采取这种从局部到全局的渐进式推进方式，取得良好的效果。

财税体制改革必须坚持稳中求进的治国理政原则。稳中求进是我党治国理政的重要原则，也是财税体制改革的基本遵循。推进财税体制改革过程中，必须始终坚持“稳字当头”，将社会经济的稳定放在首位，以“小步快跑”的方式对财税体制进行调整，逐步完善税制、优化财政支出结构。重大财税改革举措必须经过充分评估、审慎决策，避免因改革过快、过猛而引发社会不稳定和经济冲击。特别是在涉及利益格局调整和风险防范的领域，更要做到周密部署，确保改革措施的稳健性和可持续性。

在确保“稳”的基础上，财税体制改革还必须积极进取，抓住改革的契机，以进促稳。对于看准的改革方向和措施，要敢于压茬推进，攻坚克难，敢于啃“硬骨头”，确保改革不流于形式。尤其是面对全球经济危机等重大时刻，我国也不乏采取“放大招”的手段，一次性出台强有力的政策措施，迅速应对危机。通过有力有序地推进各项改革工作，逐步突破利益固化的障碍，实现财税体制的现代化和合理化。同时，改革过程中要把握好时机、力度和节奏，确保每一项改革措施都能达到预期效果，并为进一步的改革奠定基础。财税改革需要根据经济形势变化采取灵活的策略，既要有“挤牙膏”式的稳步推进，也要在关键时刻采取果断措施。财税体制改革中的“稳”与“进”是一对辩证统一的关系。在改革的每一个阶段，都需要在稳定的基础上，积极推进改革。在宏观调控的总体把握下，具体政策的实施也要体现出对“稳”与“进”的协调推进。改革中既要避免激进的“一刀切”式调整，防止对经济运行产生剧烈冲击，又要确保改革的力度足够以推动社会经济的可持续发展。稳中求进的改革策略，既维护经济社会的大局稳定，又推动改革的深入发展。

财税体制改革必须坚持循序渐进、稳中求进的总基调。在这一过程中，既要保持社会经济的稳定，又要积极推进改革，通过局部试点、逐步推广的方式，实现财税体制的现代化和合理化。只有在稳中求进、以进促稳的基础上，才能在复杂的利益格局中顺利推进财税体制改革，确保改革的成功和长远的可持续发展。

## 三、问题导向，创新驱动

我国财税体制改革必须坚持以问题为导向。坚持问题导向是我国改革的鲜明特征，是深化财税体制改革的重要经验，是这一轮财税体制改革的基础，只有正视问题、找准问题、解决问题，才能不断提高改革举措的精准性、针对性、实效性。财税体制改革需要紧密围绕国家治理中的突出矛盾，聚焦当前经济社会发展的突出问题。当前我国经济社会发展面临一些较为突出的挑战，如经济下行压力较大、市场活力不足、地方政府积极性不高，以及财政可持续性不强、地方政府债务风险较大。诸多问题不仅直接影响到经济的稳定运行和社会的和谐发展，还是我国财税体制改革的重点关注领域。财税体制改革作为国家治理的重要基础，必须紧紧围绕这些突出问题展开。改革的核心在于通过调整财税制度，激发市场活力、提升地方政府积极性、增强财政可持续性，从而为经济社会的发展提供更加坚实的支撑。具体而言，财税体制改革需要针对问题制定相应的应对方案，例如经济下行压力与市场活力不足可通过减税降费、优化税制结构，降低企业负担，激发市场主体的创新活力和发展动力；财政可持续性与债务风险可加强财政纪律，控制地方政府债务风险，建立健全债务管理机制，确保财政的长期可持续性。

然而，问题导向并不仅限于当前的经济问题，更应结合我国的长远发展目标，制定出系统的、长远的改革路径。从全局来看，财税体制改革不仅要解决当前的经济下行问题，更要为 2035 年基本实现现代化以及 2050 年建成富强民主文明美丽的社会主义现代化强国的目标打下基础。党的二十届三中全会将财税体制改革置于宏观经济治理体系部分并进行重点擘画，既是党的十八届三中全会以来财税体制改革的实践续篇，也是新征程推进中国式现代化的时代新篇。当前，面对复杂严峻的国内外发展形势，全面深化财税体制改革要以解决重大问题为导向，既要着眼财政自身问题，也要着眼经济动力机制问题，充分发挥财政在优化资源配置、维护市场统一、促进社会公平、实现国家长治久安上的作用，最大限度地协调好政府、市场、社会的利益关系，形成更大范围的发展共识和发展合力。

财税体制改革必须坚持以创新为驱动。改革创新是推动财税体制不断完善的动力源泉。面对复杂多变的经济社会形势，必须坚持解放思想、与时俱进，始终保持改革的动力和活力。财税体制改革的过程中，创新驱动的关键在于能够及时捕捉到经济社会发展的新动向、新需求，并通过财税制度的创新来应对这些变化。

绿色发展理念的深入人心要求财税体制改革在支持绿色产业发展方面进行创新。通过税收政策的创新，可以有效推动企业向绿色化、低碳化转型。例如，设立环保税等绿色税收措施，不仅能够促进企业减少碳排放，还可以引导全社会加速绿色转型，实现经济增长与环境保护的协调统一。新兴产业的快速发展也对财税体制提出了新的要求。随着技术革命的不断推进，新业态、新经济模式层出不穷，传统的税收制度难以适应这些新变化。因此，财税体制改革必须通过创新设计出适应新兴产业发展的税收机制，确保税收公平与效率的统一。这一过程不仅需要理论上的突破，更需要在实践中进行反复试验和调整，形成适应性强的税收政策体系。在制度层面，创新驱动同样至关重要。深化预算管理制度改革、理顺中央与地方财政关系、优化税收制度结构，都是推动财税体制创新的重要途径。通过制度创新，能够有效激发市场主体的活力，促进资源的合理配置，进而实现社会公平与经济高质量发展目标。

财税体制改革必须紧紧围绕创新驱动展开，通过不断的制度创新、政策创新，适应经济社会发展的新要求。只有在改革中始终坚持创新驱动，才能确保财税体制的不断完善，为我国经济社会的持续稳定发展奠定坚实的基础。在未来的改革中，坚持创新驱动，将继续为我国财税体制改革提供不竭动力。继续坚持问题导向与创新驱动相结合，将是我国财税体制改革不断取得新成效的关键所在。

## 四、以人为本，共享发展

我国财税体制改革必须坚持以人为本。要坚持以人为本，始终把实现好、维护好、发展好最广大人民根本利益作为财税工作的出发点和落脚点，教育引导广大财税干部职工特别是领导干部全面提高思想政治素质、业务能力、职业道德，做到为国理财、为民服务，让人民共享改革发展成果。要坚持勤俭办一切事业，严肃财经纪律，坚决反对铺张浪费，切实提高财政资金使用效益。

财税体制改革始终坚持“以人为本”的原则，将实现、维护和发展最广大人民根本利益作为财税工作的出发点和落脚点。中央政府在改革过程中，不断加强对财税干部和职工的思想政治教育、业务能力培训和职业道德建设，确保他们在工作中始终以为国理财、为民服务为导向。通过这种全面提升干部素质的方式，政府旨在提高财政资金使用效益，避免铺张浪费，确保公共资源得到最大化利用。在具体实施中，中央政府通过调整税收政策和增加财政支出，支持教育、医疗、住房和社会保障等基本公共服务，确保人民的基本生活需求得到充分保障。

公平税制是财税体制改革中的重要组成部分。近年来，我国税制改革不断强调税负的合理分配，尤其是针对中低收入群体的减税措施。例如，增值税改革和个人所得税改革通过减税降费、降低税率、扩大税前扣除范围等手段，有效减轻了企业和居民的税收负担。这些措施不仅推动了社会公平，还促进了经济的健康发展。增值税改革通过将增值税由生产型转向消费型，减轻了企业的税负，刺激了消费和经济增长。个人所得税改革则通过提高起征点和增加专项附加扣除，减轻了中低收入群体的税收压力，提高了其可支配收入。这些改革措施切实减轻了税负，改善了人民生活水平，并推动了社会的整体公平性。

我国财税体制改革中的“以人为本，共享发展”理念，通过优化税制、合理配置财政资源、强化社会保障、推动绿色发展等方面，成功保障人民的基本权益，促进了社会公平。这一理念在改革实施过程中体现为提高财政资源用于民生的比重、优化财政资源配置、推动城乡协调发展、强调税制公平、完善社会保障体系、倡导绿色税制改革以及提升税收征管和制度建设。这一理念的贯彻实施，为我国经济的可持续发展和社会的全面进步提供有力支持。

## 本章主要参考文献

[1] 本刊评论员．坚持用习近平新时代中国特色社会主义思想武装全党 [J]．党建研究，2017 (12)：10 - 11.

[2] 陈乐一．论中国市场化改革历程和持续推进 [J]．中国经济报告，2023 (04)：37 - 45.

[3] 高培勇．将分税制进行到底——我国中央和地方财政关系格局的现状与走向分析 [J]．财贸经济，2023，44 (01)：5 - 17.

[4] 高培勇．新一轮财税体制改革的战略谋划 [J]．经济理论与经济管理，2024，44 (05)：2 - 8.

[5] 郭庆松．新时代坚持党的全面领导的实践逻辑 [J]．思想理论教育，2022 (10)：85 - 90.

[6] 理查德·A. 马斯格雷夫，佩吉·B. 马斯格雷夫．财政理论与实践 [M]．邓子基，邓力平，译．北京：中国财政经济出版社，2003.

[7] 刘复兴．坚持党对教育事业领导的全面性、系统性、整体性［J］．教育研究，2021，42（04）：4－10.

[8] 刘红凛，商爽．坚持党的领导的政治意蕴与四重逻辑［J］．理论探讨，2022（05）：5－12.

[9] 吕炜，靳继东．从财政视角看中国式现代化道路［J］．中国社会科学，2022（11）：165－184，208.

[10] 吕炜．新时期财政工作的几个重大关系［J］．财政研究，2021（09）：3－13.

[11] 马海涛，姚东旻，孟晓雨．党的十八大以来我国财税改革的重大成就、理论经验与未来展望［J］．管理世界，2022，38（10）：25－44.

[12] 马海涛．以“三个坚持”引领“三个全力”财政需承载起新时代的历史使命——学习贯彻党的十九届六中全会精神［J］．财政监督，2022（02）：5－7.

[13] 习近平．中国共产党领导是中国特色社会主义最本质的特征［J］．求是，2020（14）：4－17.

[14] 赵展慧．经济体制改革阔步向前［N］．人民日报，2022－10－07（001）.

[15] 中共中央党史和文献研究院．深刻认识坚持和加强党的领导历史逻辑［J］．求是，2020（14）：30－32.

[16] 朱光磊，锁利铭，宋林霖，等．构建中国特色社会主义政府职责体系推进政府治理现代化（笔谈）［J］．探索，2021（01）：2，49－76.

第三章

# 深化财税体制改革的背景

前两章系统梳理了我国财税体制改革发展的基本轨迹，概括了以往改革的发展历程与辉煌成就，在此基础上深刻总结我国财税体制改革的基本经验和基本规律。虽然以往改革取得了不错的成绩，但与构建高水平社会主义市场经济体制、匹配国家治理体系和治理能力现代化而言，这些成就只是阶段性的，还需要深刻认识当前国际国内的复杂形势，精准定位未来财税体制改革的发展方向。

从国际上看，全球范围内的各个国家正在经历一系列重大变革和挑战，世界百年未有之大变局加速演进，给我国经济发展带来较大的外部不确定性；国内方面，全面深化改革已进入全新阶段，当前的主要任务是以高质量发展推动全面建设社会主义现代化国家，助力中国式现代化行稳致远。而财政作为国家治理的基础和重要支柱，担负着配置资源、调节收入分配、保障和改善民生、宏观调控和实现国家职能等多重责任，因此深化财税体制改革是全面深化改革总部署中最关键的部分。我国目前的财税体制面临诸多挑战，央地事权与支出责任划分不合理，政府间财政关系有待进一步理顺，税制结构不适应经济发展方式的转变，基层财政运行压力过大等问题制约了财税体制服务于中国式现代化发展战略和高质量发展的效能，迫切需要进行新的财税体制改革以破除构建新发展格局过程中的突出问题，增强财政可持续性，更好地服务于中国式现代化建设。基于此，本章从国际和国内两个视角展开，深刻分析当前形势对本轮深化财税体制改革提出的新要求和新挑战。

# 第一节　深化财税体制改革的国际背景

当前国际形势波诡云谲，政治多极化、经济全球化、社会信息化的加速演进正在重塑世界政治经济新格局，全球产业链、供应链、价值链、创新链的深度融合对各国加强国际合作和政策协调提出更高要求，以人工智能为引领的新一轮科技革命和产业变革正深刻影响全球经济结构与产业布局。外部发展环境的不稳定性和不确定性增加，对我国来说既是重大挑战也是重大机遇。深入剖析深化财税体制改革所处的国际背景，把握国际形势的最新动态，对于统筹发展与安全，实现“高质量发展和高水平安全的良性互动”有重大意义。

## 一、国际形势对财税体制改革的新挑战

### （一）政治多极化

全球范围内的政治多极化与政治不确定性因素造成国际安全形势紧张。一方面，世界范围内战事、矛盾冲突不断，地缘政治风险或将进一步扩大，国际贸易可能因受地缘政治因素负面冲击而发生较大波动，主要贸易国可能为规避风险而选择较为保守的外贸政策；另一方面，2024 年被国际舆论称为“超级选举年”，全球 70 余个国家、约 42 亿人口都在 2024 年进行关键选举，其中包括美、俄等超级大国，其选举进程和结果会直接影响本国 2024 年及以后年度的内政外交政策路线，包括财税政策基调，而这会给我国深化财税体制改革带来诸多挑战，本节具体从三个层面展开分析。

第一，对外贸易层面，目前主要面临外贸增速承压和外贸对财政的支

持力度减弱两大挑战，一是外贸增速承压。其中，受美国主导的“去中国化”政策影响，我国吸引外商直接投资水平下降，2024 年 1—6 月直接使用外资金额 4989.1 亿元，同比下降 29.1%①，但与 2019 年相比整体处于高位回落状态。此外，持续不断的地缘政治冲突造成人民币汇率波动，出海企业营商环境更加严峻，叠加在全球经济发展动能不足的情况下世界主要贸易大国普遍采取保守的外贸政策，造成外需疲软，对中国的贸易和投资需求降低。二是外贸对财政的支持力度减弱。2024 年上半年我国进口货物增值税、消费税收入 9297 亿元，同比增长 0.7%，关税收入 1185 亿元，同比下降 5.2%②，占税收总收入的水平也呈现回落态势，一定程度上造成财税与外贸政策间无法实现良性循环。

第二，产业链层面，地缘政治冲突使全球产业链与供应链稳定性受到冲击。这一方面导致世界各国越发重视本国产业链的自主可控性，全球产业链因此呈现“本土化、区域化、多元化”趋势，尤其是中高端环节的产业和资金回流在一定程度上使我国产业链转型升级面临“卡脖子”问题，加剧我国与发达国家进行产业竞争的压力。另一方面，我国掌握核心技术优势的关键领域经常受到发达国家的关税打击和贸易限制，例如欧盟曾一度对我国的“新三样”产品（以新能源汽车、锂电池、光伏产品为代表）施加不合理高关税，这对我国产业链现代化建设以及深度参与全球产业链供应链合作带来挑战。

第三，全球安全层面，政治冲突加剧了全球发展环境的不确定性和国与国之间协调的难度性。随着政治多极化愈演愈烈，政治冲突所带来的对抗政治现象不仅加剧了全球发展环境的不稳定性，也使国与国之间的深度交流和政策上的协调合作变得更加困难，如何统筹发展与安全已经成为全

---

① 数据来源：中华人民共和国商务部官网。

② 数据来源：中华人民共和国财政部官网。

球治理最迫切的议题，也是粮食安全、能源安全、气候变化等其他一切议题的核心。当前，全球治理体系正处于变革的关键时期，中国作为全球发展倡议和全球安全倡议的提出者和践行者，更需要深度参与到全球安全治理过程中，在重构全球治理格局时把握主动性，而这一切都对财税体制在国家治理体系和治理能力上所发挥的支撑作用提出更高要求。

### （二）经济全球化

经济全球化是社会生产力发展的客观要求，也是科技进步的必然结果，它要求国家间必须按照国际惯例和公认的贸易规则参与全球经济大循环。中国在经济全球化浪潮中崛起并不断发展，根据国际金融论坛报告显示，2023 年中国经济对全球经济增长贡献率高达 32%，是世界经济增长的强大引擎。同时，在深度参与全球产业分工和合作的过程中，经济全球化展现出的新特点和新态势也给我国财税体制改革提出诸多挑战。

第一，随着生产全球化的推进，产业链、供应链、价值链“三链”深度融合已成为未来经济一体化的发展趋势，这对我国产业链供应链现代化水平提出更高要求，而当前财税体制中还存在一些不利于产业链供应链发展的因素。一方面，税收优惠政策尚未完全发挥对企业的创新激励作用，存在政策目标不明确、优惠方式单一、覆盖面窄、流程不完整等问题，尤其随着中小企业加速融入国际市场，对中小企业的纾困政策还存在落实不到位等问题，导致产业链增值能力不足，在全球价值链中面临低端追赶和高端封锁的双重压力；另一方面，政府间收入划分的不合理干扰了地区间的产业合理分工，也在一定程度上造成产业空间布局不平衡，尤其是高新技术产业的东西部发展不平衡，在增值税上存在抵扣链条不完整、抵扣中断等问题而导致增值税不能发挥税收中性作用，造成我国产业链在全球供应链中的安全性和韧性不足。

第二，逆全球化趋势使国际税收竞争更加激烈，需要财税体制支撑以寻求新型国际税收合作思路。一方面，我国需要在深度参与国际税收合作的同时化被动为主动，在税收国际规则制定、税收协定签订、税收征管等领域掌握话语权，并积极推进多边税收合作机制，以保护我国在全球经济中的核心利益；另一方面，逆全球化愈演愈烈也使得原本促进商品流动的税收激励极易转变为贸易保护主义的税收壁垒，恶化出海企业的营商环境，且我国当前税制与国际规则存在一定差异，尤其是跨国税收征管体系尚不完善，存在税收“套利”空间，使中资跨国企业“走出去”的成本上升。

第三，金融全球化进程加速，使全球经济和金融动荡的系统性风险进一步放大。美国等西方国家的金融危机、债务危机会通过全球金融市场间接对我国金融体系带来冲击。此外，我国在不断加深金融开放程度的同时，也面临跨境资本流动加速带来的金融调控和监管难度上升。因此，财税体制改革对宏观政策的协调力度提出更高要求，如何推动财税政策和货币金融政策的协调配合，通过财政与金融的协同联动避免金融风险财政化与财政风险金融化，是以财政可持续性支撑高水平、高质量金融开放的重要问题。

### （三）社会信息化

习近平总书记曾在 2018 年两院院士大会上发表讲话指出：“世界正在进入以信息产业为主导的经济发展时期。我们要把握数字化、网络化、智能化融合发展的契机，以信息化、智能化为杠杆培育新动能。”这一重要论述揭示了信息技术在今后世界经济发展中的主导作用，也说明社会信息化是全球化不可抵挡的发展趋势。其中，数字化既是前提也是核心，数字化全面转型是我国信息化发展战略的重要技术路径，也是能否在新一轮科技革命和产业变革中占据主动的关键。根据中国信息通信研究院《全球数字经济白皮书（2024 年）》测算，2023 年，数字经济占全球 GDP 比重为 60%，其中美国、中国、德国、日本、韩国 5 大经济体数字经济表现突出，总量超过 33 万亿美元，同比增长超过 8%，数字经济的迅猛发展已成为全球经济转型的重要驱动力，也给当前的财税体制带来诸多挑战。

具体来说，一方面，当前税制不适应数字经济时代发展需要。虽然数据目前已经成为与资本、土地、劳动力同等重要的生产要素，但数据的自身价值及其增量价值到底归属于企业还是社会尚无法确定，是否对这些价值进行征税、如何征收以及该部分收入用在哪里等问题，当前税收体制也难以解决。此外，在税收征管层面，虽然“大数据治税”的广泛应用极大提高了征管效率，但随着产业数字化和数字产业化不断催生新产业、新业态、新模式，这些新商业模式、新业态活动的交易性质、税基和税源往往难以确定，平台经济下产销空间的分离也造成税源和税权的冲突，大量平台经济活动游离于现有税收体系之外，造成偷税漏税、税收管辖权模糊、区域数字经济地方保护等问题，提高了税收征管难度。另一方面，数字经济时代对政府财政治理水平提出更高的要求。随着数字财政建设迅速发展，数字信息技术在政府财政治理中发挥着日益重要的作用，“老问题要找新方法解决”，政府应在财政治理过程中积极依托数字平台探索财政政策和管理措施的新模式、新方法。在治理方式上，如何处理好传统财政治理方式和数字化治理方式的有效衔接，因地制宜判断哪些财政工作应采取传统治理方式、哪些适合全面实施大数据治理、哪些需要传统和数字化治理方式的有机结合，对于能否发挥数字财政优势尤为关键。

## 二、国际形势对深化财税体制改革的新机遇

虽然政治多极化、经济全球化、社会信息化等全球发展形势对我国深化财税体制改革带来诸多新问题、新挑战，但挑战往往与机遇并存，在这样的背景下，本轮深化财税体制改革应立足优势、抓住机遇，从不稳定中创造稳定，通过财税体制设计强化财税政策对外贸、产业链、国家安全、数字化转型等方面的支持力度。

### （一）加快贸易强国建设

尽管受到全球政治、经济层面不稳定因素影响而使我国外贸增速承压，但据海关统计，2024 年上半年我国货物贸易进出口总值仍取得了 6.1% 的增长成绩，首次超过 21 万亿元，是我国进出口规模历史同期最高水平。这一增长趋势表明，我国外贸出口即便在复杂多变的国际形势下依旧充满增长韧性和发展活力，也反映出中国商品在国际市场上的强大竞争力。当前我国对外贸易发展有多个积极因素在发挥作用。一方面，随着全球经济复苏，全球贸易需求回暖，国际市场对我国产品的需求有望持续增长；另一方面，我国出口商品结构逐渐向高技术、高附加值方向转型，仅 2024 年上半年出口的产品中，以自动数据处理设备及其零部件、集成电路和汽车为主的机电产品就占了 6 成，占出口总值的 58.9%，出口额同比增长 8.2%①。此外，得益于“一带一路”倡议的深入推进，我国与周边国家建立了稳固的贸易合作伙伴关系，在金属、钢铁、建材等传统产业和新能源汽车、光伏等新兴产业都展开产能合作，尤其在《区域全面经济伙伴关系协定》（RCEP）正式生效后，我国与成员国之间的产业链供应链联系更加紧密，为外贸出口稳定增长提供坚实支撑。

在这样的机遇下，本轮深化财税体制改革应注重强化财税与贸易政策间的协同，充分发挥财税对贸易强国建设的制度支撑和政策支持，推动财税政策和贸易政策形成合力。一方面通过财税优惠政策为外贸企业开拓国内市场和内贸企业开拓国际市场消除显性和隐性壁垒，通过财政引导以及税收、金融政策的双重支持解决内外贸一体化进程中存在的市场渠道对接不畅通、转型成本高、人才匮乏等问题；另一方面应注重新动能和传统优势产业的衔接，税费优惠和资金支持应进一步向我国保持突出优势的新能

① 数据来源：中华人民共和国海关总署。

源汽车、动力电池、光伏产品等领域倾斜，并推动跨境电商、保税维修、市场采购等新业态新模式发展。同时通过财税政策引导货物贸易向数字化、绿色化方向发展，以大数据为抓手推进数字贸易，加快培育外贸新动能。

### （二）提升产业链供应链现代化水平

当前全球产业链正处于重构的关键变革期，尽管我国产业链稳定性在全球产业回流中受到冲击，但作为全球第二大经济体，我国拥有独特的产业链发展优势。一是我国拥有超大市场规模和内需优势。仅 2023 年就进口超过 5 万亿元大宗商品、近 3 万亿元电子元件和近 2 万亿元消费品，进口规模占全球进口总值的 10.6%①，是全球第二大进口市场。大规模的内需市场不仅为技术开发和应用创造广阔空间，也源源不断地吸引着国外新市场入驻，为产业链各环节的发展注入活力。二是我国具备大量高素质劳动者和企业家的“人才红利”，庞大的人口规模能发挥新技术从创新、应用到市场化的规模经济优势。三是全产业链优势。我国是全世界唯一拥有联合国产业分类中全部工业门类的国家，具备完善的工业体系和上下游产业配套能力。这不仅有利于增强产业链供应链韧性，也能通过提供创新成果转化和应用空间满足各类产业的创新需要，从而充分发挥集群优势，成为全球产业链网络中不可替代的一环。

因此，我国应抓住机遇尽快推进产业链转型升级，提高产业链供应链的现代化水平，同时积极开展国际合作，争取在本轮全球产业链重构过程中掌握主动权。从财税体制改革的角度看，一方面应通过政府专项债、超长期特别国债、专项扶持基金、贴息、奖补、政策性融资担保等多元化的财税政策工具和税费优惠政策为现代化产业的技术创新提供资金支持，同

① 数据来源：国务院新闻办公室 2023 年全年进出口情况新闻发布会，http：//www. scio. gov. cn/live/2024/33162/。

时发挥财税政策引导作用，政府通过加大对基础产业、基础研究的投资力度引导社会和企业对基础研究的关注度和投资积极性，为产业链现代化提供创新源泉和根本动力；另一方面积极研究同新技术、新业态发展相适应的财税体制，尽快建立与数字化、绿色化发展相适应的、系统完备的财税扶持政策。

### （三）参与和引领全球治理体系改革

受大国博弈和局部冲突的影响，当前全球治理体系呈现“离散化”特点，难以适应未来发展需要，全球治理体系正走在变革的“十字路口”。随着自然灾害、粮食安全、能源安全、人工智能等领域的风险性因素不断累积，世界正在呼吁一个更具包容性和公平性的全球治理体系。而我国之所以能在全球治理体系变革中从全面参与到主动引领，有许多积极因素在发挥作用。一方面，我国早在 2013 年就提出构建人类命运共同体理念，在 2017 年提出共商共建共享的全球治理观，也是全球安全倡议、全球发展倡议、全球文明倡议的提出者和坚定践行者。进入新时代以来，我国坚持捍卫多边主义，依托金砖国家、二十国集团（G20）、东盟与中日韩、亚太经合组织（APEC）等平台与世界其他国家在经济、文化等领域展开深入合作，尤其对大量新兴经济体和发展中国家提供国际援助，给合作国家创造了相对安全的发展环境，也为我国赢得世界的广泛信任和赞誉；另一方面，我国拥有“一带一路”这一充满发展前景的国际合作平台，在依托“一带一路”推动与周边国家的基础设施互联互通、开展金融治理和气候治理、创新治理机制的过程中，我国能把握绝对主动权，从而提高在国际治理体系中的地位。事实证明，“一带一路”建设是完善全球发展模式和全球治理的新途径，是符合时代需求的全球公共产品，也是我国参与和引领全球治理体系变革的主要抓手。

从深化财税体制改革的角度看，无论是推动全球规则完善、参与全球治理公共事务还是参与全球治理的能力，背后都离不开财税体制的支持和引导。这是因为，财政的定位已发生根本变化，从单纯服务经济领域转向为全局服务、为国家治理体系服务。正因如此，财税体制和政策不仅要“输血”，通过资金支持发挥后盾作用，结合改革“花钱买机制”，更应“造血”，通过制度设计充分发挥财税政策的宏观调控职能，整体提高国家治理能力以及参与全球经济、税收、安全、人工智能治理等重大治理议题的能动性。尤其在当前动荡的国际形势下应更加重视全球安全治理。发展与安全相互支持，安全是发展的前提，发展是安全的保障，统筹发展与安全不仅是深化财税体制的基本原则，也是国家治理和全球治理的支柱，统筹好二者的关系不仅有助于构建安全稳定的合作机制，更能改善预期、释放发展动能，加快全球经济的复苏进程。

### （四）提高数字经济全球竞争力

随着人工智能、大数据、云计算、区块链等数字技术的大规模发展和应用，数字经济已成为重构全球创新版图和竞争格局的关键因素。当前全球数字化转型正在加速进行中，据世界银行发布的《2023 年数字化进展与趋势报告》显示，2018—2022 年全球新增互联网用户 15 亿，其中中等收入国家用户增长尤为明显。2000—2022 年信息技术服务行业增速接近全球经济增速的 2 倍。在数字化转型浪潮中，我国拥有独特的发展优势。一是举国体制优势。在以习近平同志为核心的党中央集中统一领导下确定我国数字经济发展的基本方向、当下目标和长远目标，在系统设计下统筹地方各部门的工作，朝着同一个目标共同发力，形成“全国一盘棋”，同时优化资源配置方式，集中动员全部力量用于核心技术的研发创新和智能芯片等“卡脖子”领域的突破，为数字经济的“中国方案”提供根本遵循和资源支持。二是市场规模和数据资源优势。我国拥有庞大的数据要素市场和数据资源库，根据国家互联网信息办公室发布《数字中国发展报告（2023 年）》显示，2023 年，我国数据生产总量达 32.85 ZB，同比增长 22.44%，通向其他国家的国际互联网带宽达到 93.1Tbps，比 2022 年增长 19%，位居全球第 7，全国政务服务系统实名用户超 10 亿人，网民规模在 2023 年底达 10.92 亿，位居世界第一。此外，庞大的人口规模和显著的地域差异也为数字政务、数字金融、数字乡村、智慧城市等数字产品提供了丰富的应用场景。

基于这些发展优势，深化财税体制改革一方面应从制度设计的角度破除不适应数字经济国际竞争力提升的部分，进一步明确数字化交易中的对征税对象属性、纳税主体、计税依据等税制要素的界定，研究和制定数字资产交易等新业态的税收政策，拓宽现行税制尚未完全覆盖的数字产品或服务，推动研发费用加计扣除等税收优惠政策在数字经济领域应用，同时充分考虑数字经济产销空间分离的特点来确定税收分配实施细则，避免数字经济发达地区的企业将本地业务转移至“税收洼地”造成的税源转移；另一方面应及时关注国际数字税收领域的改革实践，积极参与“双支柱”国际税收规则制定和制度设计，推动国际税收规则和国内税制的高效衔接，探索适应数字经济发展的、符合中国式现代化发展道路的税收制度。

## 第二节　中国式现代化对财税体制改革的总体要求

党的二十大报告明确提出：“从现在起，中国共产党的中心任务就是团结带领全国各族人民全面建成社会主义现代化强国、实现第二个百年奋斗目标，以中国式现代化全面推进中华民族伟大复兴。”报告深刻阐述了中国式现代化的重要特征，明确了中国式现代化的逻辑起点、发展方式、总体布局、发展路径，为全面建设社会主义国家提供理论依据，同时也为深化财税体制改革提供行动指南。党的二十届三中全会通过《中共中央关于进一步全面深化改革、推进中国式现代化的决定》进一步阐明全面深化改革、推进中国式现代化的重大意义和总体要求并再次强调，全面深化改革必须聚焦推进中国式现代化，而财税体制改革作为全面深化改革的关键部署，也要以中国式现代化的内在要求作为改革的宗旨和根本遵循。基于此，本节将围绕构建高水平社会主义市场经济体制、全体人民共同富裕、精神文明建设、生态文明建设和高水平对外开放五个重点方面，深入分析中国式现代化对深化财税体制改革提出的新要求，这对财税体制改革助力中国式现代化行稳致远有重要意义。

## 一、构建高水平社会主义市场经济体制的要求

改革开放四十余年的理论创新、制度创新、实践创新是党对政府与市场关系认识不断深入的过程。自党的十四大首次明确提出社会主义市场经济体制的改革目标以来，如何让市场经济在社会主义的沃土上茁壮成长、更好地实现社会主义与市场经济的结合成为我国经济体制改革的主要问题。党的十八届三中全会提出“使市场在资源配置中起决定性作用和更好发挥政府作用”，将市场的作用从“基础性”上升为“决定性”，标志着党对政府和市场关系的认识迈入新阶段。在党的二十大明确提出“构建高水平社会主义市场经济体制”的基础上，党的二十届三中全会继续强调“高水平社会主义市场经济体制是中国式现代化的重要保障”，凸显了构建高水平社会主义市场经济体制对推进中国式现代化的重大意义。那么，如何理解社会主义市场经济体制的“高水平”？一是有效市场和有为政府的高效融合。高水平社会主义市场经济体制应充分发挥政府和市场的双重优势，为企业创造公平竞争的市场环境，让市场决定资源配置，政府

应为市场运行弥补空缺、维护秩序，二者相互补充、相互促进。二是资源配置的高效率。高水平社会主义市场经济体制应通过生产要素畅通流动、价格机制灵敏、竞争环境公平有序来实现资源的高效配置和效益最大化。三是政策调控的高效能。即财政、货币、金融、产业等宏观调控政策不仅要立足国情、服务国家战略需要，还要在政策取向上达成一致，在政策实施上协调配合、统筹推进。财税作为国家治理的基础和重要支柱，财税体制也是高水平社会主义市场经济体制的重要组成部分。因此，深化财税体制改革必须锚定“高水平”的建设需要，突出问题导向，健全与中国式现代化相适应的现代财税体制。

第一，深化财税体制改革应坚持系统观念，抓好“一体两翼”框架（央地财政关系为体，预算制度和税收制度为两翼），放在宏观治理体系建设中推进。具体来说，在预算制度方面，一是要强化财政资源统筹力度，加强预算编制的完整性管理和“四本预算”编制的有效衔接；二是加强对预算编制的宏观指导和审查监督，深化零基预算改革，将国家战略体现在预算编制、执行、监督的全过程中；三是重视绩效导向，尽快完善全方位、全过程、全覆盖预算绩效管理体系。在税收制度方面，一是先要明确税制改革的目标，即从全局出发构建一个既能增强地方自主财力、保证财政汲取能力又能满足促进社会公平、维护市场统一、产业数字化和绿色化转型需要的现代税收制度和政策体系；二是应避免碎片化倾向，注重系统性、整体性、协同性，处理好“收好税”“用好税”“依法治税”之间的关系，在税收立法权上统分兼顾，适当向地方分权，加快落实税收法定。在央地财政关系方面，应锚定“建立权责清晰、财力协调、区域均衡的中央和地方财政关系”，既要处理好基层财政运行困难、地方政府隐性债务风险化解等当前问题，又要放眼长远，探索建立央地财政事权和支出责任划分动态评估调整机制，开辟地方自主财源，提高财政可持续发展的能力。

第二，深化财税体制改革应处理好政府和市场的关系，坚持市场化改革方向，充分激发各类市场主体的活力。就税制改革而言，重点在于如何简化税制、提高征税效率。目前我国税制体系中不仅包括法律、法规、部门规章等税法制度，还包括大量税收规范性文件，如果税制过于复杂且标准不统一，就容易造成偷税漏税、征税成本高企、区域税制壁垒等问题，不仅破坏税收公平，还会阻碍市场对资源的有效配置，不利于全国统一大市场建设。就各种财税优惠政策而言，应从保障市场公平有序竞争的角度制定财税优惠政策，清理规范地域性优惠政策，对国有企业的优惠政策应侧重结构优化，对民企和中小微企业侧重产权保护和竞争利益保护。就财政收支结构而言，一方面应提高财政资金使用效率，强化对政府定向采购、地方政府专项债资金使用的监督，优化公共支出结构，加大对技术和人力资本等重点领域投入，另一方面在税制设计上尽可能保持中性，纠正地方不合理的税收竞争行为，公平对待纳税人，降低对市场运行的干扰。

## 二、全体人民共同富裕的要求

共同富裕是中国特色社会主义的本质要求，也是中国式现代化的重要特征。从 1949 年新中国成立以来，对全体人民共同富裕的追求贯穿着中国式现代化道路形成和发展的始末。党的二十大报告指出："中国式现代化是全体人民共同富裕的现代化，在发展中保障和改善民生是中国式现代化的重大任务。"共同富裕的核心内涵，一是保发展，实现"富裕"，二是保公平，实现"共同"，因此，追求共同富裕的过程本质上是正确处理效率与公平、增长与分配间关系的过程。这就要求深化财税体制改革必须坚持以人民为中心，强化财税政策的调节作用，推动健全保障和改善民生制度体系，更好促进社会公平，持续增进民生福祉。

第一，深化财税体制改革要以人民为中心，坚持在发展中保障和改善民生。根据财政部数据显示，2023 年全国一般公共预算支出 27. 46 亿元，其中民生支出占比达 71.15%，较 2022 年提高了 2.29 个百分点，其中教育、社会保障和就业支出分别增长 4.5%、8.9%，卫生健康支出略有下降。从央地关系上看，2023 年中央对地方转移支付规模高达 10.06 万亿元，其中专项转移支付 0.85 万亿元，同比增长 11.6%。这些数据表明我国在保障和改善民生领域的财政投入力度不断增强。但是，当前财税体制在保障和改善民生上还存在一些问题，比如教育、卫生健康领域投入总量与世界先进水平相比还略显不足，节能环保、文化体育与传媒支出占比较低，医疗、教育等领域的财政资金还存在预算编制不规范、资金使用不透明、监督评价不到位等问题，还需要依靠制度设计进一步优化。具体来说，在预算制度方面，应进一步凸显政府预算的公共价值属性，一方面立足社会主要矛盾，优化财政资源配置结构，重点保障和改善民生，兜牢民生底线，打造完善的公共服务体系，实现更高层次的均等化；重点支持教育、医疗、社会保障、就业等民生事业的发展，让人民群众共享发展成果，满足人民群众对美好生活的需要；另一方面严格执行预算管理，落实“三保”直达资金监管，确保民生资金足额发放到位，同时强化政府预算领域的民主和法治建设，坚持预算法定原则，提高立法机构的预算话语权，使立法机构在预算编制、审批、执行、调整、决算审查中享有充分的监督权。在税收制度方面，重点工作是积极拓展地方税源，为改善民生提供财力保障。推进消费税征收环节后移并稳步下划地方，研究将城市维护建设税、教育费附加、地方教育附加合并为地方附加税并授权地方在一定幅度内确定具体适用税率，优化共享税分享比例等，同时财政预算积极配合将地方税收迅速转变为服务经济建设的可用财力，确保地方财政尤其是基层具备足够的资金为保障民生兜底。

第二，深化财税体制改革应强化财税调节作用，提高财税体制和财税政策的公平公正性，且应该在保证效率的基础上更加强调公平。在初次分配环节应强调效率原则，努力减少税收尤其是流转税对生产要素的不必要干预；在再分配环节可以通过扩大消费税综合征收范围、适度提高高收入群体个税比重、缩小劳动所得和资本所得的税率差距、提高个税专项附加扣除标准、推进房地产税立法等方式，充分发挥现代税收制度在再分配中缩小收入差距、实现收入分配公平性的职能，同时可以考虑开征资本利得税等方式规范资本积累与扩张机制；在三次分配环节，应完善三次分配相关税收制度，政府充分发挥“责任引导”作用，通过激励机制和倒逼机制调动个人捐赠积极性和慈善信托行业的发展。此外，在转移支付制度方面，应充分发挥转移支付的再分配效应，一方面要加大一般性转移支付的规模和比重，通过强化绩效目标管理提高专项转移支付资金的瞄准效率；另一方面也要充分利用企业和家庭之间对低收入群体转移支付的调节作用，积极引导企业和社会组织等第三部门的慈善参与。

## 三、物质文明与精神文明相协调的要求

习近平总书记在2023年的文化传承发展座谈会上曾指出：“中国式现代化赋予中华文明以现代力量，中华文明赋予中国式现代化以深厚底蕴。”这一重要论述深刻阐释了推进中国式现代化和建设中华文明的内在逻辑。物质文明和精神文明相协调，是中国式现代化的中国特色之一，也是社会主义现代化的根本要求，是不断满足人民群众对美好生活追求的关键所在。进入新时代以来，随着物质文明取得长足发展，人民精神世界的丰富和人的全面发展日益得到重视，财政对科教文事业的资金投入力度持续加大，2018—2022年科教文财政支出增长1.2万亿元，年均增长4.9%①，国家也围绕提高社会文明程度、提升公共文化服务水平、健全现代文化产业体系、推进对外文化交流发展等方面出台多项税费优惠政策。但是，当

① 数据来源：中华人民共和国财政部官网。

前财税体制对创新、人才、文化、教育等领域的扶持力度尚有欠缺，例如个人所得税中对关键领域创新型人才和文化领域人才缺乏完善的激励机制，教育相关专项附加扣除力度也存在提高空间，公共文化服务和相关设施提供水平存在地域性不均衡等问题，以及随着数字化水平的提高，如何利用数字技术对传统文化资源进行深度开发和公共文化与教育资源供给端数字化等模式有待探索，这些都对深化财税体制改革提出更高的要求。

第一，深化财税体制改革要重视财税理论建设。为了推动中国式现代化的发展步伐，除了实践上的创新，财政理论创新也是指导我国的财税改革实践、构建中国特色哲学社会科学的关键。一方面，财税体制改革要坚持系统观念和问题导向，围绕重大关系进行理论创新。党的二十届三中全会《中共中央关于进一步全面深化改革 推进中国式现代化的决定》强调全面深化改革的原则之一是“坚持系统观念，处理好经济和社会、政府和市场、效率和公平、活力和秩序、发展和安全等重大关系，增强改革系统性、整体性、协同性”，过去财税体制改革重点围绕政府与市场、效率与公平这两个重大关系进行，而随着国内和国际形势的越发复杂严峻与国内矛盾的发展变化，在设计财税体制改革方案时，应在理论层面上更加注重对经济和社会、活力和秩序、发展和安全这三个重大关系的研究。另一方面，深化财税体制改革要注重与中华优秀传统文化的结合。中国传统文化是中华民族智慧的结晶，中国人民的精神源泉，我们正在努力构建中国自主的财政学知识体系，这种独特的体系是以中华优秀传统文化为根基的，因此财政理论创新要坚持“两个结合”，用中华优秀传统文化内在的精神本质来指导财政理论创新发展，尤其是要加强对财政史的研究，“以史为鉴，可以知兴替”，通过深刻理解和把握财政应该在社会发展中扮演什么样的角色、财政与文化之间应该保持什么样的关系，才能从中华优秀传统文化的宝库中发掘有利于财政发展的内容，将财政理论建设融入社会主义精神文明建设中去。

第二，深化财税体制改革要继续强化对科教文事业的支持力度。一方面，要将科技作为财政支出的重点领域并优先予以保障，通过集成电路、制造业、中小企业数字化转型等相关领域的政府投资基金引导社会投资对国家重大科技战略的支持；同时加大对高质量教育体系建设的支持力度，通过“基础设施建设、教育经费补助、资助体系完善”三个主要抓手，以“财”助“教”，推动教育事业均衡发展；另一方面，在文化建设上，积极推进公共文化财政事权与支出责任划分改革，充分利用一般公共预算、政府性基金预算、国有资本经营预算和各种所得税优惠政策完善财政文化资金支持体系，强化文化资金预算目标管理，同时积极探索符合文化发展规律的财税体制设计，推动财税体制自身也成为文化建设的一部分。例如，在税制设计上，可以通过普及“数字治税”系统以及基于短视频、微博、微信公众号等网络平台强化纳税宣传，在提高征税效率的同时提高居民和企业的纳税遵从度和社会满意度，以此让纳税文明深入人心，构建自觉纳税的良好税收环境，从而带动精神文明建设。

## 四、人与自然和谐共生的要求

促进人与自然和谐共生是中国式现代化的中国特色和本质要求。人与自然是生命共同体，中国式现代化坚持可持续发展，坚定不移走生产发展、生活富裕、生态良好的文明发展道路，力求提供更多优质生态产品以满足人民日益增长的优美生态环境需要。据 2023 年政府工作报告显示，万元 GDP 污染物排放当量数从 2018 年的 1.16 下降到 2023 年的 0.73，年均降幅达 9.7%，其背后离不开绿色财税制度的引导和支持。我国当前已形成环境保护税和资源税为主，耕地占用税、城镇土地使用税、消费税、增值税等税种为辅，环保税收优惠为补充的绿色税收制度，根据财政部数据显示，2023 年全年对新能源汽车免征车辆购置税、车船税 1218 亿元，对资源综合利用产品收入所得减免企业所得税 167 亿元，对相关产品及劳务即征即退增值税 564 亿元，税费优惠力度大、范围广，覆盖开发、生产、消费、排放全流程，为绿色低碳发展提供全过程资金支持。此外，绿色预算管理协同发力，通过引入绿色预算绩效评价指标、组织第三方机构参与绿色绩效评价等方式强化预算保障和落实环保资金的制度基础。但需要关注的是，虽然目前我国已初步建立起较为系统的适应绿色低碳发展的财税政策框架，但只是形成了初步框架，制度细节等方面还不够完备，与达成“双碳”目标相比还存在差距，例如在绿色税制方面，环境保护税还存在税率水平低、区域税率差异大等问题，消费税征收范围窄，部分高碳产品（如甲醛酯、高碳醇、氟利昂等）尚未涵盖，且现行税制中缺乏针对碳排放征收的碳税，在财政支出方面缺乏对绿色技术研发投入和奖补、绿色基建、绿色政府采购等方面的一揽子财政支出方案，省以下生态环境事权和支出责任划分缺乏具体规定和制度设计等，以上诸多问题都需要通过深化财税体制改革加以解决。

第一，在税制方面，首先，要秉持正确思维，坚持系统观念，协同推进降碳、减污、扩绿、增长，以达到在强化降碳激励、科学精准治污、促进绿色生产生活方式转型、发展绿色产业之间的动态平衡；其次，加快研究碳边境调节机制，参考国际做法和经验研究开征碳税的可能性，围绕“双碳”目标协调好碳税与其他税种的互补衔接和产业适应性，同时适度提升资源税税率，将森林、草地、湿地等碳汇资源纳入资源税征收范围；最后，综合利用税收减免、投资抵免、绿色减排技术研发费用加计扣除、增值税即征即退和先征后退等税费优惠加大对减排降碳等清洁产业和制造业绿色化转型的财税支持，加大对绿色龙头企业的财政贴息和奖补力度，激励企业绿色技术研发创新和产品调整，发挥其对中小企业的带头作用。

第二，在财政支出方面，一是加快完善绿色预算体系建设，在预算目标设置上将“双碳”目标引入中期财政规划，以强化财政资金对绿色发展的引导作用，在预算编制过程中落实财政资金“绿色门槛”制度，不符合“绿色门槛”范围的企业和项目不得提报，反向增强财政资金对“三高”（高污染、高耗能、高排放）行业的约束力度，在预算执行过程中，通过将绿色目标引入人大预算联网监督网络来强化绿色预算监督，并积极调动环境部门在预算执行过程中的监督职能；在预算绩效评价阶段，应立足基本国情，建立具有中国特色的绿色绩效评价体系，充分发挥绿色绩效评价体系对新兴技术与绿色低碳产业深度融合的引导价值。二是大力发展绿色 PPP，完善多元化资金投入机制，通过地方政府专项债、产业投资基金、政府引导基金等模式鼓励政府与社会资本合作，拓展企业绿色化转型的融资渠道，同时提高 ESG 因素在 PPP 项目投资中的参考价值，更好发挥 ESG 在财税政策推动绿色可持续发展中的媒介传导作用。

## 五、构建人类命运共同体：高水平对外开放的要求

开放是中国式现代化的鲜明标识。从党的十一届三中全会将对外开放定为我国的基本国策以来，实行对外开放始终是我国坚定不移的战略方针，高水平对外开放能够通过国家间的经贸和人文合作交流为中国企业“出海”搭建广阔舞台，且随着对外开放向更广、更深的方向发展，我国在全球产业链中的地位日益提高，为中国式现代化扩宽了发展空间。从历史逻辑上看，中国式现代化的发展是在改革开放的历程中不断推进的，改革与开放相互促进、相辅相成，因此在全面深化改革的新阶段，完善高水平对外开放体制机制更要作为改革的关键一环加以重视。当前，在全球贸易复苏的大背景下，我国持续推进高水平对外开放，履行降税承诺，多次降低关税税率，关税总水平从 2010 年的 9.8% 降至 2024 年的 7.3%[①]，同

① 数据来源：国务院新闻办公室“推动高质量发展”系列主题新闻发布会，https：//www.gov.cn/lianbo/fabu/202407/content_6962079.htm。

时不断提高出口退税率，以增强我国出口商品的国际竞争能力，自贸区建设也取得了丰硕成果，2023 年我国在上海、广东、天津、福建、北京 5 个自贸试验区和海南自由贸易港试点对接国际高标准经贸规则，在上海自贸试验区全面对接，以此进一步推进制度型开放，自贸区网络也进一步扩大，截至 2024 年 8 月，我国已与 29 个国家和地区签署了 22 个自贸协定，占我国对外贸易总额的 1/3①，与洪都拉斯、秘鲁、萨尔瓦多等国家的自贸协定谈判也在积极推进中。但需要强调的是，虽然对外开放取得了不菲的成绩，可随着国内和国际环境中不确定性因素影响的持续放大，财税体制改革还需要推陈出新，围绕对外开放"高水平"的要求调整财税政策，推动建设更高水平开放型经济新体制。

第一，深化财税体制改革要服务于"高标准"对外开放，推动制度型开放建设。一方面，可以依托自由贸易试验区和海南自由贸易港这一制度型开放的重要载体，主动对接国际高标准经贸规则，尤其在税制改革上要"跳出税收看税收"，既要统筹好推动内外贸一体化、财政可持续性、全国统一大市场建设等多方面的要求，做好税收与贸易政策的协同，又要尽快研究同数字化、绿色化等新业态相适应的税收制度，积极对接国际数字贸易、绿色贸易新规则，把握新型国际税收规则制定的主动权；另一方面，财税体制改革要助力"一带一路"高质量发展。通过个性化定制"税路通"等税收服务产品为企业"走出去"提供全方位的纳税服务，加大对"一带一路"园区平台的财税支持力度，同时通过优化"一带一路"税收征管合作机制深度参与全球财税治理，研究在共建国家之间建立畅通的财税政策沟通机制，力求在"双支柱方案"国际税改中实现共赢。

第二，深化财税体制改革要服务于"高质量"对外开放，通过"吸

① 数据来源：中华人民共和国商务部。

引和利用外资”“推动外贸体制改革”两个重要抓手发挥财税支持作用。首先，在吸引和利用外资方面，可以通过外经贸发展专项资金等方式加大对外商投资企业的财政支持力度，严格执行税收法律，优化外企营商环境，通过财税和外贸、金融、产业政策协同畅通创新要素流动，以实现更大力度吸引和利用外资；其次，在推动外贸体制改革方面，应围绕夯实贸易强国“三大支柱”（货物贸易、服务贸易、数字贸易）发力，通过财政资金和信贷支持、结构性减税降费、推进“零关税”立法等方式，支持企业积极探索贸易全链条数字化的实施路径，通过进出口信贷和出口信保支持促进跨境电商等新业态健康可持续发展，更好发挥服务贸易创新发展引导基金的作用，帮助服务贸易企业提升实力。

## 第三节　经济高质量发展对财税体制改革的新要求

我国经济已从高速增长转向高质量发展阶段。党的二十大报告指出：“高质量发展是全面建设社会主义现代化国家的首要任务”，并将高质量发展作为中国式现代化的本质要求之一。党的十八大以来，我国在贯彻新发展理念、推进高质量发展上取得了瞩目成就。在过去的2023年实现国内生产总值5.2%的超预期增长，先进制造业朝绿色化、智能化稳步前进，民生福祉不断改善。但综合来看，当前我国正处于由“要素驱动”向“创新驱动”全面转变的关键关口，稳增长、防风险、保民生的任务依旧艰巨。而财税体制作为优化资源配置、维护市场统一、促进社会公平、实现国家长治久安的制度保障，也迫切需要通过深化改革来疏通经济高质量发展中的各种堵点，以激发各类经营主体活力，塑造发展新动能。基于此，本节将围绕提高财政抗风险能力和培育发展新动能两个关键主题，深入分析高质量发展对深化财税体制改革提出的新要求。

## 一、提高财政抗风险能力的要求

提高财政抗风险能力是统筹发展与安全的客观需要，也为经济高质量发展提供安全保障。财政抗风险能力的核心在于“控债务、稳增长”，由于财税工作涉及经济社会发展的方方面面，因此较强的财政抗风险能力不仅能够防范化解财政自身运行风险，在抗击经济社会系统性风险中也发挥着重要作用。当前经济社会主要面临三个层次的风险，一是财政自身运行风险。目前我国财政普遍处于紧平衡状态，2024 年上半年税收收入同比增速为 -5.6%，远低于 11.7% 的非税收入增速①，税收对经济的带动作用承压，重点化债省份还本付息压力较大；二是房地产风险、金融风险、城投风险等经济社会风险的财政化；三是制度设计中的不合理因素会继续加大财政风险，例如政府与市场关系不协调、央地财事权不对等造成地方政府支出责任过大、地方政府间的过度竞争行为等。这种情况下，深化财税体制改革要重点考虑如何确保财政长期可持续平稳运行，以增强财税体制在经济高质量发展中应对不确定性冲击的“托底”能力。

第一，深化财税体制改革要增强财政资源统筹能力，防范化解地方政府债务风险。一是要平衡好化债与经济发展的关系，在化债的同时确保地方政府在就业、社保、卫生健康等民生领域的投入力度不减，对中小企业减税降费力度不减，逐步化债，防止化债过程中因地方政府财力紧张而引发新的风险；二是加强政策协同。化解地方债务需要政策性银行、国有银

① 数据来源：中华人民共和国财政部官网。

行、资产管理公司等各类金融机构强化与财政、国资部门的协作，通过展期、借新还旧、置换等方式合理降低债务成本、优化期限结构，同时积极推动银行业改革，尤其要加快村镇等中小银行的合并重组和组建省级城商行的工作，通过银行业组织架构的优化在金融风险和财政风险间筑起“防火墙”；三是强化隐性债务监控，尤其要加强对专项债发行、使用、管理进程的监督及其对投资、就业带动作用的评价考核。此外，政府应积极引导地方融资平台的市场化产业化转型，还可以通过探索建立政府资本预算制度等制度层面的创新，确保政府投资项目与可用资源之间建立起直接的对应关系，从而对政府投资行为形成硬性约束，从源头遏制地方隐性债务的滋生。

第二，深化财税体制改革要注重解决基层政府财政运行困难，增强地方财政可持续性。在土地出让收入下降、债务还本付息和“六稳”“六保”压力下，多地区、县的财政风险上升，这不仅会限制地方发展经济和提供公务服务的能力，还会加剧企业间的三角债问题。对此，财税体制改革一方面要加快培养地方税源，形成基层自主财力。例如，推进部分消费税税目征收环节后移并划归地方，清理碎片化、不合规的税收优惠和财政补贴政策，推动减税降费从规模数量型向效率效果型转化，加快研究和构建同新经济新业态相适应的税制体系来寻找新税源，此外在预算制度改革上，加快对国家宏观资产负债表管理的研究进程，通过编制和公布资产负债表的方式既可以约束和监督地方政府举债行为，又能帮助地方政府明晰资产状况，多渠道盘活闲置资产实现创收；另一方面要进一步理顺政府间财政关系，提升市县财力同事权相匹配程度，适当加强中央事权和降低地方支出比重，以缓解基层财政支出压力，在转移支付制度改革上，推动建立促进高质量发展转移支付激励约束机制，继续增加一般性转移支付比重，继续将与县区财政运行密切相关的转移支付纳入直达资金范围以确保转移支付资金精准下达、有效落实，此外在省以下转移支付制度设计时，要以动态社会视角代替静态地理概念来配置公共资源，实现转移支付跟“人”走，量体裁衣缩小区域间的财力不均衡。

第三，要强化财税体制服务于实体经济的能力，尤其要激发企业经营活力，增强经济发展的内生动力。无论是财政补贴、贷款贴息、政府采购还是各种税收优惠政策，本质都是财政资金的投入。然而，政府的扶持固然重要，但如若财政资金落不到实处，那即便出台再多优惠政策也终将是空中楼阁。因此，未来财税体制改革要注重如何提高财政支出效率，帮助企业建设一个公平竞争的市场环境，改善预期，从而激发企业经营活力。具体来说，可以通过深化零基预算改革来实现。零基预算与传统增量预算不同的是，它以零为起点，打破了“基数+增长”模式下支出固化的格局，根据项目轻重缓急、绩效评价情况和资金实际使用需求等确定预算数，从而可以大幅提高财政资金的使用效率。因此，零基预算改革一方面要破除基数预算固有思维的桎梏，在基数预算中逐步引入零基预算方法和理念；另一方面要推动零基预算和绩效预算的有机结合，推广实施基于零基预算理念的预算绩效评价，帮助政府压减非重点非刚性支出，提高财政资金的使用效益。

## 二、培育发展经济新动能的要求

2024年以来，我国经济发展新动能不断壮大，2024年上半年我国产业结构持续优化，高技术产业投资同比增长10.6%，其中高技术制造业和高技术服务业投资分别增长10.1%和11.7%，规模以上装备制造业增加值同比增长7.8%，规模以上高技术制造业增加值同比增长8.7%，分别高于全部规模以上工业1.8个百分点和2.7个百分点①，体现出新动能

① 数据来源：国家统计局官网。

对经济的引领带动作用日益增强。而培育和激发新动能的关键在于大力发展新质生产力。新质生产力这一重大概念是习近平总书记2023年9月在黑龙江考察时首次提出的，所谓新质生产力，就是摆脱传统资源要素投入推动经济的增长路径、符合高质量发展要求的生产力，是以科技创新为核心、以现代化产业体系建设为依托、符合新发展理念的生产力，是我国经济高质量发展的必然选择。基于此，该小节将重点围绕科技创新、现代化产业体系建设和数字经济这三个发展新质生产力的关键环节，分析其对本轮深化财税体制改革提出的新要求。

### （一）加快科技创新，实现高水平科技自立自强

创新是第一生产力，深化财税体制改革应从资金投入和制度设计两个层面精准施策，激发创新活力，推动高水平科技自立自强。要充分发挥有效市场和有为政府的有机结合，在充分利用市场机制的基础上，政府应在其中扮演引导者角色，支持或承担因市场风险和研发成本过大而使企业不愿或无力开发的项目，尤其是前沿科技攻关，并通过营造有助于高新技术中小微企业发展的市场环境推动研发成果尽快转化为生产力，克服科技行业的市场失灵。

一方面，要继续加大财税政策的支持力度，结构性减税降费应更加侧重政策的精准性和针对性，尤其要加强财税和货币、金融政策的协同配合，例如在央行推行创新创业专项金融债券、设立专项再贷款等结构性货币政策工具引导金融资源支持科技创新的同时，财政部门可以通过贷款贴息、奖补等方式加大对银行业等金融机构的支持，以及通过优化政府性融资担保（国家融资担保基金）风险补偿机制，由省级财政安排预算给予风险补偿，鼓励和保障金融机构为科创企业和项目提供低成本信贷支持。

另一方面，要意识到科技创新是一个超长周期行为，不仅要关注短期

财税优惠政策，更要从制度设计的角度，放眼长远，建立支持科技创新的长效财税政策支持机制。具体来说，一是要强化科技创新各个阶段政策衔接的流畅性，实现科技创新从萌芽、立项、初期融资、产品研发、产业化推广的全过程资金支持；二是加强对创新源头的重视，尽快建立和完善竞争性支持和稳定支持相结合的基础研究投入机制，同时统筹推进教育、科技、人才体制机制一体改革，把握高校这一教育、科技、人才的集中交汇点和科技创新的前沿阵地，确保对高校、科研院所的资金支持落实到位，鼓励高校以科技创新为牵引优化学科布局和调整专业设置，财税政策要在其中发挥资金支持作用。

### （二）推进现代化产业体系建设

现代化产业体系是现代化国家的物质技术基础，推进现代化产业体系建设是推进中国式现代化的重要支撑，也是发展新质生产力的关键举措。其中，以节能环保、高端装备制造、新能源、新材料、生物等为主的战略性新兴产业具备知识技术密集、物质资源消耗少、综合效益好等优势，是推动现代化产业体系建设的主要动力；以核能源开发和利用、量子计算机、生命科学等为主的未来产业发展潜力大，是现代化产业体系建设中最前沿、最活跃的力量；以机械、化工、轻工、纺织、建材、冶金六大传统产业为主的高端化、智能化、绿色化转型升级也是孕育新产业、培育新动能的主要途径。因此，深化财税体制改革也应围绕“培育战略性新兴产业”“谋划布局未来产业”“加快传统产业优化升级”这三个现代化产业体系的建设重点进行规划。

具体来说，重点在于要综合使用多种财税政策工具，并在产业发展的不同阶段有针对性选择政策工具的侧重点，以最大限度发挥财税政策的支持效能。与税收优惠政策相比，财政直接补贴存在重生产轻人才、重局部轻整体等问题，在不同产业间和产业内部各公司间的补贴标准不统一，且缺乏连贯性，难以形成对新兴产业发展和传统产业转型的长期有效激励机制，税收优惠政策虽然整体对企业创新潜力的激发效能强于财政资金补贴，但也存在认定门槛过高、优惠措施单一以及量化指标造成的对那些无法达到优惠指标的弱势中小微企业的忽视。因此，财税体制改革一方面要优化对新兴产业和转型期传统产业下的中小微企业减税政策设计；另一方面也要结合战略新兴行业的发展阶段和企业的市场定位采用不同政策工具，例如对刚起步的企业着重通过政府采购帮助其开拓消费市场以及完善配套市场建设，还可以通过对科研设备采购实施加速折旧发挥递延税收作用，对行业内成熟企业则着重发挥税收优惠的引导作用。

### （三）推动数字经济发展

根据《数字中国发展报告（2023 年）》显示，2023 年数字经济核心产业增加值占 GDP 的比重达到了 10%，标志着我国在数字化转型道路上继续迈出坚实一步。数字经济的蓬勃发展深刻影响和改变着传统经济的发展模式、生产方式、市场格局和财富创造与分配方式，使当前财税体制无法适应服务经济高质量发展的要求，尤其对现行税制和政府财政治理方式提出诸多挑战，在本章第一节已详细分析过因而在此不再赘述，本小节着重围绕“数字财政、数字税收、数据财政”三个重点内容分析数字经济发展对深化财税体制改革的新要求。

第一，深化财税体制改革要重视提高财政的数字化水平，强化数字财政建设。数字财政是数字经济发展的必然产物，是以财政大数据价值为基础、财政大数据应用为支撑的现代化财政体系，数字财政建设的核心是数字预算建设。具体来说，要以深化预算管理信息化改革为抓手，以“以数理财”为目标，继续完善预算管理一体化系统，通过强化财政大数据收集和应用与预算管理业务有机融合，尽快建成经济、财政、货币、金融等领域全覆盖的财政大数据平台，并基于此平台推进预算信息横纵向互联互通，结合人大预算联网监督实现“以数监督、以数问责”，提高预算监督的效率和质量。除了数字预算建设外，也要协同推进政府采购、央地财政信息共享机制等财政重点工作的数字化平台与预算管理一体化系统的对接，不断创新财政政策和管理的数字化新路径、新工具。

第二，深化财税体制改革要加快数字税收建设，不仅要继续探索税收征管数字化的新模式，也要从理论层面研究如何建设一套基于数字化的新税制理论。从金税一期工程试点到金税四期的近 30 年来，数字税收建设已初步完成了征管方式、征管制度、征管平台的数字化转型，下一步的重点任务一方面是继续拓宽数电票在更多行业的应用场景，帮助企业提升税务数字化水平，加大对税收大数据人才队伍培养的财政支持；另一方面要重视顶层设计，数字经济时代呼唤理论创新，如何在传统的以工业化为基础的税收理论和以增值税为主体的税制基础上，建设一套以数字化、绿色化、金融化为根本运行逻辑的全新税收理论和税制，也是深化财税体制改革要考虑的问题。

第三，深化财税体制改革要探索构建数据财政体系，推动数据要素流通和使用。数据财政与数字财政相辅相成，互为表里。与数字财政相比，数据财政建设更侧重推动数据要素领域发展，通过政府引导数据要素市场的收益分配来优化数据资源配置，以此创造财富。下一步数据财政建设的重点一方面是考虑如何基于数字资产开征新税种（如数字资产税）并研究其作为地方主体税种的可行性；另一方面是研究如何推动数据资源资产化以实现创收，而这就需要进一步明确数据资产的权利归属问题，健全 5G、人工智能、区块链等大数据基础设施建设和数据交易所定点建设，为大规模和常态化数据交易提供更好的平台。

# 第四节　社会治理新形势对财税体制改革的新挑战

“社会治理”这一概念最初由党的十八届三中全会提出，并在后来的重大会议中多次予以阐述，党的二十届三中全会更是提出“完善共建共治共享的社会治理制度”，不断提升社会治理现代化水平。社会治理作为国家治理的重要组成部分，是维护社会稳定、促进社会和谐进而确保国家安全的基础。当前社会治理体现出许多新特点和新趋势，老龄化、少子化加速到来，自然灾害、极端天气和传染病等公共卫生事件频发，对风险治理和应急处置管理能力提出更高要求，城乡社区在社会治理中的重心地位日益凸显等。深化财税体制改革必须认清以上种种社会治理新特点新形势所带来的新问题新挑战，才能进行科学谋划，实现财税体制改革推动社会进步的初心。本节将围绕人口新形势和社会公共安全治理这两个与财税关系最密切也是最迫切的形势问题，展开分析其对深化财税体制改革可能带来的新挑战。

## 一、人口新形势对财政可持续性和公平性提出更高要求

当前我国人口发展进入新阶段，人口形势主要呈现两大新特点：第一，“深度老龄化”时期到来，老龄人口规模大、老龄化速度快、少子化加剧。根据国家统计局数据显示，2023 年我国 60 岁及以上人口 29697 万人，占全国人口的 21. 1%，其中 65 岁及以上人口 21676 万人，占全国人口的 15. 4%，比 2022 年上升 0. 5 个百分点，高龄化趋势明显且老年人口

比重呈现出城乡分化，乡村显著高于城镇。第二，人口区域流动性趋势日益明显，流动人口成为城镇人口的主要部分，且流动人口受教育水平整体较以往更高，年龄和性别构成也日益多元，女性、老人和儿童流动人口占比大幅上升，体现出人口流动单位从过去个体化向家庭化的转变，以及相应的社会结构变化。而这给深化财税体制改革带来诸多挑战。

第一，人口老龄化新趋势对财政可持续性提出更高要求。一方面，人口老龄化对经济社会的冲击是全方位的，涉及消费、储蓄、资本和劳动力供给等多个方面，也必然会带来更沉重的公共财政支出负担。这种负担一是来自养老金支出带来的财政压力。在老龄化影响下，养老金缴纳人数在减少而受益人数在增多，“搭便车者”的大量存在使社会养老保险的保障作用被削弱，且三支柱养老保险体系呈现“一大二弱三空白”的现象，第二支柱和第三支柱（职业养老金、个人养老金）长期处于缺位状态，尤其是个人养老金制度推广激励不足，还需要政府通过补贴等方式鼓励居民尤其是低收入群体的积极参与和缴纳；另外医疗、养老等公共服务的需求增大，养老服务设施投资、基本养老服务补贴、养老床位补贴、养老护理人员补贴等养老服务体系建设支出增加造成养老服务资金缺口的持续放大。国家卫健委相关专家预测，到 2050 年全社会用于养老、医疗相关的花费在 GDP 中的比重将达到 26.5%，这势必会给财政可持续性带来较大压力。另一方面，人口老龄化对宏观税负稳定性带来冲击。一是对流转税税基的冲击。由于老年人的消费需求和消费模式与年轻人差别很大，需求结构的转变可能会带来经济结构的转变，对经济发展和现代产业链带来冲击，造成消费萎缩进而损害流转税税基。二是对个人所得税税基的冲击。老龄化程度的加剧会降低劳动参与率水平，且退休人员工资不缴纳个税，导致个税税基萎缩，此外人口老龄化带来的老年抚养比上升会“挤出”适龄劳动者劳动时间，叠加高龄人口劳动供给时间缩短，最终造成劳动总供给时间减少和个税收入下降。三是对企业所得税税基的冲击。在劳动需求不变的条件下，老龄化带来的劳动供给人口减少会拉高劳动成本，造成企业劳动力成本上升，一定程度上侵蚀企业所得税税基，且会加剧企业在用工中的年龄歧视，给高龄劳动者带来更大的就业挑战。

第二，人口流动新趋势要求转移支付和公共服务“跟人走”，这意味着财政需要重点保障人口流动区域性特征带来的群体化待遇不平衡和基本权利不对等问题，充分发挥财税体制促进社会公平的作用。这其中的重点任务一方面是要加快构建“以人定地、钱随人走”的转移支付制度体系，完善以人为核心的基本公共服务领域转移支付制度，人口流动到哪里基本公共服务就应该跟到哪里，尤其要进一步发挥均衡性转移支付资金对农民市民化的财力保障，着重解决流入地农民工子女上学难、看病难等问题；另一方面要继续推进中央与地方财政事权和支出责任划分改革，针对流入地人口增加带来的那部分教育、医疗等公共服务开支，不能完全交由流入地来承担，中央财政应承担起统筹协调、政策引导与适当补贴的责任。

## 二、社会公共安全治理对财政韧性提出更高要求

2020 年初暴发的新冠疫情对全球范围内的社会公共安全产生巨大冲击，也使社会公共安全治理机制的重要性日益凸显。宏观意义上的社会公共安全事件主要包括自然灾害、生产安全事故、公共卫生事件和社会安全事件四种类型，其中，在自然灾害领域，我国是世界上自然灾害最为严重的国家之一，灾害种类多，分布地域广，发生频率高，造成损失重；在安全生产领域，道路交通、煤矿开采、火灾等安全生产事故频发；在公共卫生领域，未知病毒可能引发的全球重大公共卫生事件仍需警惕；在社会安全领域，社会治安防控体系建设任重道远。以上种种都对财税体制在处理社会公共安全事件的制度设计、财力支撑、处理速度和治理水平等方面提出新挑战，综合来看，是对财政韧性提出更高要求。

财政韧性是指财政系统在应对自然灾害、生产安全事故、突发公共卫生事件、社会安全事件和金融危机等系统性风险带来的冲击时具备强大的应急治理体系和治理能力，即财政能通过及时调整预算安排、灵活调度财政资金、政府间协调合作、牺牲长期发展目标等方式防范冲击或者帮助经济从冲击中尽快恢复，并从中汲取应急治理的经验教训用以预防下一次冲击。财政韧性是经济韧性和社会韧性的基础，也是维持财政可持续性的重要前提。它对深化财税体制改革带来的挑战主要体现在以下三个方面。

第一，财政韧性要求财政具备充足的汲取能力，确保有足够的财政资金应对外部冲击，而我国当前的财政汲取能力还有较大的提升空间。一方面是当前的经济形势要求减税降费在结构性优化的同时要保持规模相对稳定，不能大幅缩减，土地财政收入下降后新兴的数字财政建设仍在探索期，地方缺乏稳定的主体税种而对转移支付的依赖程度较高，种种因素导致宏观税负下行，同时财政资源的宏观统筹力度还有待加强，国有资产盘活的整体效益较低，尤其是土地房屋类资产处置利用效率不高；另一方面当前财政预算中专门应对突发事件的资金储备不足，许多地方政府部门存在预备费管理和使用不规范问题，计提预备费往往低于《预算法》要求的一般公共预算支出额的1%—3%的额度，且普遍存在资金滞留，导致冲击发生后只能通过调整预算解决突发性支出，不仅没能发挥预备费本身的功能，还增加了潜在财政风险。

第二，财政韧性不仅要求财政具备高度灵活性，能够应对事件冲击迅速筹集所需要的财政资金，也要求能够对筹集到的财政资金进行高效调度，以保障财政对宏观经济的调控能力。一方面，我国当前的财政应急治理体系建设存在诸多问题，例如法律法规不健全，仅有《中华人民共和国突发事件应对法》《中华人民共和国预算法》两部对财政应急治理体系和资金使用作出规定的高层次法律，缺乏一部适应我国国情且专门针对公共财政参与重大突发公共事件应急管理的法律；以及财政在公共危机意识培养和宣传方面的投入力度也有所欠缺；另一方面，财政资金的调度效率还有待提高，需要尽快建立健全以财政韧性为核心的应急预算管理制度，设立应急预算账户，根据突发事件紧急性安排应急预算资金，以最大限度降低公共风险，在资金管理上可以借鉴国际通行做法，将年末结余的预备费实行基金式滚动管理而不再转入一般公共预算，并对各类应急财政资金实行绩效监督。

第三，财政韧性要求央地政府间要实现协调合作，确保基层财政治理工作顺利进行，避免因“财权上收、事权下移”造成基层应急治理资金的短缺。这一方面要求继续推进省以下财政体制改革，根据各地区的公共安全事件发生的实际情况差异化确定不同区域的市县级财政支出责任；另一方面要依托互联网大数据尽快建立财政应急信息共建共享网络平台，将政府以往对突发事件的应急处理信息录入平台，以便对冲击造成的危害后果进行详细评估，并为下一次突发事件的应急预案提供参考，在事前、事中、事后三阶段都充分发挥财政韧性的抗风险作用，同时基于该平台的信息共享，政府部门间的协调沟通会更加顺畅，且通过平台信息披露为社会公众提供了解政府部门应急治理的相关信息，有助于培养社会公众的危机意识。

## 本章主要参考文献

［1］白彦锋．“十四五”时期我国财政安全运行面临的风险挑战与应对策略［J］．当代财经，2021（06）：27－37．

［2］陈新平，余自雯．谋划新一轮财税体制改革，重塑地方政府隐性债务风险治理架构［J］．清华金融评论，2024（04）：34－36．

［3］发挥制度优势积极参与全球治理（势所必然）［N］．人民日报，2020－08－11（13）．

［4］范子英，朱星姝．提升产业链供应链现代化水平的财税改革思路［J］．税务研究，2022（01）：21－26．

［5］ 高培勇．从结构失衡到结构优化——建立现代税收制度的理论分析［J］．中国社会科学，2023（03）：4－25，204．

［6］ 高培勇．由适应市场经济体制到匹配国家治理体系——关于新一轮财税体制改革基本取向的讨论［J］．财贸经济，2014（03）：5－20．

［7］ 胡吉亚．财税政策激发战略性新兴产业创新能力：效应问题及优化路径［J］．深圳大学学报（人文社会科学版），2020，37（05）：76－86．

［8］ 胡天龙．全国统一大市场下的财税制度建设［J］．中国发展，2024，24（02）：36－45．

［9］ 景宏军，吴婧源．财政韧性：财政应急治理现代化的一种思路［J］．财政科学，2021（08）：34－47．

［10］ 李优树．全球产业链重构背景下我国的机遇与挑战［J］．人民论坛，2023（23）：90－93．

［11］ 林光彬，陶然．财政韧性：概念辨析、研究进展与未来展望［J］．经济社会体制比较，2023（04）：188－197．

［12］ 刘尚希．新经济数字化金融化趋势与财税体制改革——以构建确定性应对新趋势下的不确定性［J］．地方财政研究，2021（04）：4－7，39．

［13］ 龙泰格，何茂春．以财税体制改革助力高水平对外开放［J］．国际税收，2024（06）：3－14．

［14］ 人大财税研究所，岳树民：我国新一轮税制改革：目标选择、推进路径与主要任务［EB/OL］．（2024－04－27）［2024－04－19］．http：//ipft. ruc. edu. cn/xzgd/6f62867418a9437495a5e176695c9c9c. htm．

［15］ 尚可文．经济全球化与税制改革的协调［J］．税务研究，2003（05）：23－26．

［16］ 石建勋，卢丹宁．着力提升产业链供应链韧性和安全水平研究［J］．财经问题研究，2023（02）：3－13．

［17］吴跃峰．牢记“三个务必”为伟大复兴新征程贡献财政力量［J］．中国财政，2023（18）：43－45．

［18］肖京．在法治轨道上全面推进新一轮财税体制改革［J］．清华金融评论，2024（05）：53－56．

［19］谢波峰．全面数字化背景下要重视数字财政、数据财政的作用发挥［J］．工信财经科技，2024（01）：9－10．

［20］许生．完善支持绿色发展的财税政策体系［J］．中国税务，2024（06）：15－17．

［21］闫坤，刘诚．财税政策如何支持加快现代化产业体系构建［J］．中国税务，2024（03）：42－44．

［22］岳树民．税制改革应注重系统性、整体性、协同性［N］．中国税务报，2024－08－07（B1）．

［23］张二震，戴翔．全球产业链供应链调整新趋向及其对策［J］．经济学动态，2022（10）：31－41．

［24］张俊伟．新一轮财税体制改革的内在逻辑和建议［J］．财政科学，2024（02）：11－16．

［25］赵笛，马蔡琛．助推“双碳”目标实现的绿色预算体系建设［J］．地方财政研究，2022（10）：4－10．

［26］赵福军．支持战略性新兴产业财税政策国际经验及借鉴［J］．地方财政研究，2015（06）：85－90．

［27］赵可金．疫情冲击下的全球治理困境及其根源［J］．东北亚论坛，2020，29（04）：27－42，127．

第四章

# 当前财税体制运行的突出矛盾

党的二十大报告全面系统阐述了中国式现代化的鲜明特色，党的二十届三中全会紧紧围绕中国式现代化，部署进一步全面深化改革的战略举措。财税体制改革作为进一步全面深化改革的突破口和先行军，将在推进中国式现代化中发挥重要作用，深化财税体制改革刻不容缓。

“分税制”改革后，我国初步搭建起与社会主义市场经济体制相适配的财税体制框架，并在随后的几十年内不断完善。进入新时代，世界格局变化莫测，国际和国内的变化都对财税体制改革提出了新要求。党的二十届三中全会通过的《中共中央关于进一步全面深化改革 推进中国式现代化的决定》明确提出要深化财税体制改革，并从预算制度、税收制度、中央和地方财政关系等领域作出相应改革部署。为更好推动深化财税体制改革，需要明确现有财税体制运行存在的问题，找准关键痛点。当前，我国预算制度效能有限，税收制度结构不完善，央地关系有待完善，财税体制运行各环节有待进一步优化。基于此，本章将深入分析现有财税体制运行中存在的问题及其原因，结合党的二十届三中全会改革部署要求，为深化财税体制改革工作部署提供切入点。

# 第一节　三大关系仍待进一步理顺

财税体制改革涉及多个主体，厘清各主体之间的关系是财税体制改革急需解决的问题。随着社会主义市场经济体制的不断完善，市场在资源配置中的决定性作用日益凸显，政府也肩负更好地发挥宏观调控和公共服务职能的责任。调节好政府与市场的关系，明确双方职责，关乎下一步完善财税体制改革工作。党的二十届三中全会中提出要从中央和地方财政关系等领域作出改革部署，央地关系的调整是改革的重点内容，合理调整央地关系将推动财税体制改革走深走实。财税体制改革要坚持“以人民为中心”的立场，因此当前民生与未来可持续发展之间的关系同样是财税体制改革应重点考虑的问题。本节将从财税体制改革涉及的三大关系着手，分析三大关系中现有矛盾。

## 一、政府与市场关系

### （一）政府与市场边界划分不清

财税体制改革中，处理政府和市场的关系是一个重要的问题。正确处理政府和市场的关系对于促进经济健康发展、实现资源高效配置具有重要意义。在社会主义市场经济体制中，政府在资源配置中起宏观调控作用，作为市场调节的补充，引导资源的配置情况，实现最优配置。但现阶段，我国政府没有清晰划分出与市场关系的边界，调控作用未能充分发挥，存在政府职能越位、缺位的问题，政府和市场的职责有待明确。

政府与市场的边界不清，导致政府将一部分本应由市场承担的功能划入自身责任范围内，不仅加重了政府的财政负担，也影响市场活力，市场的作用未能发挥。另一部分，部分地方政府为保护本地产业，获得更多财政来源，向本地产业提供诸多优惠政策，甚至助力形成垄断（李永海和贾致博，2024）。这与统一大市场的愿景背道而驰，政府维护市场统一的职能未能实现。并且，政府过多地干预市场，造成地方性垄断的发生，扭曲了市场竞争，不利于对资源进行最优配置。而在某些需要政府承担相应责任的领域，特别是公共服务领域，政府的投入较少，更多依靠市场提供服务。这导致市场运行压力较大，并且难以满足市场需求。此外，在一些需要长期投入但回报较低的领域，如基础研究、公共设施建设等，市场也往往缺乏足够的动力去投入，政府未能及时承担这部分的支出责任，就会导致这些领域供给不足。

### （二）政府引导作用有待完善

由于市场的发展具有明显的利益倾向，需要政府适时加以引导，来弥补市场在推动某些发展方面的不足。通过制定和实施产业政策，政府可以引导市场资源向符合国家战略需要和产业发展方向的领域配置，实现政策目标。

目前，我国政府在引导市场发展方面仍有较大提升空间。尤其是在前沿技术领域，政府的扶持力度不足，导致市场未能充分参与前沿技术的发展和资源配置。大多数企业倾向于在较为成熟的领域发展，以确保自身利益的实现，而对于需要大量投入的前沿领域，市场主体的参与较少，推动速度也较慢。由于政府对前沿领域的政策关注和资金支持不足，向市场释放的信号有限，无法有效引导市场主体积极进行研发。

此外，政府在推动高污染行业转型和支持绿色产业发展方面的导向作用也不够突出。政府采购作为调控经济和发挥政策功能的重要手段，与市场关系密切，并在一定程度上影响着市场产业的发展方向。尽管我国政府采购涉及的品目众多，但环保和节能产品的覆盖范围仍然有限，绿色采购在整体采购中所占比例较低。尽管 2010 年之后，政府在节能和环保产品采购上的金额有所提升，但其在政府采购总额中的比重仍然较低。总体而言，现有的政府采购在引导市场方面的作用有待加强，采购政策的功能尚未得到充分发挥。

### （三）政府监管力度不足

在市场经济中，由于信息不对称和外部性等问题，市场有时会出现失灵现象，亟须政府通过监管进行纠正。政府监管不仅是维护市场秩序和保障公平竞争的重要手段，也是确保市场高效运行的必要措施。然而，由于信息不对称的存在，政府无法全面、及时地掌握市场的实际情况和需求变化，同时市场也可能误解政府的政策意图和决策依据。这种信息不对称问题加剧了监管难度，使得我国的市场监管制度尚未完全建立，监管效果受限。

信息不对称的问题要求政府加强监管力度，以减少其带来的负面影响。然而，当前我国的监管力度仍有待提升。例如，在税收征管方面，部分纳税人利用信息不对称的漏洞，通过隐瞒或伪造财务数据等手段逃避税收，导致税收流失并损害财政收入。此类逃税行为不仅影响了政府的统计数据，还不利于政府制定准确的政策。此外，信息不对称可能扭曲市场资源配置，降低市场效率。尽管近年来政府加大了对市场中政府采购的力度，并积极扶持中小企业发展，但对采购流程的监管仍不够完善，部分企业可能通过虚假信息获得不当的政策优惠。此外，由于地方性优惠政策的监管不足，一些地方政府在面临财政压力时，倾向于通过提供大量税收优惠来吸引企业。这种过度的优惠政策不仅损害了市场公平竞争，也可能导致资源错配。总体而言，政府在市场监管方面的不足，使上述问题未能得到有效遏制，影响了市场的健康发展。

## 二、中央与地方关系

中央与地方之间的关系一直是财税体制改革的重点内容，经济的快速发展离不开中央和地方的协调推动。党的二十届三中全会通过的《中共中央关于进一步全面深化改革 推进中国式现代化的决定》提出要“建立权责清晰、财力协调、区域均衡的中央和地方财政关系”，这为进一步理顺中央与地方之间的关系指明了方向，也有助于实现我国的现代化目标。

### （一）财政事权划分有待调整完善

中央与地方之间的关系较为复杂。自 1994 年财税体制改革后，我国建立了分税制，明确了中央与地方的事权划分。改革后，中央财政收入有所增加，但与之相对的，许多财政支出的事权更多地留给了地方政府。地方政府承担了过多的支出事权，导致其财政压力加大，支出动力不足。此外，中央与地方之间的事权划分缺乏明确的规范性标准，导致事权界限模糊。一些本应由中央承担的事权被下放给地方，而地方政府在缺乏足够财力的情况下，难以有效履行这些职责，这既不利于经济发展，也难以满足公共服务的需求。

在地方政府内部，事权不断向下转移，使基层政府面临巨大压力。这种事权的下移不仅让地方政府负担过重，也使中央在宏观调控和跨区域调整中面临诸多挑战。为了统筹整体规划，中央需要掌握足够的事权，但当前的划分机制使得这一目标难以实现。对中央与地方之间事权划分的进一步调整，将有助于优化各级政府的职责分工，提高政府的行政效率，推动经济和社会的协调发展（陈依诺，2024）。

然而，目前的事权划分未能有效支持整体目标的实现，中央在调整事项上的执行进度缓慢。此外，由于部分事权被下放到地方，中央制定的决策在落实过程中难以充分贯彻，影响了政策的执行效果。中央与地方之间在事权划分上也存在博弈和推诿的情况，这不仅不利于事权的稳定性，还模糊了主体责任的明确性。为确保政策的顺利实施和行政效率的提升，中央与地方之间的事权划分需要进一步明晰，以确保中央保留足够的事权，同时地方政府也应拥有与其职责相匹配的事权。

### （二）财政收入划分有待优化

除了事权关系，中央与地方的财政关系也亟须进一步优化。地方政府的财政收入来源相对有限，长期以来面临较大的财政压力，许多地方政府依赖中央提供的转移支付来维持足够的收入。然而，这种转移支付机制同样给中央政府带来了巨大的财政负担。以 2023 年为例，中央财政一般公共预算收入接近 10 万亿元，地方本级收入为 11.7 万亿元，但中央对地方的转移支付却高达 10.3 万亿元，已经超过了中央财政的一般收入。这种大规模的转移支付不仅加重了中央的财政负担，还影响了中央财政的规划和调度，不利于经济的高质量发展。

从地方政府的财政需求来看，由于中央对地方需求的了解有限，提供的转移支付未必能精准满足地方的实际需要，导致资金使用效率较低。因此，中央和地方之间的财政供给关系需要更加有效地调整，以提高资金使用的精准性和效率。

此外，地方政府长期以来面临收支缺口，虽然中央的转移支付在一定程度上弥补了地方的资金不足，但这种依赖也可能抑制地方的积极性，削弱地方财政自给自足的能力，不利于地方经济的可持续发展。为了优化财政关系，需要进一步调整中央与地方的财政结构，既减轻中央的负担，又增强地方的自主财政能力，以促进经济的协调和高效发展。

### （三）转移支付资金效率有待提高

分税制改革后，地方政府的财政收入有所减少，中央政府通过转移支付制度在地区间再分配财力，以推动区域发展。虽然中央政府向地方政府提供了大量资金支持，帮助实现发展目标，但资金的支出效率仍有待提升。首先，中央对地方的转移支付资金与地方政府自有的专项资金在支出时存在重叠，一些重要项目却缺乏资金支持，这种重复支出和资金缺口的并存现象削弱了资金的有效利用。

在我国的转移支付制度中，一般性转移支付允许地方政府根据自身发展需求灵活使用，但与此相比，专项转移支付具有更多限制条件，资金必须用于特定项目。由于专项转移支付项目繁多，在项目审核过程中，信息不对称的问题影响了中央向地方拨款的精准度。此外，专项转移支付的资金分散，受专款专用条件的限制，导致资金使用效率较低（刘勇政和邓怀聪，2024），需要大量资金投入的关键项目常常得不到足够支持。

不仅在资金获取过程中存在效率问题，在资金使用过程中，监管不力也进一步降低了资金的使用效率。地方政府对中央拨付资金的管理制度不够规范，中央政府对下放资金的后续使用缺乏有效的绩效评估机制，与地方政府之间的监管关系不够紧密，致使资金的有效性无法得到保障。地方政府财政支出效率低下，不仅影响了政策的有效落实，也未能有效减轻财政压力。因此，提升财政支出效率是当前亟待解决的问题，只有通过规范资金管理和加强监管，才能真正发挥资金的作用，推动政策目标的实现。

## 三、当前民生与未来可持续发展关系

### （一）地方财政可持续性压力大

地方政府作为民生保障的重要主体，肩负着改善民生的责任。然而，由于地方政府的财政收入来源不稳定，这一责任的履行面临诸多挑战。地方政府的民生支出具有刚性，特别是在教育和医疗等公共服务领域的投入不断增加，削减这些支出几乎不可能。这种刚性支出给地方政府带来了巨大的财政压力。

目前，地方政府的主要收入来源是税收，但地方税体系尚不健全，无法提供稳定的收入来源。新冠疫情后，全球经济环境更加复杂多变，国内经济面临下行压力，市场主体经营困难，纳税额减少，直接影响了地方政府的税收收入。此外，许多地方政府的财政收入高度依赖某一个或某几个产业，例如资源型城市依赖矿产资源，旅游城市依赖旅游业。一旦这些产业遭受冲击，地方财政收入就会大幅下降。

另一个问题是地方政府对土地财政的高度依赖。土地财政是地方政府的重要收入来源之一，土地出让金和房地产相关税收在地方财政中占有重要地位。然而，房地产市场的波动性较大，近年来我国一直在整顿房地产市场，控制房价。随着房地产市场遇冷，土地出让金和相关税收的减少进一步导致了地方政府财政收入的不稳定。

### （二）区域发展不均衡

区域均衡发展一直是财政政策的重点关注领域，也是实现共同富裕的关键。我国地域辽阔，各地区的发展程度因地理环境等因素存在显著差异，中西部地区的发展明显落后于东部地区。这种区域间的发展不均衡给经济结构优化、基本公共服务均等化以及财政的可持续性带来了挑战。

经济发达地区由于产业结构多样，经济效益较好，能够获得更多的财政收入，保障基础设施建设和民生支出的资金投入。而经济欠发达地区则因产业结构单一、经济效益较低，财政收入相对较少。然而，这些欠发达地区对基础设施建设、教育、医疗、社会保障等方面的支出需求却较大，收支不平衡现象严重。这种区域间发展不均衡进一步加剧了财政资源分配的不均，导致发展差异扩大，不利于民生建设和财政的可持续性。

### （三）绿色低碳发展挑战大

在全球气候变暖的背景下，减少碳排放、实现绿色低碳经济已成为社会关注的热点问题。然而，传统的高能耗、高污染经济发展模式虽然带来了经济增长，但也导致了严重的环境污染和生态破坏，迫使政府投入大量资金进行环境治理和生态修复。

推动绿色低碳发展需要加快产业结构优化升级，提高低消耗、低排放、低污染产业的比重。然而，产业转型受到技术和资金投入的制约，转型过程困难重重。从成熟的高耗能产业向绿色产业转型，意味着放弃部分稳定的收入来源，对税收收入也会产生影响。为了鼓励产业转型，政府出台了多项财税政策，前期投入巨大，但成效尚待观察。

此外，环境污染问题与居民生活息息相关，受污染影响的居民会增加对医疗卫生等公共服务的需求，从而进一步加大政府的财政负担。2020年，我国提出争取在2030年前实现碳达峰、2060年前实现碳中和的目标，这一“双碳”目标的实现对财政可持续性也带来了巨大压力。

### （四）人口老龄化影响加深

人口老龄化已成为全球面临的严峻挑战之一。根据2020年第七次全国人口普查数据，我国65岁以上人口占总人口的13.5%，人口老龄化趋势明显。老龄化程度加剧将直接增加养老保险、医疗保险等社会保障支出，政府负担显著加重。

根据《中国养老金精算报告2019—2050》，即使考虑到财政补助，我国基本养老保险将于2028年首次出现赤字，2050年当期缺口将达11.28万亿元。部分地方政府的养老金已经存在入不敷出的情况，只能依赖上级拨款和举债等方式弥补缺口。根据第七次人口普查相关数据，预计到

2050年，我国65岁以上人口将达到峰值，超过3.8亿人，这意味着政府社会保障支出压力将持续增加。

人口老龄化不仅意味着社会保障支出压力的增大，还意味着年轻劳动力占比的下降。劳动力不足将直接影响市场经济发展，减少政府收入，进而扩大政府财政收支的缺口。因此，老龄化带来的财政压力将成为未来一段时间内需要高度重视的问题。

# 第二节　财政统筹能力仍待强化

财政统筹能力是国家治理能力的重要体现。通过财政统筹，政府可以更有效地配置资源，优化财政支出结构，提高财政资金的使用效率，为经济社会的持续健康发展提供有力支撑。从党的十八届三中全会到党的二十届三中全会，健全预算管理制度一直是完善国家治理体系和推动财税体制改革的重要内容。预算管理是财政统筹能力的具体化，高效的预算管理将促进政府部署的落实，为经济高质量发展提供坚实的支持和保障。本节将关注预算管理现状以及政府自身债务对财政统筹能力的影响，结合数字化时代背景，分析财政统筹能力提升面临的困境和难点。

## 一、预算支出管理

### （一）预算支出固化

我国的预算体系包括一般公共预算、政府性基金预算、国有资本经营预算以及社会保障基金预算，这“四本预算”之间存在交叉和重复的项目。目前的预算编制方法主要采用基数预算，即根据往年的预算支出情况，结合单位的实际情况，在往年支出的基础上进行增减。近年来，我国的一般公共预算支出呈现出持续增长的趋势：2022 年为 260609.17 亿元，完成预算的 97.6%；2023 年为 274573.81 亿元，完成预算的 98%；2024 年预计将达到 285490 亿元[①]。

虽然基数预算方法要求合理安排预算支出，但在实际操作中，许多单位往往仅是在往年支出的基础上增加金额，导致老项目支出不减，新项目支出不断增加，造成财政支出的固化现象严重。此外，部门间的资源分配也存在僵化问题。不断增长的预算支出金额，加重了财政的固有负担。

### （二）预算资金效率不高

预算支出管理的目标是明确各项支出的范围和标准，保障公共财政资金的合理使用。然而，预算支出管理中仍存在诸多问题，其中之一就是预算资金的使用效率不高。在预算编制阶段，许多基层单位对信息收集不够全面，往往依赖于往年的数据进行预测，缺乏对未来可能支出的关注，导致预算安排与实际支出不匹配，出现资金短缺和资金盈余过多的现象同时存在。

此外，在预算执行过程中，由于公共部门的项目多以服务为目的，与自身利益无关，导致对资金使用效益问题的关注较少，资金浪费现象时有发生。部分单位在预算执行过程中，未严格按照预算安排执行，出现资金短缺时未按照规定程序获取资金，而是随意调整预算科目和金额，导致预算执行结果与预算安排偏离较大。前期预算编制不合理，执行过程中随意性较大，进一步导致预算执行进度缓慢，财政资金大量结转结余，影响了资金使用的效率。

① 数据来源：中华人民共和国财政部网站。

### （三）预算监管体系不健全

在立法层面，我国已出台了《中华人民共和国预算法》，对预算的相关事项进行了统筹规定，严格管控预算各环节的工作。虽然预算法构建了预算制度的总体框架，并在一定程度上规定了预算监管工作的安排，但在具体实施过程中，预算法中的规定仍然较为笼统，且各部门面临的情况不同，缺乏针对性的详细规定。

在部门内部，也缺乏配套的预算管理制度，对预算的各环节进行相应的约束和监管。由于监管制度的不完善，许多部门将监管职责划归给财务人员负责，而其他单位并不参与，未能实现全流程的监管。现有的预算监管主要侧重于监督预算执行情况，在预算编制等前期环节的监督力度不足。前期监管不力，影响了后续预算支出的执行。

此外，现有的预算监督主要在公共部门之间进行，缺乏社会监督的参与，特别是缺少社会公众的参与监督。仅依靠行政监督有可能流于形式，不能真正落实监管工作。因此，预算监管需要更多外部监督制度的补充，以提高财政统筹能力。

## 二、预算绩效管理

### （一）绩效管理意识薄弱

预算绩效管理在我国公共部门的应用时间较短，相应的预算绩效管理体系尚未完善。随着全面预算绩效管理要求的提出，绩效管理工作的难度和深度都在增加。然而，部分单位的工作人员对相关理念的认识不够深入，未能将绩效管理理念真正应用于实际工作中，导致预算绩效管理流于形式，未能发挥应有的作用。预算绩效管理的有效实施需要各单位的积极参与，但在实际操作中，绩效管理往往被认为是财务部门的责任，其他单位的参与度不够，未能将绩效管理落实到位。

法治化是贯彻落实预算绩效管理的重要保障，但目前我国有关预算绩效管理的法律条文较少，除《预算法》有所提及外，其余多为部门规章，立法层次较低，且主要针对特定预算范围提出。现有法律条文中对预算绩效的规定较为笼统，缺乏具体的细节规定，导致在实际运用中存在困难。由于缺少专门的预算绩效法规，预算绩效管理体系的建立进展缓慢，绩效管理意识的树立仍需进一步加强。

### （二）绩效评价指标不合理

预算绩效评价是预算工作的重要组成部分，直接反映了预算工作的成效，并指明了未来调整的方向。绩效指标是绩效评价的关键因素，与绩效评价的有效性息息相关。然而，目前我国的预算绩效指标缺乏统一标准，不同部门之间采用的指标差异较大，导致预算绩效管理的统一性难以保证。在财政部门和预算单位进行绩效评价时，常常未能结合项目的自身特点，导致绩效评价指标无法全面反映项目的实际情况。

预算绩效指标应当包含共性指标和个性指标，全面反映评价主体的情况。由于不同项目之间存在差异，设立绩效评价指标时应结合项目实际，突出项目特性。如果简单套用其他项目的绩效指标，可能会忽略项目特有的评价重点，不能真实反映项目的执行情况和效益。财政部还要求在设立绩效指标时遵循定性与定量结合的原则，但现有绩效指标中，定性指标较多，定量指标较少。过多的定性指标使得评价结果的客观性受到影响，缺乏科学性和说服力。此外，部分绩效指标的定义模糊，范围笼统，不能明确反映项目预算的执行情况，绩效指标的量化程度不足。

### （三）评价效果有限

预算绩效管理的目的是提升预算管理水平，加强对支出的管理，提高资金使用效益。相关部门指出，绩效管理应贯穿预算全流程，并结合不同阶段进行全面评价。然而在实际运用中，绩效评价更多地集中于事后评价，忽略了事前和事中环节的执行落实情况，使绩效评价结果具有一定局限性。

绩效评价的最终目的是针对评价过程中反映出的问题进行妥善解决，以不断完善全流程预算工作。但现有的绩效评价更多地重视评价结果，而对后续完善工作的重视不够，导致绩效评价的目的未能完全实现。除后续完善工作不足外，绩效评价的约束和激励作用也未能充分显现。现有的绩效评价规定中未明确结果负责人的具体责任，且考核结果与相关人员的联系不够密切，导致绩效评价的约束力有限，未能有效促进合理安排和严格执行预算。

## 三、政府债务管理

### （一）隐性债务清理难度大

政府债务中的隐性债务一直是清理的重点，地方政府涉及的隐性债务较多。随着政府举债相关规定的变化，隐性债务变得更加隐蔽。原本的隐性债务定义明确，但近年来由于举债政策逐渐收紧，融资平台债务开始转向不明确政府担保的形式，但这些债务实际上仍由政府承担兜底责任。这种转变无疑给明确政府债务情况带来了阻碍，使准确识别政府债务情况变得困难。此外，通过融资平台取得的债务通常利率较高、期限较短，加大了政府还债付息的负担，提高了相应的融资成本。隐性债务难以清理还与其规模有关。除了融资平台，隐性债务还包括不规范的 PPP 项目、政府购买服务和政府引导基金等。沈坤荣和施宇（2024）指出债务形式更加隐蔽的同时，债务规模也较大。隐性债务的出现主要是由于政府收支矛盾，政府通过正常举债方式无法获得足够的资金，因此会拓展其他资金途径，形成隐性债务。然而，政府收支矛盾若无法得到有效解决，加之政府支出的效率不高，现有隐性债务将难以被有效清理。

### （二）地方政府债务风险大

地方政府肩负推动地方经济发展和项目建设的重任，需要大量财政资金的支持。分税制改革后，地方政府承担的事权与拥有的财权存在不对等的情况，导致地方政府支出压力较大。虽然中央转移支付在一定程度上缓解了部分地方政府的压力，但地方政府仍然面临民生和基础设施建设等刚性支出不断增加的问题，基础设施建设周期长且资金投入多，导致地方政府财政支出需求巨大。

在新时期，加快推进经济发展，特别是高新产业发展，成为地方政府的目标。为了塑造经济竞争优势，吸引招商引资，地方政府出台了大量财政补贴政策，进一步加大了支出压力。就收入端而言，地方政府的收入主要来源于税收，但许多县级及以下政府对企业的吸引力较弱，且没有核心产业，能够获得的税收收入较少。随着房地产行业热度降低，地方政府的税收收入也有所减少，地方政府的偿债能力因此受到影响，债务风险加大。地方政府债务的发行额和到期偿还额规模庞大，偿债压力逐年增加。这在一定程度上限制了地方政府在公共服务和基础设施建设方面的投入能力，而投入不足又会影响后期取得回报的期限和数额，形成恶性循环，债务风险不断加大。

### （三）债务管理机制不健全

政府适度举债可以促进发展，但如果对举债不加限制，政府极有可能面临还息压力大、债台高筑的情况。政府举债的行为应当受到规则的制约，目前我国债务管理机制还有待健全，对引导和限制政府合规举债的作用不大。在政府债务管理方面，缺乏全面、系统、前瞻性的法律法规体系。现有的法规未能充分覆盖所有类型的政府债务，对新型隐性债务的监管存在空白。管理制度的缺失使部分地方政府在面对逐渐增加的还款压力时，倾向于选择以新还旧的方式暂缓困境，然而还款问题始终未能得到解决。项目资金被挪用的情况，导致资金与项目不匹配，举债资金的使用混乱，清理债务的难度进一步加大。此外，各地的借债信息披露和监督机制建立程度参差不齐，导致债务透明度低，难以进行有效监管。部分地方政府选择性地公开债务信息，甚至隐瞒真实的债务状况。这种不透明的管理方式不仅削弱了市场监督的有效性，还可能引发信任危机。

## 四、数字化管理

### （一）数字化程度不高

随着时代的发展，数字化管理已成为政府工作的核心目标之一。尽管我国预算管理逐步引入了数字化技术，但其应用仍主要集中于简单的机械性操作，未能充分挖掘和利用数字化技术的潜力，导致其使用范围未能得到有效拓展。预算管理涉及大量的数据收集和整理工作，通常依赖历年数据和本单位的实际情况进行预算编制。然而，许多部门在处理数据时仍然依赖传统的人工方法，这不仅容易导致数据错误，还不利于数据的保存和后续更正。此外，在进行预测分析时，数字化技术的融入程度较低，预算数字化的整体水平仍有待提升。

除了硬件设施的不足，政府部门中数字化人才队伍建设也亟须加强。预算管理的数字化不仅要求相关人员具备财政专业知识，还需掌握计算机网络和大数据技术，这对人才的综合能力提出了较高的要求。人才队伍的建设是数字化技术与预算管理深度融合的关键保障。然而，当前政府部门中专门化人才数量不足，分布不均，且整体缺口较大，这进一步制约了数字化管理水平的提升。

### （二）共享机制建设不完备

随着数字化逐步融入政府工作，越来越多的政府事务已将数字化管理纳入日常操作。然而，各政府平台之间尚未建立便捷的共享机制，导致信息连通性差，调取其他部门数据的过程复杂且耗时。财政部门在获取其他部门预算安排和支出数据时缺乏便捷渠道，监督管理工作因此受限，难以有效进行整体预算的安排和监督管理。在部门内部，由于数字化水平不高，各部门之间的信息共享不够及时，数据传输存在一定的滞后性。

此外，预算编制过程中涉及的数据量庞大，而财务部门与其他部门之间的信息共享不足，容易导致编制过程中信息不准确，进而影响后续的预算工作和决策。预算编制时间安排紧凑，每个环节都有严格的时间要求，这使得部门在整合数据信息时面临巨大压力。部门间信息共享不足的现状不仅延缓了预算安排的进度，还加重了相关工作人员的负担。

## 第三节　税收制度及功能还有待完善

税收不仅是国家财政收入的主要来源，还是调节社会经济、促进公平与效率的重要手段。税收制度的完善直接关系到国家治理能力的现代化水平，对促进法治建设、提高行政效率以及增强国家竞争力具有不可忽视的作用。税收制度的改革是财税体制改革的重要组成部分，税收制度的科学设计和持续优化是财税体制改革成功的关键。通过深化税收制度改革，可以提高税收征管效率，增强税收的调控作用，推动完善财税体制。本节将从税收制度中税制结构、地方税种的设置、税收征管建设以及“双碳”

和数字经济背景下税收制度的现状进行分析，探寻现有税收制度和功能的完善方向。

## 一、税制结构失衡，税制现代化水平有待提升

党的二十大报告明确指出："健全现代预算制度，优化税制结构，完善财政转移支付体系。"党的二十届三中全会《决定》进一步要求，建立健全有利于高质量发展、社会公平和市场统一的税收制度，优化税制结构。税收在国家治理中扮演着基础性、支柱性和保障性的重要角色，而税制结构则是税收体系的重要组成部分。税制结构指的是一个国家或地区税收体系中不同税种的构成及其相互关系，通常包括税种分类、各类税种的占比以及税收的分配方式等。税制结构不仅受到国家或地区经济与社会发展历史进程和现实状况的影响，还在组织财政收入、维护社会分配公平和宏观经济调控中发挥着重要作用。税制结构及其功能的有效发挥必须立足于国情，服务于不同时期的经济发展需求。

### （一）直接税占比有待提升

当前，我国共有 18 个税种，按类别可划分为流转税类、所得税类、财产税类、资源税类与行为税类。2023 年，全国一般公共预算收入为 216784 亿元，其中税收收入为 181129 亿元。主要税种的收入情况如下：国内增值税 69332 亿元，国内消费税 16118 亿元，进口货物增值税与消费税 19485 亿元，企业所得税 41098 亿元，个人所得税 14775 亿元。以增值税与消费税为代表的流转税收入占总税收收入的比重超过 57%，企业所得税收入占比约为 22.7%，而个人所得税仅占 8% 左右。这一税制结构与许多西方发达国家以"直接税"为主的结构不同，我国的税制结构整体上呈现出流转税与所得税并重的"双主体"特征，但实际上仍以流转税

为主，所得税占比相对较低。这表明，我国税收主要在国民收入形成与支出环节参与分配，而在再分配与积累环节的参与度较低。

与以所得税为代表的直接税不同，以流转税为代表的间接税具有税负可转嫁、税负累进性低的特点，因此限制了税收在促进收入分配公平中的作用。这种税制结构可能导致税负分配不公，并加大市场价格的扭曲，进而影响市场在资源配置中的决定性作用。流转税占比过高还可能加重企业和个人消费者的税收负担，不利于国家经济的长期健康稳定增长。

### （二）税种细则设计有待优化

从具体税种的角度来看，我国当前的税制结构仍有较大的改革空间。例如，增值税多档税率的设置、小规模纳税人的税收管理、不完善的留抵退税机制，以及各地区不统一的税收优惠政策，都会对税收功能的充分发挥产生不良影响。尽管个人所得税在 2018 年经过重大修改并取得了一定进展，但仍存在费用扣除标准不合理、税率设置复杂、边际税率过高、各类收入未完全合并等问题，这些问题削弱了个人所得税在促进社会分配公平中的功能。

当前，我国消费税的征收范围较窄，调节收入分配与刺激消费的力度不足。价内税的设计使其税负隐蔽，透明度不高，且征收环节易导致最终消费地与税收征收地的背离。在资源税方面，我国当前的征收范围仅限于矿产资源与盐，税率设计较低，导致资源市场价格较低，不利于经济发展方式的转型。资源税的计征方式为“从量计征”，不易受价格变动影响，因而限制了资源税在促进资源有效利用与保护中的作用。

综上所述，我国税制结构在宏观层面存在主体税种结构失衡、税收法定原则落实不足、区域经济发展与税收不平衡等问题；在微观层面，则存在税种设置有待科学优化、税收优惠政策需进一步统一完善、税制现代化有待提升的问题。

## 二、地方主体税种缺失，地方税体系建设矛盾突出与进展滞后

### （一）地方税体系主体税种缺失，地方主体税源尚未建立

地方税体系建设是中央与地方财政关系的重要组成部分，其演变与财税体制改革密切相关（倪红日，2024）。地方税体系对保障地方政府的正常运行、引导地方政府职能转变、推动高质量发展具有重要意义。党的二十届三中全会明确指出："增加地方自主财力，拓展地方税源，适当扩大地方税收管理权限。"回顾历史，自改革开放以来，我国的地方税体系建设大致经历了三个阶段。

第一阶段为1978—1993年，这一时期的地方税体系建设以"划分税种、核定收支、分级包干"的财税体制为基础，特点是较大规模的货物和劳务税种几乎未被列入地方税体系，集体企业所得税则被列为地方税种。第二阶段为1994—2015年，在此阶段，重要的分税制体系得以建立，1994年首次将营业税和个人所得税列为地方税种。但自2002年起，我国地方税体系经历了多次重大调整，导致地方税种数量大幅减少。第三阶段自2016年延续至今，2016年"营改增"的全面实施标志着地方税体系发生了重大变革，此前作为地方税体系第一大税种的营业税退出，货物和劳务税种基本退出地方税体系。

目前，我国地方税体系涵盖10个税种，但这些税种基本上是小税种，收入规模明显较小，难以承担地方税体系主体税种的角色。根据国家统计局数据，2021年地方税收入占全国税收总收入的比重约为18.2%，这一比例明显偏低。我国地方税体系缺乏主体税种，尚未形成充足稳定的地方主体税源。此外，增值税、企业所得税和个人所得税这三大央地共享税种划归地方的比例也相对较低。在这种背景下，地方税收入规模总体偏小，导致地方财力不足，对中央转移支付的依赖性较高，从而加剧了地方政府

财权与事权的不匹配以及公共服务供给能力的不足。

### （二）房地产市场与"土地财政"乏力，地方政府债务加剧

从城市化和房地产市场发展的角度来看，过去中国的城市基础设施建设和房地产市场发展迅猛，地方政府通过出让土地使用权获取了大量收入，占据了地方财政收入的重要地位。然而，当前我国房地产市场整体低迷，地方政府难以再依赖"土地财政"获取大量收入，这直接削弱了地方政府的财力，并加大了地方政府债务的偿付压力。地方政府亟须培育新的财政收入来源，以缓解财政压力，并推动地方政府实现财权与事权的匹配。然而，当前的房地产税改革尚未真正落实，房地产税尚未发展成为地方的主体税种。

### （三）地方政府税权有限，地方税收逐底竞争拖累地方税体系建设

从税收立法权的角度来看，地方政府的税权十分有限，目前对地方税种没有立法权，只能在部分小税种的实施细则制定与税率调整上拥有一定权限。2018 年 7 月 20 日《国税地税征管体制改革方案》的颁布，标志着地方税务局的退出，这在一定程度上限制了地方政府根据当地实际情况设计和实施税收政策的能力。

从地方税收竞争的角度来看，为了吸引投资、发展经济和扩大收入来源，地方政府通过各种税收优惠政策，导致以非正式税收返还为特征的恶性税收竞争盛行，制造出"税收洼地"，扭曲了税收分配的公平性，影响企业的投资和发展决策。这种情况不仅不利于地方政府现代化职能的转变，还不利于形成公平竞争、统一有序的市场环境，以及我国统一大市场的建设。

综上所述，我国地方税体系建设存在以下问题：地方主体税种缺失，地方主体税源不稳定且不足，地方税收收入规模有限；地方政府税权有

限，激励机制有待完善，央地财权与事权关系亟待进一步优化；地方政府间的税收竞争有待调整和规范，税收激励与税收公平存在失衡。

## 三、税收征管体系建设尚不健全

### （一）税收征管实施效果有待提升

税收征管是税收体系中的关键环节，直接关系到税收政策的实施效果、财政收入的稳定性以及政府的公信力。加强税收征管是建立现代税收体系、推进国家治理体系和治理能力现代化的重要举措。中共中央办公厅、国务院办公厅于2021年印发的《关于进一步深化税收征管改革的意见》中明确指出："全面推进税收征管数字化升级和智能化改造，不断完善税务执法制度和机制，大力推行优质高效的智能税费服务，精准实施税务监管，持续深化拓展税收共治格局。"其中，"金税四期"工程的建设标志着中国税收信息化的新阶段，旨在通过技术融合，推动税收征管的数字化升级和智能化改造，实现从"以票控税"向"以数治税"的转变。

然而，我国当前的税收征管体系建设仍不完善，税收征管的实施效果有待提升。2024年6月25日，国家审计署公布的《国务院关于2023年度中央预算执行和其他财政收支的审计工作报告》指出，2023年我国税务和海关部门的税费征管工作存在以下三个主要问题：一是征管不够严格，制度漏洞导致税款流失——如税务部门应征未征的增值税、消费税、个人所得税和房产税等共计449.42亿元；二是未全面落实减税降费政策——如2.75万户符合条件的企业应享未享留抵退税、小微企业税费优惠和支持科技创新的政策优惠，总额达1273.77亿元；三是人为调节征收进度，影响财政收入的真实性——如部分税务部门为完成当年任务，提前或多征收企业所得税、消费税和土地增值税等共计542.9亿元。结合我国智慧税务建设现状、"放管服"改革的实际效果，以及税务执法和监管现状，可以总结出当前税收征管体系建设与实施过程中存在的主要问题：税收征管不够严格，各地区之间存在较大差异，有些地区还存在征管乱象；税收征管服务尚需精细化和优化，税务执法机制有待明确和改进，税务监管需要更加精准，税收征管的数字化与智能化建设有待加强，税收共治合力尚未形成。

### （二）税收征管服务有待精细化

在税收征管服务方面，我国的涉税专业服务法律体系仍不完善。目前，划分纳税人权利与义务的依据尚未上升至法律高度，导致纳税人、税务机关和涉税专业服务机构三方主体的边界划分缺乏明确的法律依据，从而出现税务机关对纳税人服务不足或过度服务的问题。此外，在“放管服”改革的过程中，政府提供的税务服务仍需简化、优化和高效化，以提高行政效能，为市场主体和公民个人提供更加专业化、精细化、个性化的税收征管服务。

### （三）税收征管执法机制有待完善

在税务征管执法机制方面，仍存在不少问题，如滥用税收自由裁量权的行为、地方税务执法人员专业素养不足、税务程序违法问题、部分税务执法依据繁杂且操作性不强，以及央地与地区间税务执法协同度不高、缺乏完善的税务执法监督模式。未来，仍需建设和完善规范化、科学化、协同化、智能化的税务执法机制。

### （四）税收监管及其数字化建设有待加强

在税务监管及税收征管的数字化与智能化建设方面，当前第三方税务信息数据尚不能及时实现共建共享，信息数据的追踪与处理效率有待提升，大语言模型、区块链、云计算等技术还需进一步嵌入整体税收征管系统，税收数字化人才队伍建设力度也需加大。具体而言，针对高净值人群的严格税务监管仍存在较大缺失，现实中仍存在较多高净值人群通过不合理手段避税的现象，《个人所得税法》的漏洞需进一步弥补。

### （五）税收共治合力建设局面有待形成

在税收共治合力建设方面，我国共治保障机制的顶层设计仍显不足，共治主体单一，信息共享与数据交换不通畅，社会协同有待加强，共治改革推进效率较低。例如，税务部门与其他政府部门之间的信息共享和多方协作机制尚未完全建立，导致税务案件错判、纳税人涉税信息核查渠道不畅、涉税信息数据转化运用效果不佳等问题。“非税”业务的监控也不够全面和准确，与实现“税费”全数据全业务全流程智慧监管的目标尚有较大差距。

## 四、“双碳”、数字经济给我国税收带来的新挑战

### （一）我国绿色税制建设面临的问题与挑战

“双碳”目标，即碳达峰与碳中和，是我国应对全球气候变化挑战的重要战略目标。绿色税制建设是支持“双碳”目标实现的重要经济手段之一。中共中央、国务院在《关于加快经济社会发展全面绿色转型的意见》中指出：“健全绿色转型财税政策。积极构建有利于促进绿色低碳发展和资源高效利用的财税政策体系。完善绿色税制，全面推行水资源费改税，完善环境保护税征收体系，研究支持碳减排相关税收政策。”在国际碳税、碳排放交易市场、碳关税边境调节机制等绿色碳减排实践不断推进的背景下（何代欣和周赟媞，2024），我国正在逐步构建和优化绿色税制结构，以加快实现“双碳”目标的进程。党的十八大以来，我国的财税制度建设坚持绿色发展导向，逐步完善了以环境保护税为主体、以资源税为重点、以耕地占用税、城镇土地使用税、消费税等为辅助的绿色税收制

度体系，推动产业结构、能源结构和交通运输结构的调整优化，持续释放节能减排和绿色发展的效应。

然而，我国绿色税制的建设仍面临诸多问题与瓶颈。在碳排放、碳交易和碳税方面，我国尚未建立全国性的碳税制度，碳排放核算体系与碳交易市场也不够成熟，这使得促进碳减排的绿色税收手段尚不健全。与欧盟等国家的碳税制度和碳关税边境调节机制相比，我国的碳税制度建设相对滞后，这可能导致我国部分出口产品的税负加重，从而影响其国际竞争力，对国际贸易产生不利影响。在环保税方面，碳排放尚未被纳入环保税征税范围，且环保税的税率仍较低，未能充分激励企业实现碳减排。在消费税与机动车相关税种方面，“绿化”程度不够：一方面，部分污染性产品和机动车未被纳入消费税征收范围，如化肥、塑料袋等污染性产品，以及大型机动车、船舶、飞机等交通工具；另一方面，现行的机动车消费税、车辆购置税、车船税的税率设计缺乏环保因素考量，按排气量征税难以完全反映实际污染水平，无法有效引导减排行为（宋凤轩和王丽，2024）。在资源税方面，征收范围仅限于矿产资源与盐，且税率设计较低，导致资源市场价格较低，不利于推动我国经济发展方式的转变。资源税的计征方式为“从量计征”，不易受到价格波动的影响，难以充分发挥资源税在资源有效利用与保护中的作用。未来，我国应进一步完善绿色税制，包括适时开征碳税、提高环保税税率、扩大消费税征收范围、优化税收优惠政策等措施，以促进绿色低碳发展。

### （二）数字经济对我国现行税制的冲击与挑战

除“双碳”目标与绿色税制之外，全球对“数字经济”和“数字财税”的关注度也在不断提升。数字经济具有跨境跨区域即时交易、多业态融合、市场主体自然人比例相对较高、边际成本低、交易成本低以及无形资产占比高的特点（谭珩等，2022）。数字经济在推动新经济形态发展、产业结构优化升级、总体经济增长、劳动生产率提升、市场活力与创新增强的同时，也给我国传统的税收体系和制度建设带来了新的挑战。现行税制缺乏对数据资产和服务的明确界定，数字经济的虚拟性、分散性和跨界融合性使得部分纳税主体身份难以有效判定，从而增加了税收征管的难度。数字经济中部分新业态的经营范围边界模糊，难以合理界定课税对象，导致税收制度覆盖存在空白。数字经济下智力劳动成果定价复杂，难以准确确定计税依据，从而影响税款的准确征收。数字经济的发展还使得税源分布更不均衡，加剧了税收与税源背离的问题。此外，数字经济的跨境特性对国际税收规则也带来了新的挑战，如市场国与居民国之间征税权的划分、税基侵蚀与利润转移问题、利润归属与常设机构的传统国际税收规则有待补充与完善。

从具体税种的角度来看，数字经济对多个税种的规则制定与税收征管提出了更高的要求。传统的增值税制度与征管方式已经不适应数字经济的发展，主要表现在以下方面：纳税主体分散，自然人纳税征管困难；适用税目、税率不明确；课税对象及其交易价值不易确定；增值税抵扣链条需进一步完善（郭宇航，2024）。数字经济下，企业可能通过无形资产转移等方式在不同税收管辖区之间转移利润，增加了企业所得税的征管与税务稽查难度。个人参与新型经济活动的形式更加多样化，如自由职业者与线上远程工作者的增多，也加大了个人所得税的征管难度。数字产品和服务的跨境交易给关税征收也带来了新的问题，例如如何对跨境电商活动进行有效税收监管。此外，数据作为数字经济的关键要素，其产权、交易和价值创造过程需要税收政策的明确规范，数据资源税的开征和设计也成为一个需要深入探讨的新课题。

综上所述，数字经济对我国现行税制带来了以下四个方面的挑战：对国家税收管辖权的挑战、对税制要素设置的挑战、对税收分享体制的挑战、对税收征管的挑战。

# 第四节 政府间财政关系仍待理顺

政府间财政关系关系到政府职能的有效实施和资源的合理配置，有助于防范和化解财政风险，确保财政的可持续性。在现代国家治理中，中央与地方政府的财政关系构成了国家治理体系的基础。合理的政府间财政关系有助于调动地方积极性，同时让中央政府可以集中力量处理全国性的重大问题。财权和事权相匹配的财政关系能够促进政策的针对性和适应性，提高政府服务的效率和质量，确保政府各项公共服务和社会发展任务得到有效履行，同时避免职能重叠和资源浪费。此外，转移支付制度可以弥补不同地区之间的财力差异，促进区域均衡发展，实现社会公平稳定。本节将围绕政府间财政关系展开，从央地财权和事权的划分、转移支付制度和地方内部财政关系三个方面介绍我国政府间财政关系存在的问题。

## 一、中央和地方在财政事权和支出责任划分存在的突出问题

### （一）中央和地方的财政事权和支出责任划分尚不全面清晰

新时代财政体制改革的目标是“建立权责清晰、财力协调、区域均衡的中央和地方财政关系”。明确划分中央和地方的事权与支出责任，能够确保地方政府有能力履行其责任和义务，同时提升中央与地方各级政府提供公共服务的能力和水平，提高各级政府履行职责的积极性。然而，事权与支出责任划分模糊会带来一系列问题，例如，当出现问题时，政府部门可能在未划分管辖范围的灰色事项上推诿责任，影响公共服务的供给效率。当前，我国中央和地方的事权与支出责任划分仍需进一步细化，部分

领域尚未得到全面划分。

首先，部分领域尚未明确划分中央和地方的事权与支出责任。根据2016年国务院发布的《关于推进中央与地方财政事权和支出责任划分改革的指导意见》（以下简称《指导意见》），2018—2023年，国务院陆续印发了涉及基本公共服务、医疗卫生、科技、教育、交通运输、生态环境、公共文化、自然资源、应急救援、知识产权10个领域的财政事权和支出责任划分改革方案。然而，这些方案并未覆盖所有需要中央或地方财政负责的领域，遗漏了部分实践中需要多层级政府协调的重要事项。例如，余守文和王经纬（2020）通过分析冬奥会筹办中的事权与责任划分，指出体育赛事承办缺乏明确政策，实践中中央与地方的财政支出失衡，支出分类不清晰等问题。在公共文化领域的改革方案中，也未提及大型体育赛事支出的央地分配。这类事权与支出责任划分的缺失，可能导致实践中各级政府的财政支出分配混乱，事权与受益性不匹配等矛盾。

其次，现阶段我国中央和地方的事权与支出责任划分方案仍有细化与改进空间。当前，中央与地方的事权划分中仍存在职责交叉、职能重叠的问题，导致政府效率低下、重复支出增加。这些现象的根本原因在于事权界定不清晰，缺乏统一划分标准。地方政府的事权与利益范围不匹配，可能会产生外部性，阻碍地方发展；中央政府的事权过度下移，可能导致市场经济受到干预并扭曲，地方政府也可能因缺乏动力而不积极履职。此外，有关中央与地方共同事权与支出责任的模棱两可表述，可能导致实践中的推诿扯皮，而日新月异的国情变化也要求事权和支出责任划分方案与时俱进。例如，《教育领域中央与地方财政事权和支出责任划分改革方案》（以下简称《方案》）将学前教育、普通高中教育、职业教育和高等教育等“其他教育”部分归类为央地共同财政事权，指出财政补助经费的分配主要依据机构或高校的隶属关系，中央通过转移支付对地方予以支持。随着普通高中与高等教育普及化、研究生招生规模扩大化，这种财政事权和支出责任划分不够科学的问题逐渐显现。中央高等院校与地方高等院校的财政投入水平不均衡，省级政府承担具有较高外溢性的地方高等院校经费不合理，事权划分的根本性不足逐渐展现（孙静，2021）。此外，中央对地方在教育领域的具体转移支付方式、数额与标准缺乏明确规定，使《方案》在执行中容易产生争议。

再次，中央和地方的共同事权占比较大，降低了公共事务提供的效率。党的十九届四中全会通过的《关于坚持和完善中国特色社会主义制度 推进国家治理体系和治理能力现代化若干重大问题的决定》中明确提出减少央地共同事权的要求。楼继伟（2020）指出，过于庞大的共同事权必然增加政府纵向文件数量，引发执行上的形式主义，导致服务质量和效率不足。傅志华等（2018）在东部地区实地调研发现，当前列为共同事权的事项中实际上包含相似的事权，由于在分类时未加以区分，实践中常出现责任落实不到位、政府间推脱等现象。

最后，中央与地方在实践中履行事权和支出责任的效果不明显。2016年《指导意见》发布前后，中央财政支出占比维持在14.5%左右，地方财政支出占比则在85.5%左右（见图4－1）。尽管事权与支出责任的规范在不断变化并逐步细化，但央地财政支出权重的变化并不明显，这表明事权和支出责任划分改革的落实可能存在不足。除此之外，与发达国家相比，我国的事权和支出责任划分尚未推进到法治化的程度（刘尚希等，2017），这也对中央与地方政府的履责情况和问责监督造成了一定的负面影响。

### （二）地方税体系有待健全

逐步调整和完善中央与地方的收入划分是理顺中央与地方财政关系的重要议题。随着我国经济形势的不断变化，财权不断上收、事权逐渐下移，地方政府的财政压力日益增大，因此保障地方财力水平在税种调整与制度变革中变得尤为重要。

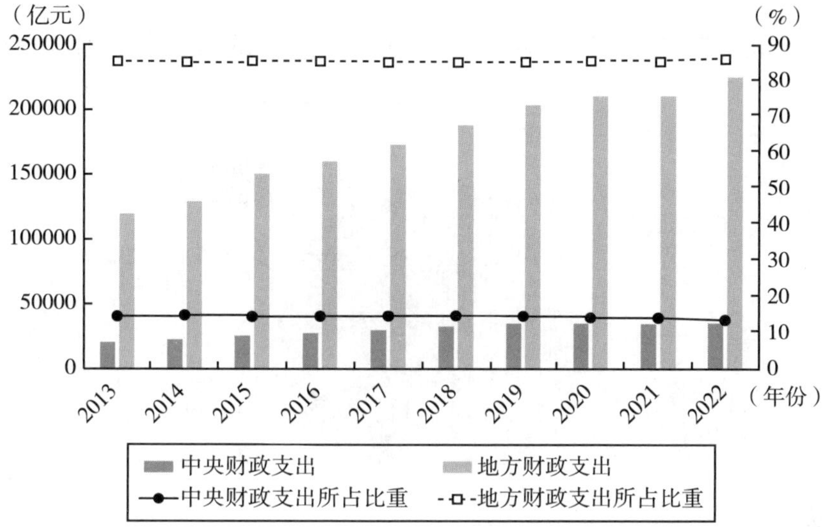


**图 4－1　2013—2022 年中央和地方财政支出及中央和地方财政支出所占比重**

资料来源：2023 年《中国财政年鉴》。

首先，共享税收入的划分模式与标准不够科学。在增值税央地分配经过调整后，地方政府受减税降费政策的影响更为显著，中央与地方的共享税分配方式亟待更新。李明等（2023）指出，我国现行的共享税收入分配机制仍然受到计划经济时期“总额分成”等财政管理体制的影响，这种与转移支付更为相近的财政体制反映出地方税体系的不完善。此外，当前我国地方政府的税权较为薄弱，这会对各级政府提供基本公共服务和履行基本职责产生负面影响，进而挫伤地方政府的积极性。

其次，地方税体系缺乏主体税种，直接税比重有待提升。自 2016 年实施“营改增”后，地方税体系中原本的主体税种营业税被取消，至今尚无能承担主体税种地位的地方税。从收入规模来看，契税和土地增值税的占比最高，但其收入规模仍不足以成为地方税体系中的主体税种。根据李俊英（2021）的测算，2020 年地方税各税种的收入占比如图 4－2 所示。图中显示，契税和土地增值税占地方税总收入的近一半，表明地方财政仍然较为依赖土地财政。然而，随着人口老龄化加剧和未来城镇化速度的放缓，土地财政将难以为继，当前地方税体系的税收结构亟须改革。

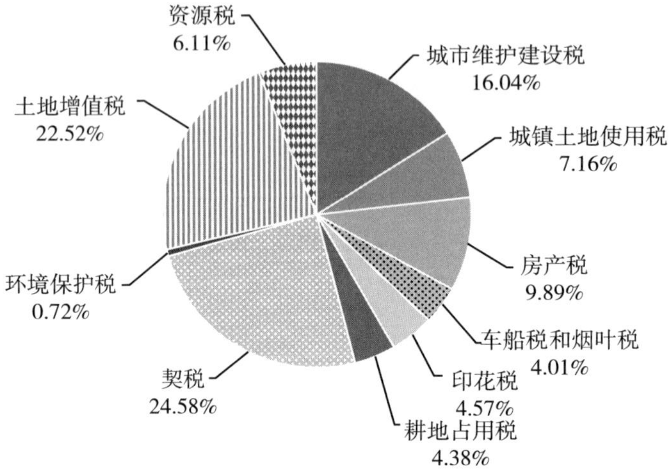


**图 4－2　2020 年地方税各税种收入占比例**

资料来源：国家统计局。

最后，现行的“五五”分成模式在留抵退税等管理上也面临较大困难（楼继伟，2020），亟须寻找更优的税种作为地方税的主要征税依据。目前，地方税体系中直接税的占比仍然较低，难以发挥税收的自动调节功能，不利于实现税收分配公平和促进社会发展。

## 二、转移支付制度存在的突出问题

转移支付是协调区域间财力水平的重要财政手段，其制度改革既与地方收入挂钩，又与中央与地方的事权和支出责任紧密相关。近年来，中央对地方转移支付制度进行了多次改革，取得了显著成效。然而，当前我国的转移支付制度与实现“区域均衡”这一新时代财政体制改革目标仍存在一定差距。

### （一）专项转移支付制度存在的问题

首先，专项转移支付资金规模不稳定，拨付方式规定不明确。从地方政府的角度来看，这一问题导致的主要矛盾在于，中央对地方的专项转移支付金额和分配方式并非固定不变，地方政府因此难以对中央专项资金的拨付作出稳定预期，这不利于地方政府统筹分配财政资金（陈伟伟和冯丹萌，2019）。从中央政府的角度来看，专项转移支付本应用于承担中央在共同支出责任中的部分，但由于其规模和分配方式缺乏严格规定，实践中各地获得的转移支付额度往往受到多种因素的干扰。

其次，专项转移支付与一般性转移支付的界限不清。为规范转移支付科目分类，2009 年部分较为稳定的项目已从专项转移支付中转为一般性转移支付。然而，尽管进行了调整，部分已转出的项目仍然保留在专项转移支付中，导致科目设置交叉重复，降低了财政资金的使用效率。

### （二）一般性转移支付制度存在的问题

首先，转移支付结构单一。目前我国主要实行纵向转移支付，辅以以项目建设为主的地区间支援。然而，经济相对发达地区对相对落后地区进行横向财力支援，才是实现区域均等化的更为直接的方式。在当前财权上收、事权下放的背景下，区域间财力差异问题已十分明显。未来，随着中央财政收入增速放缓和财权适当下放，仅依靠中央对地方的纵向转移支付将更难以调节区域间的均等化（朱海涛和路振家，2014）。

其次，转移支付的权威性不足。目前，我国尚未对财政转移支付进行立法，现有的《决定》《过渡期财政转移支付办法》《中央对地方专项拨款管理办法》等相关规章，均隶属于行政范畴，其规范性和稳定性较弱，相关主体的权利义务不明确，导致在实施过程中出现基层政府被上级政府截留资金、资金分配时多头管理等现象，降低了一般性转移支付资金的使用效率。

再次，转移支付规模过大，且资金使用方面监督缺位。根据《关于2023 年中央和地方预算执行情况与 2024 年中央和地方预算草案的报告》，2023 年中央一般公共预算支出为 38219.48 亿元，地方一般公共预算支出为 236354.42 亿元，而地方一般公共预算收入为 220163.74 亿元。此外，根据国务院关于 2023 年中央决算的报告，中央对地方的转移支付高达102836.32 亿元。其中，一般性转移支付占比最高，为 85036.91 亿元；专项转移支付规模为 8040.67 亿元。过大的转移支付规模会引发一系列问题，如财政供养人口比例增加等。此外，由于一般性转移支付在使用上地方自主性较高，而转移支付制度的绩效评价体系尚不健全，接受转移支付的地方政府容易将资金用于“吃饭财政”（袁飞等，2008）。

最后，地方政府使用一般性转移支付资金不需要付出“代价”，当前的转移支付制度缺乏对接收方的激励机制，导致地方政府在提供优质公共服务方面的积极性较低。

## 三、省以下财政体制存在的突出问题

随着财政体制改革的不断深化，各领域的中央与地方关系逐步理顺，省以下财政体制改革也提上了日程。省以下财政体制的核心问题在于多层级政府间的权责关系不清晰、基层政府财政自主权较低以及流动资金不足等。省以下财政体制作为中央与地方财政关系的延伸，然而在一些地区，省以下财政体制改革推进相对滞后，亟须通过进一步深化改革来解决相关问题。

### （一）省以下政府间事权和支出责任划分不完善

部分省级政府未能有效发挥统筹作用，长期如此可能加大地区间的发展差异。此外，部分省以下政府改革进展缓慢，共同事权界定不清晰，支出责任逐层下移，导致基本公共服务的效率难以保障。当省级政府提高对地级市政府的税收分成和转移支付力度时，支出责任往往会下移，造成支出责任与政府层级的错配，不利于地方经济的长期发展。

### （二）地方政府预算自由裁量能力较低、财政流动资金不足

由于地方政府预算自由裁量能力较低、财政流动资金不足，导致了一系列基层治理问题。在推进城乡融合发展和解决“三农”问题的过程中，基层财政难以为继，基层治理缺乏有效指引，基层干部逐渐产生消极懈怠情绪。这些现象的根本原因在于基层财政的刚性需求难以得到保障，以及本不应由基层承担的支出责任未能及时退还给上级政府（王振宇等，2024）。

### （三）政府层级较多使基层政府效率降低

由于政府层级较多，导致基层政府效率降低，县级政府财政压力增大。县级财政困境的核心矛盾在于财政体制改革未能跟上经济体制转型的节奏。地方政府在职能转变上的迟缓以及分税制体制改革的滞后，使这一矛盾进一步加深（洪洋，2019）。

### （四）省直管县、强县扩权等改革举措带来的新问题

当前，需要审慎看待省直管县、强县扩权等改革举措。虽然省直管县有减少行政层次、提高行政效率、扩大县级财政自主权、促进县域经济发展等优势，但由于省直管县可能因经济发展加速而吸引周边县内企业等，给周边区域带来负外部性，因此也需警惕省直管县可能对地级市整体发展造成的制约（刘冲等，2014）。

### （五）省以下政府转移支付制度及实施规范有待细化，缺乏相应的监督机制

首先，大部分市县一般性转移支付资金不能自主统筹安排，上级政府

对这部分资金有明确的用途规划，这违背了一般性转移支付的使用要求。上级对资金用途的规划中也存在非必要项目，导致市县政府需要挪用转移支付资金以提供必要的公共服务。其次，省以下政府转移支付资金的下达工作不够规范，上级政府对下级政府的转移支付进度缺少监督。一些市县的转移支付资金下达时间不符合既定要求，导致资金长时间滞留在市县层面，严重影响了转移支付资金的使用效率（刘合定，2023）。

## 第五节　财政管理水平仍待提升

财政管理水平决定了财税体制改革的成效和可持续性。一个高效、透明、规范的财政管理体系能够促进财政资源的合理配置，使有限的财政资金能够更加精准地投入到经济社会发展的关键领域和薄弱环节，提高公共支出的效益。财政管理水平的提升是实现财税体制现代化、推动经济社会高质量发展的关键。只有不断提高财政管理的科学化、精细化和法治化水平，才能确保财税体制改革顺利推进，实现国家治理体系和治理能力现代化的目标。本节将深入分析当前我国财政管理工作中存在的不足，明确提升财政管理水平需要解决的难点。

### 一、当前我国财政管理工作存在的突出问题

#### （一）收支预测不够科学精准

党的二十届三中全会《决定》中明确指出："健全预算制度，加强财政资源和预算统筹，把依托行政权力、政府信用、国有资源资产获取的收入全部纳入政府预算管理。强化对预算编制和财政政策的宏观指导。"提

高财政收支预测的精准性具有重大意义，它关系到当年预算赤字与政府举债额度的大小，影响年度预算的编制，更关系到中期财政规划管理的实施与跨年度预算平衡机制的建立。然而，现阶段我国财政收支预测尚不够精准。例如，根据《中国财政政策报告（2023）》，2023 年全国一般公共预算收入为 216784 亿元，同比增长 6.4%，但与预测的最高增速 8% 存在一定差距；2023 年国有土地使用权出让收入为 57996 亿元，同比下降 13.2%，而这一下降趋势可能未在早期预测中得到充分体现。这些问题的原因在于，我国尚未建立科学的收支预测方法，缺乏对宏观经济形势和地方经济发展情况的深入分析。从收入的角度来看，税收制度的不断调整增加了政府收入预测的难度，而房地产市场的波动也使政府性基金收入预测的精准性受到影响。从支出的角度来看，一些突发性事件会使得财政支出规模发生变化，例如 2023 年为应对灾后重建发行了 1 万亿元特别国债，并通过转移支付给地方使用，导致支出预测的精准性降低。

### （二）信息化程度有待提升

财政管理的信息化有助于实现财政资金的精细化管理，提高财政决策的科学性。然而，我国财政管理的信息化程度仍有待提升，具体表现为各级预算信息系统“各自搭台、分头唱戏”，系统之间的对接和匹配不畅，信息孤岛现象普遍存在（马海涛和肖鹏，2022）。这不仅降低了财政管理的工作效率，还导致政府大量的数据资产闲置浪费。此外，各部门数据口径的不统一不仅不利于政府实现财政资源的统筹，也不利于社会公众和监管部门对财政运行过程的监督，不利于实现财政的科学管理。

### （三）预算约束力需要加强

党的二十大提出要健全现代预算制度，党的二十届三中全会进一步提出要健全预算制度，提高预算管理的统一性和规范性。现代预算制度的一个重要特征就是约束有力，这不仅可以优化资源配置、提高财政资金使用效率，还能够防范化解地方政府债务风险，促进经济社会的持续健康发展。虽然党的十八大以来我国在硬化预算约束方面取得了显著进步，但预算的约束力仍需进一步加强。尤其是在当前需求收缩、供给冲击、预期转弱的背景下，政府需过“紧日子”，地方政府面临繁重的基层“三保”压力，因此收支矛盾日益突出。此外，由于收支预测的不精准、预算编制的不科学，地方政府在预算执行过程中容易产生过度举债甚至挪用资金的行为，不利于财政的可持续发展，因此，进一步加强预算约束力是实现财政科学管理的必然要求。

### （四）宏观调控的科学性有待提高

当前经济下行压力加大，在促进经济恢复发展的过程中，财政宏观调控的作用应得到充分发挥。然而，我国宏观调控的科学性仍有待提高，存在宏观调控地方化的问题，即部分宏观调控职能由地方政府承担。例如，2008 年 4 万亿元财政刺激计划要求地方政府提供 2.82 万亿元的配套资金，导致地方政府隐性债务迅速攀升，地方债务风险加大。此外，2023 年为应对灾后重建发行了 1 万亿元特别国债，但通过财政转移支付交给地方使用，这容易导致财政资金使用的碎片化，甚至在财政收支压力较大的地区可能出现资金被挪用的问题。如果过多依赖地方政府实施宏观调控，宏观效果将会加速递减，甚至可能演变为各级政府的行政行为，在市场上产生挤出效应，并增加不确定性（张均斌，2021）。因此，中央政府应适度加强其事权与支出责任，特别是在推进全国统一大市场的过程中，许多全国性和跨区域性的公共物品需要由中央政府提供，促进经济恢复的宏观调控职能也应由中央政府承担，从而避免宏观调控的地方化，提高宏观调控的科学性。

### （五）地方财政管理激励约束体系不健全

长期以来，中央政府将许多事权与支出责任交由地方政府承担，并强调坚决不救助地方债务风险。然而，地方政府往往认为中央政府不会坐视不管，从而产生逆向选择和道德风险问题，即地方政府可能将管理不善的“私货”夹带进来，期望中央政府共同承担责任。此外，由于财政管理差、风险显著的地方政府得到了中央的救助，财政管理严谨的地方政府反而可能放松对本地财政的管理，最终形成央地“双输”与地方政府之间缺乏“正向激励”的财政管理局面。

## 二、当前我国财政管理水平与经济发展阶段、发展目标匹配度不高

### （一）经济高质量发展阶段要求加强财政科学管理

现代财政制度的建立要求我国必须加强财政科学管理。2024 年 8 月，习近平总书记在《关于中共中央进一步全面深化改革 推进中国式现代化的决定》的说明中指出，要“统筹推进财税体制改革，增加地方自主财力，拓展地方税源，合理扩大地方政府专项债券支持范围，适当加强中央事权、提高中央财政支出比例”。虽然党的十九大以来，我国在财政体制、预算管理制度以及税收制度方面进行了一系列改革，优化了我国的财政制度，但目前的财政制度尚未达到现代财政制度的要求，在中央与地方事权和支出责任的划分、预算绩效管理以及税制更新等方面还需持续优化。因此，必须加强财政科学管理，充分发挥财政在优化资源配置、维护市场统一、促进社会公平以及实现国家长治久安中的作用，进而建立现代财政制度，推进国家治理体系和治理能力现代化。

经济的高质量发展要求我国必须加强财政科学管理。自 2022 年

习近平总书记在党的二十大报告中提出“加快构建新发展格局，着力推动高质量发展”以来，我国的财政政策始终围绕实现经济高质量发展展开，促进了科技创新，加快了绿色转型，推进了共同富裕。然而，当前的财政管理工作并未完全达到“五位一体”统筹推进的要求，一些领域的政策仍有进一步优化的空间。例如，在环境保护与经济可持续发展问题上，财政在推动绿色转型方面发挥了重要作用，有效推动了生态文明建设，但随着经济下行压力的加大，经济持续发展的问题未能得到有效协调。同样，在房地产市场调控方面，我们坚持了“房住不炒”的战略定位，有效缓解了房地产市场风险，但地方政府的“土地财政”转型不及时，导致地方财政收入锐减，增加了地方债务风险。为实现经济高质量发展，我国还需进一步加强财政科学管理，通过科学的财政政策进行调控，实现新旧动能的有序衔接，促进经济的恢复与发展。

### （二）经济发展目标的实现要求加强财政科学管理

从我国的经济发展目标来看，《十四五规划与 2035 年远景规划纲要》提出，到 2035 年我国要基本实现社会主义现代化。2022 年，习近平总书记在党的二十大报告中强调，要以中国式现代化全面推进中华民族的伟大复兴。这些目标的实现对财政科学管理提出了紧迫要求。与“两个一百年”奋斗目标相比，当前的财政管理还不够科学，存在收支预测不精准、基础工作薄弱、信息化程度不足、预算约束力有待加强等突出问题，尚未达到“五位一体”统筹推进与经济高质量发展的要求，亟须尽快提升我国财政科学管理水平。

从国内发展现状来看，我国经济发展面临诸多挑战：首先，人口老龄化问题严峻。根据我国 2022 年国家老龄事业发展公报，截至 2022 年末，全国 60 周岁及以上老年人口达到 28004 万人，占总人口的 19.8%，65 周岁及以上老年人口为 20978 万人，占总人口的 14.9%，老年人口抚养比为

21.8%，对我国经济发展形成制约。其次，新型城镇化进程中，虽然我国在党的十九大以来取得了重大成就，但在新形势下，新型城镇化面临新趋势、新特征和新要求，例如长期在城镇就业居住的2亿多未落户的农业转移人口尚未全面享有城镇基本公共服务，大中小城市的协同效应有待增强，以及城市体检与更新工作的推进等，这些问题的解决迫切需要科学的财政政策支持。最后，在创新驱动发展方面，创新是引领发展的第一动力，但我国产业中仍存在一些“卡脖子”技术问题，特别是在芯片、发动机、材料、数控机床、工业软件等领域存在短板，一些关键零部件和装备依赖国外供应，这也要求提高财政科学管理水平，发挥财政在促进基础研究与提升原始创新能力方面的作用。

从国际环境来看，一方面，美国政府政策逆全球化和脱钩断链，这对我国经济造成了巨大冲击，导致出口压力加大，威胁供应链的稳定性，我国经济发展面临严重挑战；另一方面，欧美国家也在积极推进财政科学管理，例如美国通过项目评估分级工具（PART）、计划—项目—预算系统（PPBS）等措施不断完善其预算绩效管理；以法国为代表的部分欧盟国家针对数字行业与传统行业税负不均衡的状况，加快了数字经济税制的构建。为了提高我国财政管理工作的科学性，我国也必须尽快加强财政科学管理。

从公共部门与私人部门的效率比较来看，理论上私人部门的发展速度通常快于公共部门，实际上也是如此。我国财政的发展具有滞后性，例如在数字化方面，数字政府建设未能紧跟数字经济变革的趋势，导致政府职能转变滞后于数字化发展，存在数字垄断、数字侵权、数字难民等市场乱象（杨文帅，2024）。在发挥市场在资源配置中决定性作用的同时，我们也需要更好地发挥政府的作用。因此，必须加强财政科学管理，确保财政对市场调控的科学性。

## 本章主要参考文献

［1］陈伟伟，冯丹萌．中央与地方财政事权和支出责任划分的逻辑框架——观点综述与简评［J］．经济研究参考，2019（09）：70－81.

［2］陈依诺．中国式现代化分税制改革遇到的问题及解决途径［J］．纳税，2024，18（16）：10－12.

［3］傅志华，赵福昌，李成威，等．地方事权与支出责任划分的改革进程与问题分析——基于东部地区的调研［J］．财政科学，2018（03）：17－28，41.

［4］郭宇航．数字经济时代我国增值税的税制和征管面临的挑战及对策//《智慧法治》集刊2023年第2卷——城市数字化转型的法治保障研究文集［C］．华东政法大学经济法学院，2024：8.

［5］国家税务总局税收科学研究所课题组，谭珩，李本贵，等．数字经济对我国税制和征管的影响及相关政策建议［J］．国际税收，2022（03）：3－11.

［6］何代欣，周赟媞．面向绿色发展的税制结构优化［J］．税务研究，2024（07）：26－31.

［7］洪洋．县级财政困难成因及对策：一个文献综述［J］．地方财政研究，2019（04）：78－83.

［8］李俊英．补充性原则下地方税的治理逻辑与构建路径［J］．税务研究，2021（10）：15－21.

［9］李明，朱志钢，龙小燕．地方税体系服务中国式现代化：作用机制、现实困境与优化路径［J］．税务研究，2023（08）：17－22.

［10］李永海，贾致博．财政分权视角下统一大市场建设的历史逻辑、理论逻辑与实践逻辑［J］．财会研究，2024（06）：3－7，46.

［11］刘冲，乔坤元，周黎安．行政分权与财政分权的不同效应：来

自中国县域的经验证据［J］．世界经济，2014，37（10）：123－144.

［12］刘合定．关于完善省以下转移支付制度的思考［J］．财政监督，2023（03）：21－26.

［13］刘尚希，马洪范，景婉博，等．国外支出责任的理论考察与实践经验［J］．财政科学，2017（09）：62－67.

［14］刘勇政，邓怀聪．中国政府间转移支付制度三十年：演进、成效与变迁逻辑［J］．经济理论与经济管理，2024，44（05）：54－68.

［15］楼继伟．坚持现代财政制度主线完善中央地方财政关系［J］．财政研究，2020（02）：3－8.

［16］马海涛，肖鹏．借力预算管理一体化 提升财政管理水平［J］．行政管理改革，2022（08）：30－37.

［17］倪红日．我国地方税体系建设面临的挑战及政策建议［J］．国际税收，2024（02）：11－19.

［18］沈坤荣，施宇．地方政府隐性债务风险：动态演进、治理难点与治理路径［J］．经济学家，2023（12）：56－65.

［19］宋凤轩，王丽．绿色税收体系服务中国式现代化的价值意蕴、现实挑战与优化路径［J］．国际税收，2024（03）：45－52.

［20］孙静．高等教育领域中央与地方财政事权和支出责任划分问题研究［J］．财政科学，2021（07）：67－75.

［21］孙维．省以下事权与支出责任划分改革：现状、问题和优化路径［J］．财政科学，2023（11）：124－130.

［22］王振宇，路遥，司亚伟．省以下财政体制匹配逻辑、模式特征与改进深化［J］．财政研究，2024（01）：29－44.

［23］杨得前，汪鼎．财政压力、省以下政府策略选择与财政支出结构［J］．财政研究，2021（08）：47－62.

［24］杨文帅．数字时代市域社会治理的拓扑模式［J］．北京理工大

学学报（社会科学版），2024（01）：167－176.

［25］余守文，王经纬．我国体育赛事财政事权与支出责任划分研究——以 2022 年冬奥会筹办为个案［J］．学习与探索，2020（06）：125－134.

［26］袁飞，陶然，徐志刚，等．财政集权过程中的转移支付和财政供养人口规模膨胀［J］．经济研究，2008（05）：70－80.

［27］张均斌．后疫情时代，宏观经济政策要有新思维［N］．中国青年报，2021－08－24（005）.

［28］朱海涛，路振家．我国现行转移支付制度的主要成效与存在问题［J］．经济研究参考，2014（44）：52－56.

# 第五章

# 深化财税体制改革的基本框架

推进中国式现代化是塑造未来中国发展蓝图的关键战略。党的二十届三中全会强调，进一步全面深化改革的总目标是继续完善和发展中国特色社会主义制度，推进国家治理体系和治理能力现代化，要完善国家战略规划体系和政策统筹协调机制，深化财税体制改革。这一全面深化改革的总目标，把深化财税体制改革作为健全宏观经济治理体系的重要内容进行部署，体现了更高站位、更大格局和更高要求。

## 第一节 深化财税体制改革的指导思想

党的二十届三中全会《中共中央关于进一步全面深化改革 推进中国式现代化的决定》（以下简称《决定》）明确进一步全面深化改革的指导思想："坚持马克思列宁主义、毛泽东思想、邓小平理论、'三个代表'重要思想、科学发展观，全面贯彻习近平新时代中国特色社会主义思想，深入学习贯彻习近平总书记关于全面深化改革的一系列新思想、新观点、新论断，完整准确全面贯彻新发展理念，坚持稳中求进工作总基调，坚持解放思想、实事求是、与时俱进、求真务实，进一步解放和发展社会生产力、激发和增强社会活力，统筹国内国际两个大局，统筹推进'五位一体'总体布局，协调推进'四个全面'战略布局，以经济体制改革为牵引，以促进社会公平正义、增进人民福祉为出发点和落脚点，更加注重系统集成，更加注重突出重点，更加注重改革实效，推动生产关系和生产力、上层建筑和经济基础、国家治理和社会发展更好相适应，为中国式现代化提供强大动力和制度保障。"这是我国在改革开放以来特别是新时代全面深化改革宝贵经验的高度凝练与系统总结。与进一步全面深化改革的指导思想相适应，必须将坚持党的全面领导、践行"以人民为中心"的执政理念、坚持守正创新、统筹协调安全与发展作为深化财税体制改革的指导思想。

### 一、坚持党的全面领导

坚持中国共产党的领导是深化财税体制改革、推动财政事业蓬勃发展的根本保证①。只有把党的领导贯穿深化财税体制改革的各方面全过程，才能确保改革始终沿着正确政治方向前进，进而更加科学、高效地解决改革过程中遇到的问题。深化财税体制改革必须持续贯彻落实《决定》提出的健全预算制度、健全税收制度、理顺央地财政关系等改革任务，深入学习贯彻习近平总书记关于财政工作的重要指示批示精神和党中央的决策部署，从制度、程序和行动三个方面不断强化与巩固。

### （一）要从制度上厘清中央与地方财政关系，保证党中央权威

党在各项事务中起到总揽全局、协调各方的领导核心作用。为了更好地发挥党的领导作用，必须从制度上处理好中央与地方财政关系，坚持和完善“保障中央政府宏观事务管理”与“充分调动地方的积极性、支持地方政府创造性开展工作”的协调机制。一方面，提高中央财政收入占全国财政收入的比重，为中央政府进行宏观事务调控管理提供坚实的财力保障；另一方面，合理界定中央与地方的事权和支出责任，根据现实变化和客观实际动态调整，避免财权脱离事权，出现权责错配。

### （二）从程序上明确党在各项重大财政事项上的决策权

党在财政事项上的决策权是发挥财政国家治理基础和重要支柱作用的关键。要对党行使财政决策权的范围进行明确和界定。各级财政部门在执行各类重大财政事务的事前、事中和事后，都必须及时向党请示汇报，作出的决定决议要符合党的意图，确保党的决策权在人大决定权、政府行政权之前。

---

① 马海涛，姚东旻，孟晓雨．党的十八大以来我国财税改革的重大成就、理论经验与未来展望［J］．管理世界，2022，38（10）：25－44．

**（三）要从行动上动员各方力量，保障和使用好财政资金**

中央总揽全局进行宏观调控需要拥有充足的财力保证。因此，要进一步加大财政资源统筹力度，把依托行政权力、政府信用、国有资源资产获取的收入全部纳入政府预算管理，集中力量服务党和国家的重大战略。同时，强化部门和单位收入统筹管理水平，增强积极财政政策的可持续性，多措并举提升财政保障能力。

## 二、践行“以人民为中心”的执政理念

自党的十八大以来，国家把保障和改善民生提到了前所未有的高度，指出要“实现发展成果由人民共享”“促进人的全面发展”。《决定》进一步要求：“在发展中保障和改善民生是中国式现代化的重大任务。必须坚持尽力而为、量力而行，完善基本公共服务制度体系，加强普惠性、基础性、兜底性民生建设，解决好人民最关心最直接最现实的利益问题，不断满足人民对美好生活的向往。”深化财税体制改革必须牢牢站稳人民立场，秉持“人民至上”的价值追求，坚持在发展中保障和改善民生，促进改革发展成果更多、更公平惠及全体人民，真正做到人民有所呼、改革有所应，做到改革为了人民、改革依靠人民、改革成果由人民共享。

**（一）深化财税体制改革要补齐民生领域短板，将实现广大人民群众最直接、最现实、最根本的利益作为工作的出发点和落脚点**

财政活动的基本目标是为了满足“社会共同需要”，“社会共同需要”体现为一定社会范围内全体成员的共同意志与共同利益，并由社会群体共享。基于此，财政资源的配置过程应把满足全体人民共同需要摆在更加重要的位置。一方面，推动财力向困难地区和基层倾斜，督促省级政府切实

担负起“三保”主体责任，加大税收、社保、转移支付的调节力度和精准度，着力增加农村低收入群体收入。另一方面，以财税改革推进基层公共服务保障能力，注重加强普惠性、基础性、兜底性民生建设的资金投入，进一步巩固拓展脱贫攻坚成果，推进公共服务均等化。

**（二）深化财税体制改革应基于“人的全面发展”要求，从“物质现代化”“制度现代化”转向“人的现代化”**

财政所实现的社会共同需要代表着民生的共同需要，最终服务于“人的全面自由发展”。随着中国特色社会主义进入新时代，我国社会主要矛盾发生变化，深化财税体制改革需顺应社会共同需要的变化，在保障民生问题的基础上，进一步满足人民群众多层次、多样化的需求。一方面，坚持新发展理念，结合落实政策需要与财力可能，合理安排专项转移支付规模，重点加强对科技创新、污染防治等重点领域的资金保障，使民生福祉达到新水平；另一方面，注重人民实质需求，致力于实现全体国民的“自由全面发展”。围绕科教兴国、人才强国、健康中国等发展战略，优化公共服务的供给方式，加强对体育文化、子女教育、医疗卫生等领域的财政支持，更深层次地满足全体人民的共同需要，提高人民的幸福感、获得感、安全感。

## 三、坚持守正创新

《决定》要求“紧跟时代步伐，顺应实践发展，突出问题导向，在新的起点上推进理论创新、实践创新、制度创新、文化创新以及其他各方面创新”。中国式现代化建设，为中国财税理论提供了发展主题和价值引领；中国式现代化的发展过程，成为深化财税体制改革重要的历史基点，为中国财税体制改革实践指明方向。

突出问题导向是深化财税体制改革的重要方法论①。坚持问题导向与目标导向相结合，中国的财税理论与制度始终处于动态调整中，顺应时代发展要求，不断将制度优势转换成治理效能。在深化财税体制改革的新历史条件下，中国式现代化进入新阶段，从主体维度、实践维度和属性维度对我国财税理论与制度创新提出了新要求。

### （一）突出问题导向

我国现行财税体制是在 1994 年分税制改革框架下不断完善形成的。新时期以来，我国财税体制改革取得了显著成就，表现为现代预算制度框架基本确立，现代税制体系初步建立，财政体制改革取得重大突破。与此同时，当前我国财税体制仍面临诸多挑战。例如，政府间财政关系未完全理顺，一些地方基层财政运行出现困难，财税制度与高质量发展的要求不相适应。在此背景下，迫切需要通过深化财税体制改革推动高质量发展，从而助力实现中国式现代化。因此，深化财税体制改革的落脚点在于解决财税体制机制的自身矛盾，加快建立现代财税体制，提高财政可持续性。

一方面，深化财税体制改革是推动高质量发展、实现中国式现代化的时代要求。深化财税体制改革要立足新发展阶段、贯彻新发展理念、推动高质量发展，从而为实现中国式现代化增添动力。当前，我国财税体制受制于所处阶段和自身局限，与支持实现创新、协调、绿色、开放、共享发展的财税体制存在一定差距。针对财税体制中存在的短板和不足，只有对照高质量发展的目标要求，通过全面深化财税体制改革破除财政体制机制障碍，才能为实现中国式现代化奠定坚实的国家治理基础。

另一方面，深化财税体制改革是保障财政平稳运行、强化风险防控的现实需要。受经济下行压力和减税降费等多重因素影响，近年来我国财政

---

① 冯俏彬．新一轮财税体制改革要突出问题导向［N］．中国经济时报，2023－12－25.

收入增速明显放缓。在今后一个时期，我国财政都将处于紧平衡状态，地方政府特别是基层政府面临突出的财政运行压力，一些地方县级财政运行出现困难、债务风险较高。在此背景下，需要通过深化财税体制改革理顺省以下财政关系，解决地方财政困境，通过预算制度改革和税制改革，提高财政资金使用效率和宏观经济运行效率，还要强化财政政策的逆周期调节能力。

### （二）推进财税理论创新

首先需要突出财税理论的政治属性和政治内涵。财税理论的“中国特色”首先体现在其政治特征。“财”要为“政”服务，财政对于公共资源的统筹、管理与配置，体现着党和国家的意志，服务于党和国家事业大局，服务于不同历史条件下的现代化目标，具有天然的政治属性和政治内涵。其次，增强财税理论的原创性。深入发掘习近平新时代中国特色社会主义思想在财税理论和实践中的创新和发展，深入探讨财政和税收的本质问题及研究对象、功能定位、研究逻辑、制度特征、理论框架等问题，为推动国家治理现代化提供学理支撑。最后，增强财税理论的实践性。一方面，财税理论立足于中国实际，讲中国故事，并且把深化财税体制改革的实践经验抽象概括为系统化的财税理论；另一方面，财税理论要能够指导并服务于未来的实践，发挥财税体制在国家治理、高质量发展和共同富裕中的重要作用，为中国式现代化建设提供支撑。

### （三）推进财税制度创新

深化财税体制改革必须立足中国式现代化的时代背景，贯彻新发展理念、构建新发展格局，以推动高质量发展为主题，以深化供给侧结构性改革为主线，以改革创新为根本动力，以满足人民日益增长的美好生活需要为根本目的，更加有效保障和改善民生，更好发挥财政在国家治理中的基础和重要支柱作用，为全面建设社会主义现代化国家提供坚实保障。深化财税体制改革并非财政体制、税收制度、预算制度等某一方面的改革，而是系统性、全面性的改革。因此，必须以系统化思维建立健全财税体制的内在机制，提高制度效能。用系统化思维全流程整合财税体制运行中各环节业务规范，强化制度执行力，推动加快建立现代财政制度。

## 四、统筹协调发展与安全

当今世界和中国正经历百年未有之大变局。从全球来看，世界格局日新月异，政治经济秩序加速变革，国际力量对比变化和大国博弈加剧，经济全球化退潮、产业链供应链面临调整，全球已然进入“风险社会”，而新一轮科技革命和产业变革更是改变了传统的生产方式、社会结构和生活方式。统筹安全与发展是以习近平同志为核心的党中央立足于新发展阶段国际国内新形势新情况所提出的重大战略思想。财政安全是经济安全的最后一道防线[①]，深化财税体制改革应充分把握国际国内形势，时刻关注外部条件变化，发挥“兜底”保障功能，提升财政转移分散风险、防范化解重大风险的能力。

### （一）以深化财税体制改革化解重大风险，更大程度发挥财政的“兜底”职能

防范化解重大风险是新形势下做好财政工作，确保我国经济社会稳定运行的重要举措。财政的可持续性取决于公共风险与财政风险权衡的结果。当经济、社会各个领域出现重大风险时，需要以扩大财政风险的方式对冲新冠疫情

① 马海涛，姚东旻，于曙光．我国财政安全的内涵、挑战和实现路径：基于总体国家安全观视角［J］．经济理论与经济管理，2024，44（05）：9－24．

暴发、失业、生活困难等公共风险。与此同时，财政风险作为公共风险的一部分，应避免其转化为公共风险。面对复杂敏感的周边环境，财政政策的制定、运行和调整应重点加强对公共风险、财政风险的防范与化解能力。一方面，从我国发展全局出发，聚焦于国际风险、新冠疫情次生风险等问题，以财政部门为核心，加强与各领域各部门的合作，更好地发挥财政政策“稳定器”作用和“兜底”责任。另一方面，要重视维护财政自身安全，保障财政系统安全运行。紧密联系外部环境变化和国内改革发展情况，把握财政风险状况，提高对债务风险、赤字风险的识别与应对能力。

### （二）深化财税体制改革要以发展为前提，在发展中解决各种矛盾

一方面，财政工作需坚持稳中求进，保证财政资源对经济建设的持续投入。当前我国仍处于转变发展方式、转换增长动力的攻关期，需要保持积极的财政政策，持续为市场纾困。同时，财税体制改革也要留有一定的安全空间保障，让财政政策成为经济复苏的“助燃剂”，而非一味追求速度，拔苗助长。另一方面，财税体制改革要以战略和政策创新为途径，化解不平衡不充分发展的矛盾。通过改革完善转移支付制度，突出考虑对欠发达地区的财力支持，缩小不同区域、不同群体之间的差距，提升经济发展的平衡性；通过健全我国生态保护补偿制度与覆盖城乡的社会保障体系，着力解决生态环境保护、农村社会保障不充分的问题。

## 第二节　深化财税体制改革的总体目标

《决定》指出，进一步全面深化改革的总目标是：“继续完善和发展中国特色社会主义制度，推进国家治理体系和治理能力现代化。到 2035

年，全面建成高水平社会主义市场经济体制，中国特色社会主义制度更加完善，基本实现国家治理体系和治理能力现代化，基本实现社会主义现代化，为到21世纪中叶全面建成社会主义现代化强国奠定坚实基础。”为充分发挥经济体制改革对中国式现代化建设的牵引作用，必须建立与中国式现代化、与高水平社会主义市场经济体制相适应的现代财税体制。为此，深化财税体制改革应当以构建与中国式现代化相适应的现代财税体制为总目标，为建设高水平社会主义市场经济体制提供坚实的财税体制基础①。

## 一、明确将构建与中国式现代化相适应的现代财税体制作为深化财税体制改革的总目标

《决定》提出，“必须自觉把改革摆在更加突出位置，紧紧围绕推进中国式现代化进一步全面深化改革”。这一点题之句与党的十八届三中全会、十九届四中全会、二十大报告一脉相承，体现了中国在现代化进程中对全面深化改革的持续关注和努力，也是面对改革进入“深水区”的新挑战时，通过更系统和深层次的改革全面推进现代化的重大决策。

党的二十大报告指出：“中国式现代化是人口规模巨大的现代化”“中国式现代化是全体人民共同富裕的现代化”“中国式现代化是物质文明和精神文明相协调的现代化”“中国式现代化是人与自然和谐共生的现代化”“中国式现代化是走和平发展道路的现代化”中国式现代化五个方面的中国特色对财税体制改革提出了新的要求②。

第一，人口规模巨大的现代化要求财税体制改革始终聚焦民生福祉，

---

① 蔡昉，顾海良，韩保江，等．聚焦构建高水平社会主义市场经济体制，推动经济高质量发展——学习贯彻党的二十届三中全会精神笔谈［J］．经济研究，2024，59（07）：4－53.

② 马海涛，姚东旻．成就与方向：立足中国式现代化的财税体制改革［J］．人民论坛，2022（22）：56－59.

优化支出结构，重点保障基本民生，兜底兜牢民生底线。当前我国仍面临人口规模巨大、人均 GDP 水平较低、就业总量压力不减、人口老龄化程度加深的现实国情。财税体制改革要始终以满足“社会共同需要”为制度落脚点，坚持党的全面领导，坚持以人民为中心的发展思想，全面深化改革，促进人的全面发展和社会全面进步。加大财税政策支持实体经济发展的力度，着力推进助企纾困。不断细化财税政策对落实就业优先战略的具体举措，健全就业促进机制，促进高质量充分就业。健全就业公共服务体系，完善重点群体就业支持体系，加强困难群体就业兜底帮扶。强化社会主义“大国财政”对于老龄化问题的顶层统筹与系统集合能力，加快健全社会保障体系、养老服务体系、健康支撑体系。

第二，全体人民共同富裕的现代化要求财税体制改革充分发挥财税制度在收入分配方面的调节作用，完善收入分配秩序，规范财富积累机制，优化转移支付制度，协调城乡区域发展。从税收端来看，一方面，借助企业所得税优惠政策，维持税负在各行业各地区间相对公平。对重点扶持行业实行免征、减半征收等优惠，从法律层面保证政策的规范性、有效性；对设立在不同地区的鼓励类产业企业根据地方差异，动态调整具体优惠政策。另一方面，通过个人所得税改革，缩小劳动所得与资本所得的税率差距，提高个人所得税免征额，减轻中低收入人群税负压力，增加居民可支配收入，缩小收入差距。从财政支出端来看，完善转移支付体系，合理安排共同财政事权转移支付，实行差异化补助政策，充分发挥政策的引领、保障、撬动作用，推进区域基本公共服务均等化，构建优质均衡的公共服务体系。

第三，物质文明和精神文明相协调的现代化要求财税体制改革优化教育资源配置，保障公共文化服务供给，切实保障人民文化权益，丰富人民精神文化生活。一方面，扎实推进经济发展质量和总量并重。财税体制改革聚焦关键领域和实体经济，通过加大财政支出为中国经济高质量发展提供坚实保障并注入强劲动力，由规模扩张向量质并重转变，推动经济实现质的有效提升和量的合理增长。立足新发展阶段，贯彻新发展理念，大力扶持科技创新，推动新业态发展，发挥先进技术在经济发展、生产效率提升和企业盈利等方面的作用。另一方面，大力推动教育文化事业建设和发展。全面贯彻党的教育方针，由全面普及向优质均衡跨越，用好公共教育支出每一分投入，办好人民满意的教育，建设高质量教育体系，提高全社会文明程度，形成尊重知识、尊重人才的风尚，为社会全面发展提供支撑。促进基本公共文化服务标准化、均等化，确保财政支持公共文化投入水平与国家经济社会发展阶段相适应，完善繁荣发展社会主义先进文化的制度。

第四，人与自然和谐共生的现代化要求财税体制改革贯彻落实创新、协调、绿色、开放、共享的新发展理念，用好绿色税制，加大绿色采购，建立生态补偿转移支付机制，积极探索绿色发展新路径。加强财税政策在绿色发展方面的引领作用。生态文明建设要求财税体制改革助力解决资源稀缺、环境污染、生态破坏等一系列现实问题，满足人民日益增长的优美生态环境需要，持续加大生态环保资金投入力度，同时加强对“绿色预算”的约束和风险防控，强化“绿色资金”绩效管理，下沉一线、用到实处，将生态文明建设放在发展全局的重要位置。在环境保护重点工作中发挥财税政策的引导作用，优化中国绿色税收体系，完善政府绿色采购政策，建立健全环境保护激励奖补机制，引导社会资源加大对环保领域的扶持与倾斜力度，引领资金向绿色、低碳、节能领域聚集。

第五，走和平发展道路的现代化要求财税体制改革服务构建新发展格局，积极为国际社会提供公共产品，主动融入国际税收治理。一是制定财税政策要进一步推进高水平对外开放，促进国内国际两个市场中商品、资本、劳动力和数据的自由流动，加大对国内产业链转型升级的支持力度，推动产业转型升级，持续提升产业链供应链现代化水平。二是制定财税政策要以“双碳”目标为契机，以构建“多税共治”的绿色税制体系为重要抓手，在全球气候治理、生态环境保护等方面提供惠及全人类的国际公共产品。三是制定财税政策要服务国际税收治理，在国际税收治理的规则制定、机制运行、工具创新、秩序重构中发出中国声音、提供中国方案、贡献中国智慧，推动全球税收治理体系朝着更加公正、合理、有效的方向变革，为构建公平和现代化的国际税收体系作出贡献。

因此，我国亟待通过深化财政体制改革、优化税制结构、完善预算管理制度以提升财税体制的系统性、整体性和协同性，建立健全与中国式现代化相适应的现代财税体制，从而破除深层次体制机制障碍，实现政府与市场的协同运作，提升市场竞争力和生产要素配置效率，促进新质生产力的发展与经济结构调整优化，最终将全面深化改革的战略部署转化为推进中国式现代化的强大力量。

## 二、建立健全现代预算制度、现代税收制度、现代央地财政关系

中国式现代化集中体现了中国在新时代新征程中的发展方向与总体要求，财政制度的现代化就是要积极回应其中的重点、难点问题，真切回应各领域对于“中国式现代化”的时代需求①。中国式现代化也对中国现代预算制度、税收制度和央地关系提出了具体的要求。中国式现代化要求中国现代预算制度提升资金效益和政策效能，通过深化预算绩效管理等举措促进资金规范安全高效使用。中国式现代化要求中国现代税收制度充分发挥税收调节分配的作用，改善现有税制结构，在缩小收入差距上发挥更大的作用，推动实现共同富裕。在央地关系方面，中国式现代化要求完善财

① 马海涛，姚东旻．现代财税体制的理论渊源、基本共性与中国特质［J］．改革，2023（11）：83－95.

政转移支付制度体系，使政府间转移支付真正发挥均衡财力的作用，缩小地区差距、城乡差距。

### （一）建立健全现代预算制度

一是以人民为中心，综合统筹。相较于西方现代化预算制度，中国现代化预算制度内核是将预算视为调节国家和社会关系的一种基本形式，并非单纯的收支计划。从发展历程来看，中国预算制度改革的根本目标是实现社会共同需要，实现“共同富裕”，倾向于“社群主义”。由此，中国现代化预算制度有着更为丰富的内涵和外延，既与市场经济所要求的公共财政相适应，又内嵌于以人为本的社会主义制度逻辑，综合统筹以持续满足社会共同需要。

二是优化配置，规范约束。相较于西方现代化预算制度，中国现代化预算制度更倾向于由政府掌握主动权，不断优化资源配置。从预算收支原则来看，我国采取“以收定支”的原则，强调的是政府的积极主动性、企业的消极被动性。在这一原则的规定下，政府获得财政收入的权力没有被限制，能够更多地投入自身管理和经济建设。由此，反馈到现代预算制度特征上，中国现代化预算制度更多的是凸显政府的主动权，强调政府发挥积极性，同时也要做到约束有力，通过科学编制做到全口径管理，坚持用预算来统领和约束各政府部门的支出活动。

三是讲求绩效，注重公平。相较于西方现代化预算制度，中国现代化预算制度对效率和公平同时提出了要求。从绩效管理来看，中国现代绩效预算强调效率与公平兼顾，中国预算支出始终以满足社会共同需要为目标，以民生支出为重点，致力于实现人民的美好生活愿望。现代预算制度下预算绩效进一步成为现代政府治理体系的核心内容与基础，直接决定政府治理能力的现代化水平。由此，反馈到现代预算制度特征上，中国现代化预算制度则对效率与公平提出了实质性要求，追求效率与公平相兼顾、相促进、相统一。

### （二）建立健全现代税收制度

一是以人民为中心，强调税负公平。实现全体人民共同富裕，既是中国特色社会主义的本质要求，又是中国式现代化的重要特征。中国现代税收制度以人民为中心，以“善治税收”为治税理念，始终聚焦民生福祉。中国通过多渠道的就业资金保障机制、失业保险制度和相应的税收减免措施加强对重点困难群体的就业兜底帮扶；面对人口老龄化不断加深的现实背景，中国税制围绕“老有所依，幼有所养”的目标要求，持续加大对基本养老保险基金的补助力度，深化个人所得税对于养老、育儿的专项附加扣除，促进养老托育产业健康发展。此外，中国现代税制以社会公平正义为导向，不只是将税收公平简单划分为收入分配的横向公平和纵向公平，还将公平的概念延伸至财富积累、财产分配、机会均等方面。中国通过税制改革，对重点扶持行业税费实行免征、减半征收等优惠，维持税负在各行业、各地区间相对公平。

二是服务国家治理，重视税制改革与调整。税收治理能力是国家治理能力的重要支撑，中国现代税收制度始终服务于国家治理现代化的战略目标。当前，中国社会主要矛盾已经转化为人民日益增长的美好生活需要和不平衡不充分的发展之间的矛盾，基于此，中国现代税制在聚焦关键领域和实体经济的同时，也围绕科教兴国、人才强国与创新驱动发展三大战略采取相应改革举措。具体而言，中国通过税制改革不断完善结构性减税措施，稳步推进规模性减税，通过合理的减税降费举措推进现代化产业体系优化升级和经济高质量发展，以应对日益复杂的国内外环境，努力构建以国内大循环为主体、国内国际双循环相互促进的新发展格局。由此，中国现代税收制度在保持稳定性的基础上，能够通过合理的动态调整以满足当前国家和社会发展的需要。

### （三）建立健全现代央地财政关系

一是公平性是中国央地关系的重要性质，实现社会公平是社会主义的本质要求，是中国社会主义优越性的重要体现，是与西方国家的根本区别所在。长期以来，中国中央与地方财政关系调整都凸显了公平性，党的十八大以来，政府间财政关系的主要改革成就包括：构建协调的财力分布格局；完善中央对地方的转移支付制度；促进区域均衡发展。这些均围绕“公平性”展开。转移支付是体现公平性的重要方面，能最大限度保证公平，促进政府财力与基本公共服务的均等化。

二是权威性是实现公平性的保障，中央政府在中央与地方财政关系中具有绝对的权威性。从法律基础的角度来看，《中华人民共和国宪法》第一百一十条第二款规定：“地方各级人民政府对上一级国家行政机关负责并报告工作。全国地方各级人民政府都是国务院统一领导下的国家行政机关，都服从国务院。”这从根本上说明了中国的中央和地方政府关系是上级领导下级、下级服从上级的关系。从文化传统的角度来看，自秦朝开始，“大一统”的思想深深内嵌于中国的政治传统和历史文化中。

三是激励性是公平性的基本保证，中央政府“想方设法”调动地方政府积极性，最大限度激发地方政府的活力。1949 年以来，党和国家高度重视地方政府的激励问题。1956 年，毛泽东同志在《论十大关系》中就明确提出了有关处理中央与地方关系的论述：“有中央和地方两个积极性，比只有一个积极性好得多。”2013 年，党的十八届三中全会提出“建立现代财政制度，发挥中央和地方两个积极性”。在具体实践中，中央政府可以通过多种措施对地方政府予以激励：一是资金支持，包括转移支付、税收返还、其他各类别财政资金等；二是政策支持，中央可以利用税收政策、产业政策、人事政策、教育政策等给予地方支持；三是政治激励，即对于主政官的绩效考核。

# 第三节　深化财税体制改革的基本思路

新时期以来，我国财税体制改革取得了重大成就，在当前财政紧平衡状态下，需要通过深化财税体制改革解决财政体制机制矛盾，防范化解地方财政风险，推动高质量发展。为此，立足于《决定》关于深化财税体制改革的定位和部署，深化财税体制改革要以处理好深化财税体制改革与完善社会主义市场经济体制、政府与市场、国有经济与民营经济、中央与地方四组基本关系为基本思路，为推进中国式现代化夯基固本。

## 一、把握深化财税改革和完善社会主义市场经济体制的内在联系

国家治理现代化是现代国家建构的内在要求，财政作为国家治理的基础和重要支柱，深化财税改革是实现国家治理现代化的重要手段。与此同时，现代财政体制是社会主义市场经济体制的重要组成部分。财政是有为政府发挥职能作用的重要途径，若将整个市场视为一个“平台”，政府和企业即是平台上的参与者，平台交易是否成功、资源配置效率的高低以及价值实现的大小，政府在其中应当发挥调节和激励主体积极性、撬动社会资本投入、兜底整体风险等作用，是市场平台交易的重要参与者和引导者。因此，财政作为连接国家治理现代化以及建设高水平社会主义市场经济体制之间的桥梁，深化财税改革不仅有助于完善中国特色社会主义市场经济体制，从而打通现代化国家治理的关键环节。同时，财税改革又通过助力国家治理现代化，为中国特色社会主义市场经济又好又快发展提供重要保障。

综上所述，财政应从稳定、生产、分配三方面发挥职能作用。首先，财政应具有稳定性职能，为社会主义市场经济改革中的冲击和风险做好缓冲。当前，我国持续完善社会主义市场经济体制，深化经济体制改革，在此期间会发生利益的变动，史无前例的改革成果背后也将存在一定的矛盾和冲突。因此，财政需承担改革成本，缓冲改革冲击，实现稳定经济和保护兜底的职能。基于此，应利用财政发挥充分就业、稳定物价、福利保障、义务教育等作用，使各经济主体在经济体制改革中公平有序竞争，达到经济稳定、可持续发展的目的。其次，财政应具有生产性职能，为经济增长注入活力。财政可以为小微企业与重点行业企业提供相关生产性服务，有效保护产权，缓解市场拥挤。目前，市场经济发展中一个重要问题是资金投入结构的改革，部分企业缺乏核心竞争力，产品质量不高，而实现精准、有效的投资可以有效弥补发展不足、打破发展瓶颈，因此财政需为社会主义市场经济营造高质量的投资和经营环境，从供给关系出发，优化经济中的产业结构。最后，财政还应发挥分配性职能，促进社会公平，逐步实现共同富裕。财政不仅可以实现财富的再分配，如税收、补贴和转移支付，更可以实现权利的再分配。通过优化调整财政资金投入的流向，可以改变人们享有权利的程度，如医疗卫生条件和教育基础设施等。因此，财政要充分考虑各项政策的功能定位和受益范围，实现精准发力，最大化释放政策效能。

## 二、把握政府与市场、国有经济与民营经济、中央与地方的关系

中国特色社会主义市场经济体制改革是我国国家治理走向现代化的关键一环，同时我国国家治理体系的建立、国家治理现代化又是推动中国特色社会主义市场经济又好又快发展的重要基础。要处理好中国特色社会主

义市场经济体制改革与我国国家治理现代化的关系，必然要把握好政府和市场的关系、国有经济和民营经济的关系以及中央与地方的关系。只有厘清上述关系，才能使我国国家治理现代化和中国特色社会主义市场经济相得益彰，共同发展。

### （一）把握政府与市场的关系

正确处理政府和市场的关系是贯穿经济体制改革的核心问题，党的二十大指出“充分发挥市场在资源配置中的决定性作用，更好发挥政府作用”，党的二十届三中全会进一步强调高水平社会主义市场经济体制是中国式现代化的重要保障，既要更好发挥市场机制作用，创造更加公平、更有活力的市场环境，实现资源配置效率最优化和效益最大化，又要进行科学的宏观调控与有效的政府治理。财税体制改革作为全面深化改革的“突破口”和“先行军”，必须服务于改革大局，本轮财税体制改革并非财政体制、税收制度和预算制度等某一方面的改革，而是系统性与全面性的改革。全面深化财税体制改革要坚持把正确处理好“政府和市场关系”作为改革前提，将“政府和市场关系”作为逻辑起点与更深层次的改革对象。

从历史维度来看，改革开放后，两步“利改税”通过税收把国家与企业的分配关系固定下来，初步平衡与优化了政府与个人、政府与企业之间关系。1994 年，分税制改革聚焦理顺中央与地方的分配关系，建立了以税种划分收入的分税制财政体制，但事权和支出责任划分保持基本稳定，与“事权与支出责任相适应”“权责清晰”目标相比仍有较大差距。党的十八大以来，针对央地财政事权和支出责任划分不清晰、不合理、不规范等问题，2016 年国务院印发《关于推进中央与地方财政事权和支出责任划分改革的指导意见》，强调根据公共服务性质与受益范围，并结合不同层级政府在不同类型公共服务提供上的比较优势，为财政事权和支出责任划分提供了政策指导，在此之后，中央先后出台针对基本公共服务、医疗卫生、科技、教育、交通运输、公共文化、生态环境、自然资源、应急救援和知识产权领域等多项改革方案，初步建立了财政事权和支出责任划分的基本框架。由此，理顺中央与地方的财政关系是以往财税体制改革的核心，经历了由收入划分向事权与支出责任划分的过渡，但更深层次的“政府和市场的关系”并未得到足够的重视。改革行至“深水区”，如何厘清有效市场和有为政府的边界、如何让“有形之手”和“无形之手”协同发力的问题亟待解决。

从现实维度来看，党的十九大提出“我国经济已由高速增长阶段转向高质量发展阶段”，但当前我国经济发展仍面临不充分不平衡的问题，如科技创新水平仍不高、现代化产业体系建设仍需加力、城乡区域及群体之间收入差距仍较大等。基于我国仍是世界上最大的发展中国家这一基本国情，发展依旧是党执政兴国的第一要务，党的二十届三中全会再次强调，高质量发展是全面建设社会主义现代化国家的首要任务。全面深化改革需要牢牢抓住经济建设这个中心，通过集中解决制度性问题，大力破除深层次体制机制障碍，发展新质生产力，从而不断激发高质量发展的内生动力和活力，使我国经济实力、科技实力、综合国力和国际影响力实现跨越式提升。同时，实现高质量发展既需要发挥市场机制高效配置生产要素资源、调节微观主体不断创新等作用，又需要政府进行科学规划引导，故正确处理政府和市场的关系是高质量发展进程中需要回答的理论和现实问题。

从实践维度来看，在经济增长面临压力的情况下，我国财政收入进入中低速增长阶段，刚性支出压力不减，财政收支矛盾加大，地方政府债务风险凸显，财政运行仍将在一段时间内处于“紧平衡”状态。在此背景下，中央不断加大对地方的转移支付力度，2023 年中央一般公共预算收入 99566.7 亿元，中央对地方的转移支付却高达 102836.32 亿元。然而，地方税体系建设的滞后导致地方政府对转移支付依赖程度过高，同时刚性支出更是不断挤压地方财政空间，从而引发资金挪用、违规举债等乱象，导致公共风险和财政风险不断累积。基于当前的财政形势，全面深化财税体制改革应科学认识与把握政府与市场的边界，加快转变政府职能，更好发挥市场在资源配置中的决定性作用，坚持尽力而为、量力而为，避免政府支出责任的不合理扩张，避免政府职能的“越位”“缺位”“错位”，促进有效市场与有为政府的辩证统一。

### （二）把握国有经济与民营经济的关系

公有制经济在我国的各种经济成分中所占据的主体地位不可动摇，正确把握好国有经济与民营经济的关系，对于我国社会主义市场经济的持续健康发展以及实现国家治理现代化具有重要的指导意义。

《决定》再次强调“两个毫不动摇”，即“毫不动摇巩固和发展公有制经济，毫不动摇鼓励、支持、引导非公有制经济发展，保证各种所有制经济依法平等使用生产要素、公平参与市场竞争、同等受到法律保护，促进各种所有制经济优势互补、共同发展”。因此，要坚持巩固和发展公有制经济，推动国有企业深化改革，解决市场化机制问题，进一步做强做优做大、提升国际竞争力；对非公有制经济重在“鼓励、支持和引导”，不断优化税收优惠政策、积极推行减税降费政策，解决治理规范化问题，引导民营企业规范治理体系、加快高质量发展。

### （三）把握中央与地方的关系

深化财税体制改革有助于厘清国家财政收入的制度性规范，统筹兼顾中央政府重大决策的财力保障以及地方发展的积极性，既强调维护党中央权威，体现“集中力量办大事”制度优势，又通过给予地方更多自主权，使地方根据本地实际情况制定更加符合地方发展特点的制度政策。

第一，要强调维护中央权威的必要性。维护中央权威是建设中国特色社会主义的本质要求，体现着“集中力量办大事”的制度优势。第二，明确激发地方积极性的重要性。对于地方政府，需要中央赋予其更多的自主权，地方自主权会通过影响地方积极性从而影响地方的创造性发展。给予地方更多的自主权，有助于地方根据辖区的情况制定更加符合地方发展的政策和制度。第三，坚持动态调整与发展阶段的契合性。中央与地方财政关系要根据经济发展目标和社会实践进行适时和恰当的调整。

## 第四节　深化财税体制改革的主要任务

《决定》对财税体制改革中的预算、税收、财政体制等领域的改革提出了明确要求：在预算制度方面，提出“健全预算制度，加强财政资源和预算统筹，把依托行政权力、政府信用、国有资源资产获取的收入全部纳入政府预算管理”；在税收制度方面，提出“健全有利于高质量发展、社会公平、市场统一的税收制度，优化税制结构”；在财政体制方面，提出“建立权责清晰、财力协调、区域均衡的中央和地方财政关系”。这些战略举措为深化财税体制改革指明了方向。

### 一、健全现代预算制度，加强财政资源和预算统筹

预算管理体现国家战略和政策方向，是政府职能和行为的反映，也是支撑国家治理体系和治理能力现代化的重要基石①。为提升政府治理能力，必须做好预算管理制度改革顶层设计，实现各项预算管理制度的有机集成和高效协同。面对经济不确定性增加，收支矛盾加剧，预算在当前和

① 肖鹏，代龙涛．进一步改革完善预算制度的方向和重点［J］．财政科学，2024（01）：9－17.

未来一段时间将长期面临紧平衡的挑战。建立健全现代预算制度应以增强财政统筹能力和提升财政资金配置使用效率为重点，推动完善统筹有力、约束严格、讲求绩效、规范透明、持续安全、信息化支撑的现代预算制度，以提高政府预算统筹能力，增强预算对国家重大战略任务、国家发展规划的财力保障，并牵引带动政府治理效能的不断提升。

### （一）健全财政资源统筹机制，提升财政保障能力

一是强化全口径预算统筹调配。加强“四本预算”和政府债券等来源和项目的衔接，优化错位配置，公益性资本性项目用足债券资金，腾出一般公共预算固化财力，更好保障基本民生和基层运转。统筹管理公共资源，将依托行政权力、政府信用和国有资源获得的各项收入以及特许经营收入等全面纳入预算管理。拓宽部门预算范围，将单位依法取得的各类收入全部纳入管理，结合单位收入情况合理保障其支出需求。

二是健全政府投融资机制。完善公共资源交易平台，对土地、海域、矿产等有形资源和指标、规模、权益等无形资产，实行市场交易、有偿使用、统一监管。大力推进国有企业资产证券化和混合所有制改革，提高直接融资比例，筹集重大项目建设资金。完善国企资本金补充机制，对承担重大项目筹资和建设任务省属企业资本金适时予以动态补充，适当提高重大项目引入社会资本的比例。

三是建立“集中财力办大事”预算决策机制。以事业发展规划为遵循，实行“决策（规划）—业务—资金—项目”清单式管理，对国家重大政策精准保障，确保一张蓝图绘到底。逐步做实中期财政规划，对教育、医疗、乡村振兴等需要持续稳定投入的领域，按 3—5 年为期试行“滚动预算”和限额管理，推动各级政府、所属部门系统长远谋划事业发展。建立跨部门财政资金统筹平台，探索资金项目申报“联席联审”，打破条块分割，推动实现系统治理。

四是优化财政政策工具组合运用。加强财政政策工具储备，结合支持对象进行优化组合，建立“精准滴灌”型的财政政策体系。对兼具金融属性和规模效应的（如基金、风险补偿资金池、股权投资等），由财政部门统一调度实施，解决重复投入、使用分散等问题。

**（二）提升财政资源配置能力，确保财政资金使用提质增效**

一是明晰绩效管理权责。在预算执行责任“归位”业务部门的基础上，进一步厘清绩效管理权责。财政部门更加聚焦绩效规则制定、目标审核、评价考核、结果应用等；压实业务部门绩效目标设置、事前评审、执行监控、整改落实等主体责任，推动从“要我有绩效”向“我要有绩效”转变，实现预算责任和绩效责任“双落实”。业务部门要配强预算管理机构队伍，建立牵头统筹本部门专项资金、部门预算、绩效管理等工作的专门机构，职能从“小财务”向“大预算”转变，营造各方重视预算、关注绩效的良好氛围。

二是强化全流程预算绩效融合。全面实施重大政策和项目事前绩效评审，加强成本效益分析，从源头实行绩效“一票否决”预算控制。规范绩效目标管理，以事业发展规划为直接依据，科学设置定量和定性相结合、可比较可考核的绩效目标。优化“双监控”程序机制，运用系统及时开展偏离绩效目标和绩效进展未达预期的分析和纠偏。加快推进部门整体绩效和中长期政策绩效评价，增强绩效评价的权威性。健全预算绩效问责机制，从单一的挂钩扣减预算向调整“放权”力度等转变，逐步扩大绩效评价结果在政府绩效考核、干部选拔任用等领域的应用，促进预算绩效管理激励相容。

三是实行预算项目全生命周期管理。全面实行预算支出“项目化”管理，以零基、滚动、优选为导向进行项目排序，实现各项支出可增可减、可进可退。率先在政府投资基础设施项目领域实施滚动遴选，突出优中选优，推动重大项目“竣工一批、在建一批、开工一批、储备一批”成为常态，有效保证有充足项目可安排资金、资金安排即可形成支出和实物工作量。

**（三）推进财政支出标准化，强化预算法定约束**

一是推进财政支出标准化建设。第一，要抓基本支出标准体系。第二，抓项目支出标准体系建设。抓基本支出标准体系，一方面，要健全基本支出标准体系框架，科学设置定额项目，合理保障机构正常运转和基本履职需要。另一方面，要分类明确财政保障政策，完善支出标准和保障政策调整机制。

二是加强项目支出标准体系建设。一方面，要从项目文本和支出标准两方面推进标准化工作，不断对于项目文本的框架结构、支出内容、文本格式等方面进行统一，并且对项目各项支出内容中适合制定标准的部分，制定符合实际的支出标准。另一方面，适当扩充标准外延，将财政资金分配规范及方法等纳入支出标准范畴。同时要把握建设重点，重点针对涉及面广、资金量大、实施期限长、适合标准化管理的项目，加快标准体系建设进程。

三是完善财政支出定额标准的动态调整机制。如果财政支出标准不能随着经济社会的发展而及时修正，那么财政支出标准在预算编审中的指导价值就大打折扣。在财政支出标准的运行期间，加强对财政支出标准的运行监管、动态监控和定期评估，及时根据预算评审情况、社会经济发展水平、物价水平、财力状况、技术改革创新等因素，修订完善财政支出标准，确保制定的财政支出标准满足实际预算编制需求。

**（四）强化预算执行管理，增强预算约束力**

一是提高预算透明度，借助信息化提升行政效率。预算透明度是衡量现代预算水平的重要指标，预算信息公开是社会公众了解预算执行情况的重要途径之一。完善相关法律法规，明确披露内容、披露方式以及惩罚机制，扩大财政信息公开范围，做到非涉密事项一律公开。对于不同层级的政府规定相应的信息公开范围和细化程度，构建政府财务报告体系，利用现代信息技术，拓宽预算信息公开渠道，保证社会公众能够及时、准确、全面获取相关信息，提升社会公众对预算的认知水平和参与预算监督的能力。

二是强化预算对执行的控制。严格执行人大批准的预算，预算一经批准非经法定程序不得调整。对预算指标实行统一规范的核算管理，精准反映预算指标变化，实现预算指标对执行的有效控制。坚持先有预算后有支出，严禁超预算、无预算安排支出或开展政府采购，严禁将国库资金违规拨入财政专户。

三是开展国库数据管理工作，保障财政资金运行安全高效。第一，大幅提高预算执行数据的完整性、准确性和相关性，为预算执行管理、绩效评价、财政监督和综合财务报告提供可靠支撑。第二，根据预算管理一体化进展情况，推动各级财政总账数据标准统一，逐步实现全国财政总账数据自动汇总，建立全国预算执行数据的集中管理和大数据分析机制。第三，加强决算数据、非税收入数据、动态监控数据、差旅电子凭证数据等财政国库数据的分析应用，为改进财政财务管理，服务领导决策提供参考。

### （五）推动数据共享，提高预算管理信息化水平

一是实现全国预算系统纵横贯通。加快全国预算管理一体化系统大集中，实现中央、省、市、县一套系统贯通。全面梳理归集各级预算单位财务、资产、账户等信息，推动实现各级政府一本账、一张表（资产负债表）。强力推进预算管理标准化，规范各级业务流程、管理要素和控制规

则，实现各级预算执行动态跟踪和有效反馈，切实减轻基层统计负担。

二是加强数据共享和决策辅助。强化财政部门数据密集型综合管理部门定位，推进财政与组织、人力资源和社会保障、税务、人民银行等跨部门数据连通，夯实预算管理基础。加强大数据开发应用，为财政经济运行分析、资金安排使用、制度优化设计提供参考，辅助提高政府决策的科学性、合规性。

三是运用信息化技术提升监督精度和效率。构建“制度＋技术”的监督框架，建立全覆盖、全链条的财政资金监控机制，实时记录和动态监控资金在下级财政、用款单位的分配、拨付、使用情况，探索自动控制和实时预警，实现资金从源头到末端全过程流向明确、来源清晰、账目可查，确保资金直达基层、直达民生。加强财会监督与人大、审计等监督的协同，主动对接人大实时在线联网监督、审计部门数据审计系统等，形成多层次的综合监督体系。

### （六）强化协同监督，提升预算审查监督“四合力”

协同四种方式合力对预算进行审查监督。一是发挥多种监督方式的协同效应。二是加强预算和政策的衔接，编制年度预算时，将全面贯彻党的重大战略、政策作为预算安排的首要任务，支出预算和政策同党的重大战略部署反复对标对表。三是改进和细化预决算编报，逐步完善预决算草案编制，便于人大代表理解和监督。四是加强与人大代表的日常沟通汇报，积极配合人大审议预决算，要将人大及其常委会有关预决算决议作为制定支出政策、分配财政资金、完善管理措施的重要依据。

## 二、优化税制结构，完善现代税收制度

新时代以来，我国税制改革取得显著成效，初步建立了税种科学、结

构优化、法律健全、规范公平、征管高效的现代税制体系。进入新发展阶段，我国面临的发展形势与改革任务发生深刻变化，对税收制度提出了一系列新要求、新挑战，深化税制改革正逢其时①。深化税制改革应当锚定保持宏观税负基本稳定、优化直接税和间接税体系、完善重点税种建设、深化税收征管改革、健全地方税体系等主要任务，建立健全有利于高质量发展的税收制度体系，推进国家治理体系和治理能力现代化。

### （一）保持宏观税负基本稳定

保持宏观税负和税制稳定，确保必要的财政汲取能力和政府调控能力。一是完善增值税制度，着力推动高质量发展。优化增值税分配机制，充分考虑生产地和消费地贡献。畅通抵扣链条，考虑将目前尚未纳入抵扣链条的贷款服务、餐饮服务、居民日常服务等纳入增值税抵扣范围，尽量采取零税率而不是直接免税的方式。二是完善消费税制度，强化调节引导作用，稳步扩大征收范围，将更多高耗能、高污染产品纳入消费税的征收范围，增加奢侈性消费的税目设置；分批后移征收环节，探索将消费税的征收环节从生产环节后移至消费环节，并将其部分或全部划归消费行为发生地。三是服务现代化产业体系建设等国家战略。降低现代产业的实际税率，考虑上下游产业相关税率，形成现代化产业税率关联调节机制，增加现代产业在融资方式、人力资本、创新转化等方面的减税力度，发挥减税在促进创新方面的实效。四是建立数字税收体系。结合数据要素特征创新税收制度，将数据要素作为征税对象纳入现行税制体系，完善要素分配机制，建立数据要素客体化机制，明确征税对象的法律形式和权利结构，同时合理调整税收构成要件选择，将用户价值充分纳入经济价值和税收负担的分配机制中，实现公平与效率的税收目标。

---

① 马海涛．以税制改革服务新一轮财税体制改革［J］．国际税收，2024（03）：9－14.

### （二）优化直接税和间接税体系

一是要健全以所得税和财产税为主体的直接税体系。完善综合和分类相结合的个人所得税制度，规范经营所得、资本所得、财产所得税收政策，实行劳动性所得统一征税；积极稳妥推进房地产税立法和改革，有效发挥财产税对高资产净值群体的合理调节作用；研究遗产税和赠与税开征的可能性和影响，促进代际公平。

二是积极完善间接税体系。应抓住增值税立法时机，完善增值税留抵退税政策和抵扣链条，提高经济效率；统筹消费税改革，优化征税范围和税率设置，在提高征管能力的基础上，研究推动消费税征收环节后移改革。

三是积极应对数字经济发展和“双碳”目标带来的挑战，从调整增值税税制、优化征管模式、改变税权分配等方面研究同新业态相适应的税收制度，不断深化环境保护税、资源税、消费税、车辆购置税等绿色税种的改革，共同促进经济的可持续发展。

### （三）完善重点税种建设

从完善增值税制度、优化征管模式、改变税权分配等方面，适应数字经济发展和“双碳”目标需要，研究同数字资产和数字服务等新业态相适应的税收制度。在平台经济迅猛发展背景下，探索调整增值税分享规则，科学划分税源地与税收地。深化环境保护税、资源税、消费税、车辆购置税等绿色税种的改革，促进经济可持续发展。

### （四）深化税收征管改革

有必要制定并推行全国统一的税收征管操作标准及税务行政处罚裁量基准，助力建设全国统一大市场，为纳税人营造公平、公正、透明的税收环境。推动税收征管全流程数字化升级和智能化改造，实现精准管理和风险防控，提高税收征管效率。制定税收基本法，有序推进税收立法工作，科学评估和逐步取消不合理的税收优惠政策，科学划分中央和地方税收立法权范畴，赋予地方适当税收管理权。

一是应持续优化税收征管，助力加快建设全国统一大市场。有必要制定并推行全国统一的税收征管操作标准，在全国推出统一适用的税务行政处罚裁量基准，从而为纳税人提供公平、公正、透明的税收环境。

二是应推动税收征管全流程的数字化升级和智能化改造，使税收征管过程更加高效、便捷，同时利用税收大数据推动征管业务的深度融合和信息充分共享，帮助实现对纳税人的精准管理和风险防控，从而提高税收征管的效率和精准度。

### （五）健全地方税体系

尽早培育地方主体税源，保障地方财政收入稳定，研究把城市维护建设税、教育费附加、地方教育附加合并为地方附加税，授权地方在一定幅度内确定具体适用税率。考虑扩大资源税和环境保护税等地方税征收范围，以增加地方税收收入。逐步将部分应税消费品的征收环节后移至销售环节，并将其划为地方税，以引导地方改善营商环境、增加就业机会及扩大消费。根据央地财政事权与支出责任划分比例，对共享税分成模式进行动态调整，稳定地方政府收入来源，提高地方推动经济建设和民生保障的积极性。最后，应研究房地产税、遗产税和赠与税等新税种立法，推动其成为以地方为主导的税种。

## 三、理顺中央与地方权责关系，健全现代财政体制

权责清晰、财力协调、区域均衡的政府间财政关系是构建与中国式现代化相适应的财税体制的重要方面，应围绕处理好政府和市场关系这一经

济体制改革的主线，进一步完善政府间财政关系，提升财税体制改革与其他领域改革的系统性、整体性和协同性。

**（一）理顺中央与地方财政关系，明确央地事权和支出责任划分，优化央地收入和财权划分**

一是要建立健全中央与地方事权和支出责任划分依据，解决当下中央与地方事权存在的职责交叉、职能重叠问题，适当加强中央事权，减少央地共同事权，明确共同事权下各自负担内容，提高执行效率，推动各领域中央与地方财政事权和支出责任划分改革方案落到实处。二是要完善省以下政府间事权和支出责任划分，明确界定共同事权的具体分配，在制度上强化省级财政事权与支出责任，起到减轻基层财政负担和协调平衡区域发展的作用，保障公共服务落实到位，实现高质量发展。三是要根据央地财政事权和支出责任划分比例，对共享税的分成模式进行动态调整，在提高地方在共享税收中分成比例的同时，减少转移支付比重，以激励中央和地方政府的积极性。在地方财政紧张的形势下，优化共享税分享比例，稳定地方政府收入来源，以提高地方政府推动经济建设和民生保障的积极性。

**（二）合理控制地方债务规模，完善政府债务管理制度**

健全地方债券预算约束机制，强化对地方政府的债券预算管理约束，将债券资金使用效益与相关部门绩效考核指标挂钩，加强对未按规定用途使用债券资金、大量债券资金闲置和超出偿债能力的债券发行行为的管控和问责。同时，《决定》提出：“合理扩大地方政府专项债券支持范围，适当扩大用作资本金的领域、规模、比例。”在债务偿还方面，应做好预算管理与资产管理衔接，明晰偿债资金来源，落实收入归集和专户运营以及偿债计划，加强预算管理、偿债备付金以及风险化解方面的探索，积极应对债务偿付风险。

### （三）完善中央对地方转移支付制度设计，充分发挥转移支付绩效评价作用

一是在理顺政府间财政关系的前提下，优化转移支付结构。目前，央地事权与支出责任规范尚不全面，省以下政府间事权与支出责任规范参差不齐，导致出现基层政府承担较大财政压力。对此，《决定》提出，“清理规范专项转移支付，增加一般性转移支付，提升市县财力同事权相匹配程度。”二是要建立健全转移支付制度绩效评价体系，提高财政资金使用效益，增加转移支付资金使用的硬性约束。补充中央对地方一般性转移支付绩效目标管理办法，补充横向转移支付的配套建设，完善转移支付的制度设计；探索一般性转移支付资金使用的激励模式，解决资金使用效率低下的困境；建立健全转移支付绩效奖惩机制，注重绩效评价结果的应用，切实发挥绩效评价的监督作用。三是细化省以下政府转移支付制度及实施规范。明确区分一般性转移支付与专项转移支付用途，规范省以下政府间转移支付资金下达工作，提高转移支付资金使用效率，为推动高质量发展政策的“最后一公里”保驾护航。

## 本章主要参考文献


［1］蔡昉，顾海良，韩保江，等．聚焦构建高水平社会主义市场经济体制，推动经济高质量发展——学习贯彻党的二十届三中全会精神笔谈［J］．经济研究，2024，59（07）：4－53.

［2］马海涛，姚东旻．成就与方向：立足中国式现代化的财税体制改革［J］．人民论坛，2022（22）：56－59.

［3］马海涛，姚东旻，孟晓雨．党的十八大以来我国财税改革的重大成就、理论经验与未来展望［J］．管理世界，2022，38（10）：25－44.

［4］马海涛，姚东旻．现代财税体制的理论渊源、基本共性与中国

特质 [J]. 改革, 2023 (11): 83-95.

[5] 马海涛, 姚东旻, 于曙光. 我国财政安全的内涵、挑战和实现路径: 基于总体国家安全观视角 [J]. 经济理论与经济管理, 2024, 44 (05): 9-24.

[6] 马海涛. 以税制改革服务新一轮财税体制改革 [J]. 国际税收, 2024 (03): 9-14.

[7] 肖鹏, 代龙涛. 进一步改革完善预算制度的方向和重点 [J]. 财政科学, 2024 (01): 9-17.

第六章

# 深化财税体制改革需处理的关系

财税体制改革作为全面深化改革的“突破口”和“先行军”，必须服务于改革大局，本轮财税体制改革并非财政体制、税收制度和预算制度等某一方面的改革，而是系统性与全面性的改革。深化财税体制改革过程中还需要处理好政府与市场、中央与地方、当前与未来的关系，通过深化财政体制改革、优化税制结构、完善预算管理制度以提升财税体制的系统性、整体性和协同性，建立健全与中国式现代化相适应的现代财税体制，从而破除深层次体制机制障碍，实现政府与市场的协同运作，提升市场竞争力和生产要素配置效率，促进新质生产力的发展与经济结构调整优化，最终将全面深化改革的战略部署转化为推进中国式现代化的强大力量。

# 第一节　优化政府与市场的关系

党的二十届三中全会通过的《中共中央关于进一步全面深化改革推进中国式现代化的决定》（以下简称《决定》）提出，要健全预算制度，健全税收制度、优化税制结构。确立了为深化财税体制改革提供根本性指导的中央与地方财政关系。要求权责明晰、财力协调有力、区域发展均衡，完善与事权相适应、与支出责任相适应、与财政资源相衔接的财税体制，政府与市场的关系进一步明晰。为应对系统性风险提供坚实的财力基础，维持中央政府收入占比在合理区间。深化省以下财政体制改革，省级事权和支出责任。合理配置地方财政事权，理顺关系，逐步建立规范化、稳定性和可持续性的财政税制体系。改革财税体制并非只为了解决短期问题，而是要从长期来看，建立一个系统性的机制。改革进程，涉及政治、文化、社会、生态文明、国家安全、党的建设等诸多方面，可谓牵一发而动全身，取得了实实在在的成效。政府履行职能的情况，直接决定着一系列以财政收支活动为主的财政制度安排是否规范高效，也进一步决定着国家治理水平。因此，现代财政制度的完善，必须在决定现代财政制度也必须服从和服务于中国式现代化的道路选择中，打牢基础，深刻体现国家意志，服从和服务于建设现代化强国的全过程，这是最为重要的。[①]

① 马海涛，肖鹏．财政与中国式现代化：理论与制度创新［M］．北京：中国财政经济出版社，2023.

# 一、优化政府与市场关系的重要性和现实意义

## （一）优化政府与市场关系的重要性

1. 有助于构建高水平社会主义市场经济体制

继续坚持社会主义市场经济体制改革方向，是有中国特色现代化重要支撑的高水平社会主义市场经济体制取得的过去经济成就的成功经验。经过长期的发展和实践，我们已经积累了丰富的经济实践，这也为实现中国特色的现代化提供了有力的支撑。正确把握和调节政府与市场的关系，实现社会主义市场经济高质量体制，将是实施这一制度的基础和前提。对政府与有效市场有较好结合的要求，是一种高层次的社会主义市场经济体制。充分发挥社会主义市场经济优势，建设高水平的社会主义市场经济体制，实现科学宏观调控、有效政府治理，需要财税体制改革的持续推进。我国的经济正要发生重大的转变，需要优化的经济架构，转换的增长动力，并且面临着挑战。为了实现这一目标，我国必须在短时间内实现提升其经济的品质。必须牢记质量至上、效益至上的原则，通过供给侧结构性改革，大幅改善市场环境，激励微观主体的积极性，实现宏观管理的合理性，促进我国经济的可持续性和可预期性。只有这样，我们才能不断增强创新能力，不断增强竞力，实现质量优先、效益提升的目标。①

2. 有助于健全推动经济高质量发展体制机制

伴随着中国社会的进步与变迁，推进高质量的发展已经成为必然的选择，是财政体制改革所前进的必然方向。为此，政府应当加强财政政策的调整，以促进可持续的、可持续的、可持续的社会发展。在此过程中，应当摒弃依赖传统的以创新为导向、以全体公平正义为目标、以人的全面发

① 习近平. 开创我国高质量发展新局面［J］. 奋斗，2024（12）：4－15.

展为核心等思想，而采取更加科学合理的政策措施。

### （二）优化政府与市场的关系的现实意义

优化资源配置效率：市场通过价格机制反映供求关系，引导资源流向更有效率的领域和用途，以其决策作用在资源配置中发挥关键作用。政府的适当干预可以矫正市场失灵，但过度干预可能造成资源配置效率的降低，政府的适当干预对市场失灵的影响是不可忽视的。优化政府和市场的关系，对整体经济运行效率的提高是有帮助的。当前，财政作为国家治理之基和重要支柱，正面临着发展不充分和不均衡的双重困境，而其中的焦点和难点问题，必须在全面深化财税体制改革中有所应对。针对当前存在的财税体制弊端，全面深化财税体制改革着眼于优化税制，强化财政支出绩效管理，理顺政府间财力关系，健全国有资本经营预算绩效管理，夯实制度基础，扎实推进共同富裕。①

促进经济稳定增长：通过财政、货币等宏观经济政策来实现政府调控经济周期，缓解经济波动。同时，市场的自我调节能力也有助于经济的稳定。能够推动经济平稳良性发展的，是政府与市场的良性互动。市场主体的活力将被激发出来，企业将在市场中扮演重要的角色，因此，改善政府与市场的关系，不仅可以避免不必要的行政干预，还可以有效降低企业的经营成本，提升企业的创新能力，增强企业的竞争能力，从而促进市场的良性运行，同时也可以有效缓解收入差距，并借助税收、社保等方式进行重组，从而实现政府与市场的良性竞争，保障全体人民福祉，做到公平公正。②

推动可持续发展：政府在环境保护、公共服务提供等方面承担着重要

① 马海涛，阮睿．财税体制改革推进共同富裕的理论逻辑和实现路径［J］．河北大学学报（哲学社会科学版），2024（03）：117－126．

② 曾康华，徐薇．新一轮财税体制改革的历史起点、问题及设想——1994 年以来我国财税体制改革回顾与展望［J］．财政监督，2024（16）：5－12．

职责，通过与市场的合作，可以推动绿色发展、改善公共服务，实现经济社会的可持续发展。同时也是应对外部挑战和风险的必然要求。更多经济不确定因素和更大风险在全球化背景下暴露出更严峻的形式。优化政府与市场的关系，可以更好地调动政府和市场两种资源，共同应对外部冲击，保障国家经济安全。现代国家治理体系中重要的一环即是政府和市场的关系。这种关系的优化，有助于国家治理体系建设得更加成熟、更加高效，也有助于国家治理能力的提升，国家治理能力的不断增强。

## 二、中国式现代化进程中调整政府与市场关系的经验总结

财税体制是经济体制的重要组成部分。回顾新中国成立以来的历史，在以财税体制改革推动国家现代化进程取得重大进展的中国式现代化进程中，财政一直扮演着至关重要的推动角色。

新中国成立之初，国家为了统筹社会资源，尽快确立国家工业化的基础，建立了计划经济体制，以适应当时资源极度匮乏的现实条件为了服务于国家现行的发展战略，我国建立了统收、统支的计划经济财政体制，通过向国有企业让利，进而将财政支出主要投放到城市经济建设中去。党领导人民集中力量办大事，依靠统收统支的计划型财政制度，初步构建起独立自主的工业体系。

建立社会主义市场经济体制，是党的十四大明确提出的。财政公共化的推进和公共财政体制框架的构建，成为这一时期财政体制改革的主要任务，这是随着国家发展战略和经济体制转型而进行的。1994 年的分税制财政体制改革主要贡献在于：第一，以规范税收为核心的政府收入体制的建立和持续完善。第二，财政支出重点由单一的经济建设逐步向既要推动经济发展，又要提高提供公共服务转变。第三，规范中央与地方的财政分配关系，在中央与地方事权划分税收的基础上，出台财政转移支付制度。

第四，政府公共服务覆盖了户籍人口和各类所有制经营主体，公共财政制度真正得到了转变，政府的公共服务体系得到了有效保障。建立和完善公共财政制度具有十分重要的基础性和支撑性，以构建和完善推动经济高增长的社会主义市场经济体制基本框架。国家财政收入稳定增长，为发展社会主义市场经济和提高人民生活水平创造了较好条件，公共产品和公共服务供给水平和能力得到增强。金融安全和经济安全是共同的，是最后一道防线。当前，我国财政安全面临的挑战主要来自财政收支压力、地方政府债务风险、人口老龄化、数字经济、自然灾害和复杂的国际形势等，面临较大压力。为了确保财政安全，必须采取多种措施，包括：加强中期预算的有序执行、完善政府债券的有效监督、深入推进养老保险体系的改革、创新数字税收的运用模式、完善有效的财政紧急救助体系，通过这些措施，有助于形成提升发展品质、提升社会福祉的健康稳定环境。①

党的十八届三中全会通过的《中共中央关于全面深化改革若干重大问题的决定》，强调了应该健全立法权、确定事权、改造税收、平稳税收、实行增效，建设现代财税体系，充分发挥中央政府和各地两种积极作用，以此来推动中国在新时代的经济社会进步。近十多年来，中国在财税体制方面的变革已经充分发挥出了重要作用，建构起一套完整的现代化的财税管理机构，并在不同的领域取得了积极的进展。为经济社会发展提供强有力支撑的税收制度更加科学、持续的减税降费；更加合理的财政支出结构。我们国家有了财政的支持，绝对贫困得到了历史性的消除。

## 三、深化财税体制改革，完善现代财政制度措施

中国经济的“渐进式改革”策略为经济发展提供了有效的指导，它

① 马海涛，姚东旻，于曙光．我国财政安全的内涵、挑战和实现路径：基于总体国家安全观视角［J］．经济理论与经济管理，2024（05）：9－24．

以“双重创造”的思想为基础，以“渐进式改革”为指导，深入挖掘政府与市场双方的互动机制，以及如何有效调整经济结构，实现经济发展的可持续性。中国经济的“双创”思路为经济发展提供了强大支持，也为经济的可持续发展提供了强大保证。在新的时代背景下，为更好地推动国家繁荣富强，需要加快财税体制改革，构建现代财政管理先进、科学、依法、有效、可持续的机制。

### （一）建立健全与中国式现代化相适应的现代财政制度

第一，进一步完善预算体系，加强财政和预算统筹，将用于事权、政府信用和国有资源资产等获取的收入纳入政府预算管理。加强重大国家战略任务和基本民生财力保障，健全国有资本经营预算和绩效评价制度。在编制预算、财政政策等方面加强宏观引导。强化绩效管理，强化职能前置考核。零基预算改革将深入推进。统一预算分配权，健全预算公开和监督体系，统一规范预算管理。完善政府财务综合报告体系，建立权责明晰的机构。

第二，健全有利于优质发展、有利于社会公平、有利于市场统一、有利于优化税制结构的税收制度，完善以规范税收为主体的政府收入体系。在优化资源配置，克服市场分割，鼓励创新和绿色发展，促进社会公平等方面，充分发挥税收制度的作用。

第三，为有效缓解地方财政压力，主动防范金融风险，中央与地方财政关系进一步理顺。通过增加地方自收自支财源，适当扩大了地税管理权限，扩大了本地税源。优化财政转移支付制度，对提高市、县财政与事权分配、增加一般性转移支付项目等专项转移支付进行清理规范。建立激励约束机制，推动转移支付工作优质开展。完善留抵退税政策和抵扣链条，优化共享税分成比例，对应退尽退、应退尽退的消费税征收环节，促进后移和地方稳步推进。研究结果表明，在特定的范围内，为满足当地居民的税收需求，可以将城市维护建设税、教育费附加和地方教育附加合并为一种新的税种形式。对地方政府专项债券的支持范围要合理扩大，其领域要适当扩大，规模要适当扩大，比例也要适当扩大。完善政府性债务管理制度，建立防范化解隐性债务风险、加快地方融资平台改革转型的全口径地方债监测监管制度和长效机制。适当下沉部分非税收入管理权限，对非税收入实行差别化的地方管理，结合实际情况，对非税收入进行规范化管理。

### （二）聚焦构建高水平社会主义市场经济体制，深化财税体制改革

改革的核心是处理好政府与市场的关系。充分发挥市场在资源配置中的决定性作用，创造更加公平、更具活力的市场环境，财税体制改革要服务于建设统一开放、竞争有序的市场体系。充分发挥政府作用，推进建设统一的全国大市场，对妨碍全国统一市场、公平竞争的各种规定和做法，要清理取消，决不姑息。为保障招投标、采购、立项、监督检查、财务报告审计等相关服务的有效监管，构建完善的公共资源交易服务体系。实现政府职能充分发挥，促进社会经济可持续增长，确保所有项目按照有关要求公开透明高效运行。完善各类生产要素按贡献决定市场评价贡献和报酬的自由流动机制，在公共服务供给中打破要素流动壁垒，健全市场经济基础制度。

深化财政体制改革，全力推进优质发展。创新、协调、绿色、开放、共享的发展理念要在财税制度安排上得到充分体现。一是深化对科技创新和各类高水平人才的金融支持，为构建支持全面创新、深化科技创新的体制机制提供资金保障；完善财税体制，促进平台经济、数字经济创新发展，有利于新质生产力发展。二是在完善城乡发展一体化体制机制上，强化资金保障作用。努力使符合条件的外来人口在促进农村经济发展的同时，都能享受到相应的福利和政策支持。帮助这些流动人口家庭和个人能

够更好地融入城镇，提供更多的福祉和支持。三是健全强化财政支持的绿色生态发展机制。推行财税政策和标准体系，支持绿色低碳发展。完善绿色税收体系并建立补偿机制。四是应该加强金融支持，促进对外开放。通过深化征管改革、促进贸易自由化和便利化等措施，优化营商环境，提升对跨国投资的吸引力。五是发挥财政的积极作用，推动改革成果由民共享。为了更有效地服务于人民，提高财政投入，以便更有效地解决日常需求，着力于提供优质医疗、教育和其他公共服务均等化。

## 第二节　协调中央与地方财政的关系

建设适应中国式现代化的财政体制，政府间的财政关系中，中央与地方的关系是最重要的，也是最重要的内容。党的二十届三中全会审议通过的《决定》提出，要建立中央和地方权责明晰、财力协调、区域均衡的财力关系，在收入划分、财政事权和支出责任划分、转移支付等方面作出具体安排，中央和地方在财力分配、财力分配等方面都要有明确要求增加地方独立财力，健全财政转移支付制度，优化分享税收比重。①

### 一、央地财政关系的发展和现状

政府间的权责划分，中央与地方财政关系是基本内容。改革开放初期，我国财政体制先后探索实行多种形式的财政包干制，由原来的“统收统支”向“分灶吃饭”转变。政府内部的权责分配是重点内容，中央

① 二十届三中全会决定解读统筹推进财税体制改革［J］. 中国税务，2024（08）：9.

与地方财政关系是基本内容。1994 年，随着“统收统支”和“分灶吃饭”的推出，财政体制发生了巨大的变化。在这一过程中，不同类型的财政体制得到了充分的发展，从而为建立社会主义市场经济体制奠定了强有力的支撑。财政体制的调整根据现实表现，能够增强中央对地方经济发展的宏观调控能力、激发地方积极性、促进形成有利于推动经济社会健康持续发展的全国统一大市场。应该认识到，一些领域存在中央与地方财政事权划分不够清晰、地方自给税收来源不够稳定、部分地方对中央转移支付依赖过大、转移支付激励约束机制不够健全等问题。从实际运行来看，财政体制的调整对于增强中央宏观调控能力，激发地方发展经济的积极性，促进形成全国统一的大市场，具有极其重要的作用。在国家财政实力不断增强的同时，积极推动经济社会持续健康发展。目前的财政体制和推进中国式现代化的需要之间，确实存在着一些不协调。在财政事权划分上，一些领域中央与地方关系模糊，地方税源不够稳定，一些地方对上级转移支付依赖过大，激励约束机制尚未建立健全等问题依然没有得到解决。

## 二、央地财政体制改革的关键点

中国式现代化为深化财税体制改革提供了行动指南，是一条适合中国国情、符合中国实际、具有鲜明中国特色的正确道路，也是为改革思路确定根本立场、价值取向和根本定位的我国财政基础理论创新的必由之路。新中国成立以来，“直面实践”“借鉴经验”“交叉融合”的财政基础理论有了很大发展，但也面临着一些挑战，比如原创性不足、解释力不够、预见力不够、研究范围狭窄、牵涉面广、影响深远等，因此，财政体制改革的目标必须把保持和增强中央调控能力作为重点来抓。同时，加强基本公共服务均等化，加快建立中央和地方财力关系，也是适应高质量发展需求、推进中国式现代化建设的需要。综合考虑各方面因素，方能达到最佳效果。在推进落实中需要重点把握三个方面的要求："权责清晰，财力协调，区域均衡"。

第一，权责清晰。完善中央与地方财政事权和支出责任划分，遵循受益原则、信息对称原则和激励相容原则。中央财政支出比重适度提高，增强事权。中央财政事权下放地方代为行使的中央财政事权，支出原则上通过中央本级统筹安排。对确需委托地方行使事权的配套资金，不得以专项转移支付等方式要求地方违规安排。为了确保中央和地方财政的有效运作，我们需要建立一个能够有效划分事权和支出责任的动态考核调整机制，以便更好地实现财政管理的目标。

第二，财力协调。与税制改革相结合，中央与地方收入划分稳步推进，共享税分成比例优化，地方税制进一步健全。优化财政转移支付制度，对专项转移支付项目进行清理规范，对增加一般性转移支付的市县财政和事权实现更好的财力匹配。设置激励约束措施，促进高质量发展转移支付。完善定期评估、动态调动、退出转移支付机制。对非税收入管理进行规范，对部分非税收入管理权限适当下放，并结合实际实行差别化的地方管理。通过完善政府间的收入分配机制和转移支付模式，明确各级政府的财政职能和职责范围，建立一个能够有效调节各级政府财政资源的稳定机制。

第三，区域均衡。我国幅员辽阔、人口众多，东西、南北差异明显、各地发展不平衡，亟待推动支持区域自身发展的制度。财力分配要综合考虑不同地区的发展阶段、资源状况和公共服务成本等因素，不能简单看人均财政收支水平高低，要综合考虑不同地区的发展阶段、资源状况和公共服务成本等因素，经过科学合理的测算和调整来进行均衡和调节。不能简单地以人均财政收支水平高低作，或以财政收入和支出水平的高低作为财力分配的主要依据。建设符合客观经济规律的区域政策体系，完善差别化的财税支持政策，促进各地发挥优势，把财政经济这块"蛋糕"不断做强做大，各项工作取得实效。通过完善财政体制安排、加大政策调控力度、促进基本公共服务均等化等措施，积极促进区域协调发展。同时，中央与地方财政的关系在延续省以下财政体制的同时，也构成了政府间财政关系的重要一环。要坚定贯彻落实党中央决策安排，确保权责合理配置、收入分配明确规范、财力分配合理、基层保障更有力，进一步深化省以下财政体制改革，优化各级财政分配条件。① 应继续按照党中央决策部署，深入推进省以下财政体制改革，优化省以下财力分配，使权责配置更为合理，收入划分清晰规范，财力分布相对均衡，基层保障更加有力。

## 三、央地财政关系存在的问题和改革措施

### （一）央地财政关系存在的问题

建立与中国式现代化相适应的财源体制，完善中央与地方财政关系十分重要，《决定》对深化财税体制改革三大重点任务之一进行了部署。中央与地方财政关系在很大程度上塑造了与总体财政体制息息相关的省以下财政体制选择。在很大程度上，中央与地方金融的关系，以及与整个金融体系的关系，都对省以下金融体系的选择产生了影响。中央和地方财政的三大块关系：一是收入的划分；二是财权和事权的分配；三是转移支付。这些收入划分会直接影响基本公共服务的均等化，比如统一大市场的建立、中央和地方财政权力和责任的分配以及转移支付等，这些都会直接影响到地方财政的发展，并且会影响到资源的流动。目前，事权划分不够明晰、财力不够协调、区域不够均衡等问题，在中央与地方的财力关系上，在一定程度上仍然存在。

---

① 白彦锋，侯微怡．新一轮财税体制改革下中期预算改革的思考［J］．改革，2024（07）：45－54.

事权划分不够清晰，主要表现为地方政府事权与支出责任不匹配，承担的事权往往超出其财政收入能力，导致其在履行事权过程中面临资金短缺问题，从而对财政制度的激励作用发挥不够有效。另外，中央与地方共有产权比例过高，可能造成责任不清，办事效率不高，也可能造成财力的浪费。财力不够协调，主要表现为部分地方政府财政收支矛盾增大，财政运行紧平衡的特征突出，财政面临刚性支出压力和财政收入增幅减缓并存的问题。

区域不够均衡，主要表现在财政收入和支出的不同地区之间，地方财政自有财力的高低，以及基本公共服务的高低，都有一定的差别。我国转移支付制度主要包括三大部分，即以财政转移支付为主的一般性转移支付、专项转移支付和共有财权转移支付。目前的转移支付体系，从实际操作层面来说，仍存在一些问题。例如，一般转移支付并不"一般"。据了解，许多一般性转移支付在分配过程中，相当于对大多数款项的使用方向都作了规定，对绩效考核指标的考核要求也是附带在一起的。而这些绩效考核指标，如果不能充分匹配当地的基本公共服务需求，就可能造成当地公共服务短缺或过剩，从而导致资源配置的不科学。

同时，转移支付在财政自给自足方面可能会引起部分地方对中央的依赖和动力的减弱，从而引发诱因的扭曲。此外，在制度化建设方面，财政横向转移支付还有一定的难度。建立横向财政转移支付制度自 1994 年我国实施分税制改革以来，一直在按部就班地向前推进。并且横向转移支付制度的规范化、法制化和系统化到目前为止还没有完全建立起来。

上述这些挑战与当今社会对完善的财政管理机构的期望相去甚远，它们阻碍了政府为社会发展带来的实质性改善，同时也阻碍了我们实现国家治理结构的优质升级。通过改革平衡和优化中央和地方收入分配体系，如何通过改革形成事权与支出责任相匹配、能够调动各级政府积极性的政府间财政关系，成为完善中央和地方财政关系的着力点。

### （二）央地财政关系的改革措施

1. 推进消费税征收环节后移，充实地方财力

当前要求夯实地方财力基础，我国财政运行总体呈现紧平衡态势，一些地方政府和基层财政正面临着进退两难的局面。为增加地方自收自支财力，做大地方税源，需要适当扩大地方税收管理权限。

具体而言，要完善留抵退税政策和抵扣链条，优化共享税分成比例，推动消费税征收环节后移和地方稳步推进。完善增值税的即时减免政策，并加强对消费税的抵扣机制，同时提高消费税的税率，以促使消费税的改革在当前阶段得到有效的落实。研究将城市维护建设税、教育费附加和在一定范围内经授权地方确定具体适用税率的地方教育附加合并为地方附加税。财政部强调，要综合对中央政府财政政策、地方财政状况、税务机关的执行效果以及增加地方财政的可持续性进行考量，按照不同的类别、阶段性的要求，有序调整消费税的征缴程序，并积极指导当地的经济发展。通过明确税种改革，有利于推动归口地方税收更稳、更有保障。

补充地方财力的征收权可在稳妥实施消费税分品目、分步骤征收后，再向地方下放。但上述办法最终能起到多大的补充地方财力的作用，还需要综合考虑改革的具体情况来确定，包括消费税、地方附加税，以及地方税收管理权限等。对于非税收入，《决定》强调，对部分非税收入管理权限适当下沉，由地方实行差别化管理，结合实际，规范非税收入管理，对于构建较为稳健的财税体制，有利于增加地方财政透明度；而不是税收管理权限的下沉部分，也能让地方在提升公共服务质效、增强财政稳健性和可持续性的同时，更有效地进行资源配置。[①]

① 马海涛．以税制改革服务新一轮财税体制改革［J］．国际税收，2024（03）：9－14.

2. 责任划分的体系框架

1994 年分税制改革后，在收入分配、事权和支出责任划分等方面形成了制度框架，中央和地方开始按照税种来划分收入。中央与地方财政事权和支出责任分配改革指导意见自 2016 年国务院办公厅印发《关于促进中央与地方财政事权和支出责任分配改革的指导意见》以来，中央与地方财政事权和支出责任分配改革加快推进，并陆续发布了细分改革的实施方案，其中，中央与地方财政事权和逐步实现了医药卫生领域、高等教育领域、生态环境领域和知识产权领域的财政事权。

随着时代的发展，中央和地方的财政权力和支出责任必须得到明确的界定，以保证各自的职责范围能够得到有效地拓展。中央加强事权，提高中央财政支出比例，有利于中央更好地发挥宏观调控作用，促进区域协调发展，加快建设国家统一大市场的高水平建设。从地方财政来说，中央财政对地方财政的支出压力的安排和减少，对地方财政的支持是有帮助的。

目前，进一步完善和优化财政事权和支出责任的分配，还有一定的探索空间。比如，财政支出在共有事权中所占比重较高的部分领域，财政事权和支出责任的划分还没有理顺；与事权和支出责任相适应的制度没有建立健全，导致一些事权安排在实践中还存在一定的偶然性和随意性，不能把一些事权安排与支出责任捆绑在一起，不能偏废。《决定》明确，在中央事权方面，我国将适当加强，中央财政支出比例将有所提高。中央财政事权由中央下放地方代为行使，统筹安排支出，一般由中央本级承担。对确定需委托地方行使事权的配套资金，不得以专项转移支付等方式要求地方违规安排。

3. 完善财政转移支付体系

建立促进高质量发展的转移支付激励约束机制，优化财政转移支付制度，规范专项转移支付，增加一般性转移支付，确保市县财力与事权相对应。制定有利于转移支付的奖惩措施，以推动其高质量和高效率的发展。

促进经济相对落后地区基本公共服务水平稳步提高的重要财力保障是推进基本公共服务均等化，把转移支付作为国家长治久安的关键一环。国家治理体系和治理能力的升级，以保证转移支付制度的合理性和效率。转移支付的改革措施，应当包括明确收入的界限、调整转移支付的范围、确定各级政府的职权范围以及明确各级政府的负担。确保改革措施的有效执行，努力构建一个明确的政府职能分工、资源配置合理、各省市之间资源分配平等的经济体制，充分发挥各级政府的活力。完善中央和地方财政关系所作出的一系列新部署，具体涉及收入划分、转移支付、财政事权和支出责任划分等方面。着力建立权责清晰、财力协调、区域均衡的中央和地方财政关系。

在中央转移支付体制的指导下，继续完善省以下转移支付体制，也是改革中必须要做的一项工作。在综合考虑政策效果和经济形势的基础上，引导地方在民生等重点领域投入一般性转移支付资金，适时调整转移支付支出领域和支出规模。加强经常性转移支付管理，支出领域和规模要根据实际情况及时调整，对专项转移支付的额度和额度要严格限制，做到审核及时到位，确保把钱用在刀刃上。

## 第三节　把握当前民生与未来可持续发展的关系

习近平总书记强调："中国式现代化，民生为大。"在我国现代化建设全面推进、民族复兴的关键时刻，抓住人民群众最关心、最直接、最现实的利益问题，推进重点领域改革，我们如何积极贯彻落实党的二十届三中全会精神？把保障和改善民生作为中国特色现代化的重要使命，更好地与发展需求、基层期盼、民意追随紧密结合，持续满足人民群众对美好生活的渴望。彰显了我们党的核心价值观，始终坚持以人为本。①

一个国家，一个民族对人类发展的贡献，莫过于创造出以制度为载体造福人类并产生持久影响的制度文明。现代社会保障制度，即通过建立法定的社会共享机制来调整社会财富的分配格局，正是人类现代化进程中所取得的举世瞩目的成就之一。通过考察社会保障制度的演化和变迁，可见其对国家政治、经济、社会治理的整体以及个人、家庭的发展都有着深远的影响。它被认为是一个重要的标志，指示一个传统国家开始过渡到一个现代国家。② 党的二十届三中全会指出，“在发展中保障和改善民生是中国式现代化的重大任务”。这一目标，不仅为全面建成小康社会、促进个体和家庭幸福打下了坚实基础，而且也标志着中华民族正在迈向一个崭新的时代，为实现现代化建设提供了有力支撑。通过加大对重要领域的投资，努力提升社会公平、提高人民幸福感，并继续加强对基础设施、医疗、养老、教育、司法、司法、环境监管等方面的监督，全国一般公共预算支出较上季度有所提高，达到3.9%。2023年6月底，社会福利事业进步使人民生活水平稳步上升，有了新的提高，其中，城市低保标准比上年增长4.8%，农村增长8.5%，总体上提高了群众生活水平。对我们社会经济发展和人民生活质量提高将产生重要影响的是，社会福利水平比上一季度有了明显的0.7%的提高，这一改变来之不易。

## 一、把握当前民生与未来可持续发展关系的重要性

将健全预算制度，加强财政资源和预算统筹，把依托行政权力、政府信用、国有资源资产获取的收入全部纳入政府预算管理。把所有收入都纳

① 习近平．关于《中共中央关于进一步全面深化改革 推进中国式现代化的决定》的说明［J］．求知，2024（08）：4－7.

② 郑功成．中国式现代化与社会保障新制度文明［J］．社会科学文摘，2023（04）：102－105.

入预算管理，真正让人民群众得实惠，有利于财政资金统筹管理，做到“把每一分钱用在刀刃上”。

民生事业长久、稳定、蓬勃的发展，离不开财政管理强大的资源调配能力。同时，更健康更安全的群体，作为一个国家最为宝贵的人力资源源泉，也反过来将确保政府有足够的财政资源来支持公共服务和满足社会管理的需求，推动经济和社会全面健康发展，也进一步发挥好财政在国家重大战略任务和基本民生财力保障中的关键性作用。同时，以人民为中心，有助于增强政府对财政活动的可预测性，为财政的长期规划和可持续发展打下基础。以人民为中心也体现在税制改革上，建立有利于优质发展、有利于社会公平、有利于市场统一的税制制度，是《决定》出台的改革方案明确要求税制改革的目标。在首次提出探索适应新业态的税制体系的同时，优化税制结构的要求也进一步明晰。

随着科技日新月异，新业态蓬勃发展，税源已经发生变化。因此，税收制度建设也需要与时俱进，这有利于纳税人在税负尽可能低的情况下规范纳税。随着数字经济的发展，数据资产已经入表、确权、评估、计量，数据资产的税制设计就应该提上日程。因此，税收制度建设也需要与时俱进，这有利于纳税人在税负尽可能低的情况下规范纳税。随着数字经济的发展，数据资产已经入表、确权、评估、计量，数据资产的税制设计就应该提上日程。当前，有 2 亿的劳动力需要支付各种费用，其中包括送餐服务、搬运货物、打车服务以及纳税方面的问题，这些都是需要关注的。如何在税负尽可能低的情况下，让他们规范纳税，长远发展是要研究解决的问题。为了更好地管理经营性、资本性和财产性收入，我们需要制定统一的个人所得税政策，并将其与综合和分类相结合。这样，我们就能更好地保护劳动者的权益。生育补贴制度的建立、基本生育和子女医疗公共服务水平的提高、个税抵扣的增加等，都有利于收入分配的调节和社会公平的促进。

## 二、人口老龄化和少子化对财税体制改革的影响

### （一）社会保障支出上升

2024 年第一季度公共预算支出，其中第一季度社会保障和就业支出 12708 亿元，较 2023 年同期增长 3.7%。2024 年全年的社会保障和就业支出预算为 41384 亿元，与 2023 年相比较，增长为 3.76%。《2022 年全国医疗保障事业发展统计公报》显示，2022 年居民医保目录内住院费用基金支付比例为 68.3%，几乎是新型农村合作医疗制度建立之初政策范围内报销比例 35% 的 2 倍；另外在待遇享受人次上，2022 年居民医保共享受待遇 21.57 亿人次，较上年增长了 3.7%，其中普通门急诊 17 亿人次，较上年增长 1%；门诊慢特病 2.97 亿人次，较上年增长 21.7%；住院 1.6 亿人次，较上年增长 4.2%。

根据国家医保局公布的数据显示，近年来医药费用年增幅在 8% 左右，2021 年与 2011 年相比，全国次均住院费用由 6632 元上涨到 11003 元，十年间涨幅约 66%；全国次均门诊费用由 180 元上涨到 329 元，涨幅约 83%；全国人均就诊次数由 4.7 次提高到 6.0 次，增幅约 28%。同时也要看到，居民医保基金近年来一直处于紧平衡状态，收入与支出基本持平。这十年间，每年的同比增长均超过 10%，甚至在某些年份，增长率高达 22.91%。虽然增速从 2017 年开始有回落的趋势，但仍维持在个位数增长。这些数据，清晰地表明了中国的决心和努力，应对人口老龄化。历史证明，为了应对人口老龄化带来的挑战，发达国家不惜巨资增加财政投入，优化支出结构，尤其是在健康保障领域的公共投资，以此来缓解这一社会经济问题。中国也无非是两种情况：从大的趋势来看，与同期 GDP 增速相比，中国过去十年的财政支出有了很大的改善。同时，国内的医疗卫生支出也在持续攀升。

### （二）财政压力负担加重

随着老年人群体的扩大和增长，可能会引发一系列的社会与经济发展难题。其中最为关键的是对公共预算稳定性的影响。全球范围内看，养老问题的加深和社会福利的不平衡已经成为一种趋势且日益严重：因为老年比例的大幅上升导致中国的社保支出迅速增加并给社保财务状况带来了巨大的压力——这无疑是对政府持续支付能力的一种严峻考验。因此，应该采取措施来改善社会的养老金制度以确保长期稳定的收入来源并且应对因人口年龄结构变化所带来的潜在风险的影响。

### （三）税收基础的变迁

劳动力人口的减少，必然带来基于劳动收入的税收基础出现缩水，而人口老龄化可能会导致消费税收基础的增加。有预测认为，中国有望在 2030 年赶超日本，成为全球老龄化程度最高的国家，这在全球人口老龄化问题日益严峻的情况下已经是事实。随着劳动年龄人口的快速增长，这一压力将在未来 5 年规划中进一步显现出来。日本的经验中已经提示了人口老龄化对财税体制的重大影响。随着日本老龄化程度提高，劳动人口减少，老年人口增加，税基逐渐从劳动所得转向消费。在这样的背景下，也需要相应调整与时代变革相适应的财税体制。这些问题不仅对财税体制改革提出了挑战，也提供了新的思考和解决问题的方向。

### （四）公共支出和行业结构的改变

老龄化带来的主要影响之一是政府公共支出的变化趋势及其导致的公共支出总体结构的改变。人口老龄化对地区和行业结构的影响，除了对公共开支总额的影响外，还将更为深远。随着人口流动和人口结构的变化，公共支出的地区和行业分布可能会面临重大转变。基于政府公共开支不同项目的功能定位，包括满足民众基本生活、安全、休闲、发展等需要，这涵盖了如教育、健康护理、社保、住宅安全及社会救助等多个领域。2023年的前 11 个月，全国的一般性公共预算总支出达到了 238462 亿元，相对上年度有了 4.9% 的增幅。特别是在社会福利、就业、教育、医疗、环境、农牧渔业、住房、科研、信息化方面，这些支出的增幅都很显著。预计随着东部的城市化进程和人口流动性的增强，民生方面的公共支出将会持续增长。东部地区今后几年公用经费支出规模应远大于中西部地区公用经费支出规模。政府财政转移支付政策如何更好地协调各地经济发展现状，成为当前迫切需要关注的问题，东部地区公共支出带来的集中效应和规模效应如何在公共服务供给方面得到更有效利用。①

区域间的差别引起人口的迁移，这会对政府的财务管理产生重大影响。人口流动趋势的变动，使社会保障和其他公共服务的供给方式需要由针对固定居民和户口人口转向关注常住人口，并以此作为主导因素。此外，由于人口老龄化的加剧，政府可能需要更多地依赖于私人部门提供的服务，从而使政府的职能发生变化。为了适应这种变化，需要在权责分配与事权和支出责任划分、转移分配体系及基础公共服务物品提供方面进行制度设计。这不仅是对现有体制的调整，也是在新的社会变革中寻找解决方案的重要任务。

相关问题将在各省区市及其工业领域表现出不同的特点，主要体现在针对我国东中西部地区老年人口状况的差异，公共支出的产业结构问题。即各类不同年龄结构人群在社会福利总需求中比例的变化，会对社会的各种行业带来哪些实际的影响，这是需要关注的焦点。再者，数字时代已经来临，信息化发展的影响深入到人们生活的方方面面，构建全局性的基础

① 邱超奕，金歆．坚定不移高举改革开放旗帜、紧紧围绕推进中国式现代化进一步全面深化改革——中共中央举行新闻发布会解读党的二十届三中全会精神［J］．中国经济周刊，2024（14）：12－15.

资料分享平台加上专业的资讯管理系统是必然举措。寻求信息科技创新的服务模式，既要坚持在线服务的拓展，也需要优化传统的服务手段，以此达到方便民众、造福百姓、利于大众的目标。

## 三、强化民生与未来可持续发展关系的措施

### （一）扎实推进可持续发展

为了更好地减轻家庭税负，政府已明确提出表示，将加大对个人所得税特别是三岁以下婴幼儿的抵扣力度，同时将提供更多的专项附加扣除，以切实缓解家庭财务负担，增加居民收入。明确要求规范经营所得、资本所得、财产所得的个人所得税政策，依靠经营所得、资本所得、财产所得获取收入的，多数都是高收入高净值的人群，所以完善双高人群的税收制度，减少税收流失，就有助于腾出更大的空间给普通工薪阶层老百姓来减税。

全面深化财税体制改革要更加突出“人本精神”，更加注重人的流动、人的需求、人的发展，进一步提高人口流动和农民市民化两个方面基本公共服务均等化的匹配性，加快破除社会身份制度，推进享有国民基本权利的均等化。应当看到，我国低收入人群数量依然庞大，既需要创造更有利于改善民生的条件，又迫切需要满足不同层次人群的需求，才能加速实现“橄榄型”社会。建立保障民生的制度更加充实，制度更加健全。①

始终坚定走高质量发展之路，是保障和提高人民生活水平的关键所在。随着全球人口老龄化、城市化以及人员效率的不断提高，以及就业机会的日趋丰富，促使中国的民生保障工作正受到前所未有的重视。改善民众的生活质量，需要从根本上解决问题，只有按照客观规律，结合当前的

① 封凯栋．新型举国体制中的政府与市场关系［J］．中国科技论坛，2022（10）：3.

实际，才能够有效地推动改善，并且以更大的努力和更好的效果来达到这个目标。必须坚持以改进为核心，从更全面的角度，积极探索完善社会治理体系的新方法，努力提高人民群众的生活质量，才能使日常生活更美好。着力填补民生保障领域空白，强化公平、公正、公开的社会福利，制定一系列完善政策，努力实现社会治理更好水平，重点是满足群众需求、增进人民福祉、提高人民福祉。通过不断改进和优化，满足人们对于优质、便捷、安全的公共服务的需求，并且及时准确地将政府的补助和优惠政策兑现，拥有足够的福利和安全感，并且能够长期得到维护。

就业是首要的劳动者的权益，也是经济和市场健康有序运行的重要体现。劳动既是义务，也是权益。建立一个牢固的社会保障网络，能够有效改进社会援助的分级和多样化。同时，还需要建立一个有利于提高生活水平、推动金融服务和人才培养的政策框架。对明年的民生保障和改善工作，中央经济工作会议已作出明确部署。一件接着一件办，一年接着一年干，为不断提高人民群众的福祉，持之以恒地推动经济发展与改善民生走入良性循环，互相促进，同频共振。

### （二）民生改善要与经济社会发展水平相适应

中国特色社会主义从过去的贫富差距、资源短缺和社会动荡，逐步演变为更加复杂的社会主义现实，在中国特色社会主义深刻改革的推动下，社会主要矛盾逐步演变。在这一巨大变革的背景下，中国社会主义建设正在朝着更加公正、更加包容的方向前行，以满足全体国家和人民的期待，实现社会的可持续发展和繁荣昌盛。然而，应当牢记，即作为世界上最具影响力的发达经济体，仍然要持续不断地推进社会主义现代化建设，这将是一个持久的历史性进程。在这一巨大变革的背景下，中国社会主义建设正在朝着更加公正、更加包容的方向前行，以满足全体国家和人民的期待，实现社会的可持续发展和繁荣昌盛。然而，应当牢记，即作为世界上最具影响力的发达经济体，仍然要持续不断地推进社会主义现代化建设，这将是一个持久的历史性进程。

尽管中国经济总量已居世界第二，但在民生建设中必须处理好普及性与提升性的关系。考虑到我国人口众多、人均水平偏低等因素，城市与农村也存在着较大的城乡差距。在保障民生方面，要加强民生保障普及性、基础性、保障性层面的工作，重点推进基本公共服务均等化，立足我国整体经济发展水平和人口基数，保障基本需求得到满足、覆盖面广。另外，对一些先富起来的人，通过各种渠道满足他们更高层次的服务需求，如市场化服务，发展服务业等。从总体上看，既要考虑满足一部分群众多样化的个性服务需求，又要重视基本公共服务均等化的问题。①

### （三）完善就业优先政策，促进高质量充分就业

就业是维护社会稳定、促进经济发展必不可少的民生之本。就业也是社会稳定的重要保障，是人民群众安身立命的根本。运行在错综复杂的外部环境前，中国经济持续回暖向好，但面临的困难和挑战仍然不少。完善就业优先政策的重要基石是确保就业率稳定，促进就业质量提升，促进有质量的充分就业。就业是经济社会发展的基本基础和前提，也是民生最基本的需求，当前我国经济社会发展面临的最大挑战是就业问题。就业是一种经济活动，它涉及劳动者与资源之间的互动和交换，从而形成一种生产力。从个体看，就业既是融入社会、共享发展成果的基本条件，也是每个劳动者赖以生存的根本出路和根本出路，既是经济基础，也是基本保障。促进就业与经济社会良性互动的必然路径是实现社会充分就业，提高人力资源运行效率。反之，如果就业不足或失业率较高，就不能充分发挥劳动

---

① 邱国庆，杨志安．人口老龄化、扭曲效应与财政可持续性［J］．当代经济科学，2022（04）：19－30．

者的生产潜能和主观能动性，既造成社会资源浪费，又会给经济社会发展带来负面影响。

**（四）发挥政府作用，综合施策**

当前影响经济增长的因素较以往更为复杂，面临经济下行的困难，就业问题的解决更加不容忽视。政府应当充分发挥其作用，并采取有针对性的措施，实现全面的资源配置，以期让市场在资源配置中发挥出最大的影响力。

一是必须坚持面向就业的经济发展思路。对产业价值的重新审视，不仅要看它的经济作用，更要看它的社会作用。立足人口多的基本国情，坚持先立后破、稳步推进产业转型升级，不盲目求高精尖、急于“腾笼换鸟”。在当前情况下，要注重发展制造业、联系服务业、中小微企业等吸纳就业能力强的行业和企业，把更多的工作提供给普通民众。针对企业生产成本上升的实际情况，为企业降低经营成本，减轻经营压力，帮助企业渡过难关，通过减免税费、缓缴社保费、维持正常经营、保住就业岗位等措施，切实为企业减轻经营压力。

二是以创业带动就业，促进就业。中国经济长期向好的大趋势未变。我国经济继续保持长期向好的总体态势依然平稳。积极扶持下岗失业人员、进城务工人员、大中专毕业生、复退军人、返乡创业人员等群体，鼓励他们自谋职业，确保灵活就业，促进社会经济发展。对有意愿从事劳动的、有能力获得报酬的年轻一代，并且给予他们更多的财政和技术上的支持，比如提供创业担保贷款、减免税费、提供创业补助。近年来，催生了新的产业，并创造了相应的就业岗位，居家服务、养老服务、健康服务、文体娱乐、休闲服务等需求快速增长。在产业转型中创造新业态、新就业岗位，鼓励和支持人们在新领域创新创业，积极满足新的多样化社会需求。

三是鼓励更多容纳灵活就业的互联网平台，在政府的引导下进行运营。互联网的发展为更多的人提供了一条新的就业途径和就业岗位，数字经济、平台经济的发展，有利于满足服务需求的多样化。比如居家办公、异地办公等，使兼职和非正规用工日益便利，网络零售、网络教育、互联网金融、网络医疗、网络娱乐等行业不断发展壮大。顺应这一趋势，政府应鼓励加强灵活就业和做好新就业形式劳动者权益保障的同时，通过扶持平台经济发展，创造更多更优质的灵活就业岗位。技术进步可以创造出更新、更好的就业岗位，从而创造出更多、更好的产品和服务。不过，我们也应该看到，人工智能正在成为越来越明显的趋势，快速发展并取代传统的就业岗位。习近平总书记强调，既要坚决加快创新步伐，又要切实把社会政策特别是教育和社会保障政策落到实处，既要平衡好科技创新与稳定就业的关系。为确保社会稳定，增强劳动人口的就业能力，保障基本生活水平。

四是着力抓好就业结构性矛盾化解。用工困难，是由于劳动力供给不足，市场需求错配所致。近年来，随着“招工难”与“招工难”的政策实施，就业市场的变化日趋复杂，结构性的就业矛盾日益凸显。一边许多企业缺乏高素质的专家，而同时许多大学生毕业后仍然难以获得合理的职位；此外，由于社会的变革，许多农村劳动力也无法满足其职业规划的需求，使得他们的职场竞争力受限。针对这一现状，高等学校应对为新兴产业和高新技术产业提供人才支撑的教学内容和课程设置进行调整。同时，要突出抓好职业教育事业的发展。解决“人找不到工作、企业招不到人”的结构性用工矛盾，是培养技能型人才的重要途径和有效措施。随着中职升本科比例越来越低，再加上政府招聘、事业单位招聘、考研等领域的职业院校毕业生学历歧视，职业教育已经无法被大部分人认可、接受。职业教育逐渐纳入国民教育体系，是国家对技术人才的需求随着经济转型而提高。职业教育在当今社会中占据着极其重要的地位，这一点已经由最新修订的职业教育法明确规定。一些职业院校和应用型本科职业院校在过去几年发展很快，为了适应经济技术快速发展的需要，政府也通过各种渠道加大力度支持企业开展职业技能培训，以提高劳动者的素质和技能。

### （五）推动社会保障与财税体制改革的深入联动

在这个新的发展阶段，如何利用财政策略的优化，持续减少区域、城市与社区间乃至代际间的经济发展差异，如何优化覆盖所有人群的社会保障体系，推动我国整体经济社会向着高质量和可持续发展的方向迈进，已经成为一个全新的挑战。近年来，我国在民生领域出台了一系列有力的政策法规措施，一系列针对性、前瞻性的政策步骤也在社会保障制度改革中推出，促进了综合配套、协调高效。在就业需求持续增长的情况下，社会保障体系建设和发展不断拓展，夯实了经济持续健康增长的基础。数据显示，我国城市平均收入到 2023 年比农村平均收入高 3.4 倍。

适应时代新变化，首先要保证更多的发展成果让全体人民公平受益。必须强化社会福利、职业市场、薪酬结构等关联机制的整合能力，平衡各方利益关系，推动分配制度变革，才能实现对地区、机构、团体的公平对待，深入推进分配制度改革，坚定不移走向共同富裕。①

其次，财政支出结构的调整和优化以及公共投入的增加都是必要的。通过逐渐均衡筹资来源的责任分配，构建多个层级的保障系统，从而不断夯实社会保障系统的经济实力，进而提升人民的生活质量。建立与多重价值目标相协调的管理体制，全面引入匹配绩效评价的激励约束机制和财务评估方法，以防止中央政府因执行多元化目标而使地方开支出责任持续扩张。

再次，将提升贫困阶层的生活水平，健全极低收入人群福利和救助政

① 习近平．促进我国社会保障事业高质量发展、可持续发展［J］．求是，2022（08）：4－10.

策保障视为重点和关键。可以通过辅助慈善事业、优化个人税收制度、扩大社会救助资金流入及促进公益事业等途径，夯实社会保障安全网，免除生存恐惧，可以通过辅助慈善、优化个人税收体系、扩大社会救助资金流入和推动公益事业等方式，在促进全民共享财富方面取得更加显著和切实的成效。

最后，正如习近平总书记在讲话中所指出的，“优化资源配置，维护市场统一，促进社会公平，实现国家长治久安，是科学的财税体制”，这是当前我国经济社会发展面临的重大挑战，也是当前经济社会发展面临的重大挑战。在国家治理的各个领域，财税制度都发挥着至关重要的作用。为了更好地实现全面建设社会主义现代化强国的宏伟目标，我们必须确保财税制度能够紧跟时代步伐，适应新时代的主题和使命。这一时期，制度安排的重点将放在应对人口结构变化的社会保障制度上。在新一阶段习近平总书记关于财税体制改革重要指导思想的指导下，为更好地发挥各子系统作用，激发市场活力和社会力量，调动各类非正式组织和家庭的积极参与，需要对财税体制和社会保障体系加强联动，协调二者进行更深层次的设计和调整。通过不断提升社会的抗风险能力，中国特色社会主义制度的设计可以有效地调节财富的分配，从而推动社会的公正和平等。

## 本章主要参考文献

[1] 白彦锋，侯微怡．新一轮财税体制改革下中期预算改革的思考[J]．改革，2024（07）：45－54.

[2] 二十届三中全会决定解读统筹推进财税体制改革［J］．中国税务，2024（08）：9.

[3] 封凯栋．新型举国体制中的政府与市场关系［J］．中国科技论坛，2022（10）：3.

[4] 马海涛，阮睿．财税体制改革推进共同富裕的理论逻辑和实现路

径［J］. 河北大学学报（哲学社会科学版），2024，49（03）：117－126.

［5］马海涛，肖鹏. 财政与中国式现代化：理论与制度创新［M］. 北京：中国财政经济出版社，2023.

［6］马海涛，姚东旻，于曙光. 我国财政安全的内涵、挑战和实现路径：基于总体国家安全观视角［J］. 经济理论与经济管理，2024，44（05）：9－24.

［7］马海涛. 以税制改革服务新一轮财税体制改革［J］. 国际税收，2024（03）：9－14.

［8］邱超奕，金歆. 坚定不移高举改革开放旗帜、紧紧围绕推进中国式现代化进一步全面深化改革——中共中央举行新闻发布会解读党的二十届三中全会精神［J］. 中国经济周刊，2024（14）：12－15.

［9］邱国庆，杨志安. 人口老龄化、扭曲效应与财政可持续性［J］. 当代经济科学，2022，44（04）：19－30.

［10］习近平. 促进我国社会保障事业高质量发展、可持续发展［J］. 中国民政，2022（08）：4－7.

［11］习近平. 关于《中共中央关于进一步全面深化改革 推进中国式现代化的决定》的说明［J］. 求知，2024（08）：4－7.

［12］习近平. 开创我国高质量发展新局面［J］. 奋斗，2024（12）：4－15.

［13］曾康华，徐薇. 新一轮财税体制改革的历史起点、问题及设想——1994年以来我国财税体制改革回顾与展望［J］. 财政监督，2024（16）：5－12.

［14］郑功成. 中国式现代化与社会保障新制度文明［J］. 社会科学文摘，2023（04）：102－105.

第七章

# 健全现代预算制度

在中国式现代化建设和国家治理现代化的进程中，财税体制改革已经成为发展新质生产力和推动经济社会公平协调发展的重要基础。而预算制度作为国家财政管理的核心工具，扮演着至关重要的角色。党的二十届三中全会《决定》明确指出，深化财税体制改革是实现中国式现代化的重要任务之一。在这一背景下，构建透明、高效、可持续的预算制度已成为财税体制改革的核心内容。预算管理体现国家战略和政策方向，是政府职能和行为的反映，也是支撑国家治理体系和治理能力现代化的重要基石。为提升政府治理能力，必须做好现代预算制度改革顶层设计，实现各项预算管理制度的有机集成和高效协同。通过深入改革，将制度优势转化为治理效能，逐步建立起现代预算制度的整体框架，发挥财政在国家治理中具有基础和支柱的双重作用，优化财政资源的合理配置，实现国家治理体系现代化。

# 第一节　健全现代预算制度的目标

党的二十届三中全会通过的《中共中央关于进一步全面深化改革 推进中国式现代化的决定》对深化预算改革、健全预算制度提出了顶层设计和更高要求，即高屋建瓴抓住了深化预算改革的牛鼻子，同时在许多方面又触及到了深化预算改革的堵点和难点，也表明了中央推进改革的决心，因此，要将改革落到实处，既需要以攻坚克难的精神统筹谋划，又需要做好细致的改革基础性工作。

## 一、健全现代预算制度的目标之一——全面规范

健全现代预算制度的目标之一就是确保预算是全面的、统一的、准确的、规范的和有时效的，以保证呈现在监督者面前的是一幅完整的而不是碎片化的预算全景图，这是确保内部约束、外部监督的前提，因而建设现代预算制度首先就是要从保证预算的全口径入手。同时，政府施政行为的开展必须有相应的预算资金作为保障，那么，控制了政府预算的资金流，也就对政府的行政权力形成了有效的监督和制约。预算活动的完整过程主要包括预算的决策编制、审查批准、执行调整、绩效控制等，如何实现全过程的约束与监督，需要完善的制度设计。

## 二、健全现代预算制度的目标之二——公开透明

预算为公众提供了一个相对开放的渠道，公众可以确信他们的纳税

没有被用于私人目标，也没有被乱用和浪费掉，而是用在了政府向他们承诺的公共事务上。没有预算的政府是“看不见的政府”，而“看不见的政府”必然是“不负责任的政府”，“不负责任的政府”不可能是民主的政府。预算改革的目标也就在于要把“看不见的政府”变为“看得见的政府”，实现预算公开和财政民主。财政透明度较低不仅直接导致“暗箱操作”盛行，增加政府执政的代理成本，还损伤了政府执政的公信力，带来政府宏观调控政策有效性的大打折扣。因此，《决定》提出要提高政府财政的透明度，实行阳光财政，确保政府预算的民主性和公开性。

## 三、健全现代预算制度的目标之三——标准科学

标准是规范之基，规范是治理之要。标准是一切工作的基础，标准化水平被视为国家经济社会发展水平的重要标志。预算支出标准是预算资金分配的基石，是预算管理的基础工作，发挥着基础支撑作用。标准定额能够科学合理地安排财政资金，并在管理过程和监督环节等发挥引导和控制的作用。支出标准体系建设是部门预算管理和改革的重要内容，科学合理的支出标准是建设全面规范透明的现代预算制度，强化预算约束和绩效管理的重要技术支撑。预算支出标准体系的建设是提高财政资金使用绩效的重要手段，在保证各级政府支出需要的同时，通过制度化、标准化定额标准设计，减少预算安排过程中的博弈，降低交易成本，提高财政资金的配置效率和使用效益。①

① 肖鹏，顾健耀，林晓丹，等. 如何进一步加强“三公”经费和一般性支出监管？［J］. 财政监督，2022（22）：37－51.

### 四、健全现代预算制度的目标之四——法治问责

预算是经过立法机构审批通过的具有法律效力的政府年度财政收支计划，是社会公众、人大监督政府施政行为的重要载体，也是控制政府行政权力扩张的重要的“非暴力工具”。因此，现代财政制度的法治性离不开现代预算制度法治性的支撑与保障。预算法治性的特征，决定了预算经人大审批通过的过程，也就是一个立法的过程，而预算执行过程中的预算调整也必须要经过严格的立法程序。在《预算法》修订过程中，需要进一步明确“预算即是法律、预算过程即是立法过程”的理念，确保财政资源使用的合规可控。

### 五、健全现代预算制度的目标之五——绩效控制

公共财政，换句话说就是“取众人之财、办众人之事”，在实现政府部门花纳税人钱的合规性目标之后，就需要开始关注政府部门花纳税人钱的绩效性目标了。要不断提高财政资金使用的绩效水平。财政资金分配中要“讲绩效、重绩效、用绩效”，树立“用钱必问效、无效必问责”的绩效管理理念，建立“预算编制有目标、预算执行有监控、预算完成有评价、评价结果有反馈、反馈结果有应用”的绩效预算资金分配机制。

## 第二节　健全现代预算制度的基本思路

中国式现代化建设，为中国预算理论提供了发展主题和价值引领，成

为预算制度改革重要的历史基点，为中国预算实践指明方向。中国预算制度始终处于动态调整中，顺应时代发展要求，不断将制度优势转换成治理效能。党的二十届三中全会通过的《中共中央关于进一步全面深化改革推进中国式现代化的决定》对深化预算改革、健全预算制度提出了顶层设计和更高要求。

## 一、树立预算管理新理念，健全现代预算制度

### （一）采用预算管理系统化思维

财政各类信息系统是财政数据生产和汇集的枢纽，近年来，各级财政部门大力开发预算编制、预算执行、债务管理、资产管理等各类信息系统，各项财政核心业务均实现了单点突破，但是，“车不同轨、书不同文”问题仍然存在，“各自为政、不联不通”的问题亟待解决，财政信息系统碎片化和业务模块信息割裂的状态导致财政信息整合度与共享水平较低。新时代要转变预算管理理念，采用系统化思维进行制度设计，借力预算管理一体化，整合完善预算管理流程和规则，实现业务管理与信息系统紧密结合，将规则嵌入信息系统以提高制度执行力，增强预算管理制度的规范性、协调性和约束力，构建数据互联互通、标准一致的预算管理体系。

### （二）树立预算统筹管理理念

当前预算的财力统筹能力有限，“大财政、大预算、大资产”管理格局还未完全形成，仍然存在财源挖掘能力有限、财政支出格局固化等问题，财政统筹能力缺乏，尚未形成有效合力。现代国家治理过程是在党的领导下多元参与、共同治理的过程，预算制度改革应当体现多元共治理念，回应多元化的社会需求，疏通各方参与渠道，激发社会配置资源的意

愿和能力，推动政府职能转变，切实提高政府行政能力。以公共服务供给为例，我国管理技术落后与需求多元化之间的矛盾仍然存在，阻碍了公共服务供给的精准化发展。因此，为了实现公共服务供给的现代化，要努力形成多元化主体协同共治的供给格局，促进社会力量广泛参与，提高资源配置的精准性和有效性。

### （三）树立预算包容发展理念

公平与效率不是对立的概念，而是相互促进的。在评价预算制度时，要同时考虑公平与效率。预算作为一种效率工具，通过绩效管理、中期预算、跨年度平衡机制等制度安排，提高财政资源配置效率和政府运行效率。与此同时，预算还是一种控制工具。中国特色社会主义进入新时代，所有全面而深刻的社会变革都伴随着政府权力重构和政府职能转变。治国理念从“国家管理”到“国家治理”的转变，也需要建立符合国家治理现代化的政府权力格局。回顾我国预算制度变迁的过程，可以看出其核心是“控权”，这个过程更是在不断规范政府行为，不断约束政府权力。预算无论被视为效率工具还是控制工具，都体现了预算的工具理性。预算制度设计不仅要体现出工具理性，更要充分体现出价值理性。预算对于公共资源的配置以及预算决策、管理机制，不仅反映了不同利益主体之间的物质利益关系，也体现了社会的基本价值理念。预算制度的良治不仅体现在可以协调公共利益、组织利益和个人利益的关系，而且可以协调公平与效率，平等与自由等关系，有助于形成社会共识和价值认同。

### （四）强化预算风险防控意识

预算是财政资金运行和管理的总枢纽，也是确保财政可持续的总抓手。风险预算有三个方面的含义：一是预算的安排要能够化解风险。公共资金安排背后的风险分配逻辑，其核心要义是基于风险来观察、分析和判断预算方向，并形成以风险为导向的预算编制审查理念。在预算编制之前，就要对未来面临的风险进行沙盘推演，并根据化解风险的要求确立预算安排，通过预算安排引导预期，增强经济社会发展的确定性。二是根据风险变化及时调整预算。三是应该用全局性的眼光看待风险预算。风险具有整体性和穿透性，也会随时变形，因此风险预算要有整体观念。财政可持续理念在地方政府债务管理方面主要表现为，加强地方债预算管理。加强地方债预算管理，既是防范化解地方政府债务风险的需要，也是实现地方财政可持续发展的基本要求。必须坚持底线思维，把防风险放在更加突出的位置，统筹发展和安全，高度关注地方债务风险，坚决遏制隐性债务增加，妥善化解隐性债务存量，防范化解地方债务风险，建立地方债务常态化监管机制。更新专项债管理理念，转变专项债项目重资金使用、轻产出管理的局面，转变重项目建设、轻全生命周期绩效管理的理念，转变重项目本身风险、轻整体宏观风险的错误思路。

## 二、加强财政资源统筹，增强战略保障支撑

### （一）建立“集中财力办大事”决策机制

以事业发展规划为遵循，实行“决策（规划）—业务—资金—项目”清单式管理，对党中央、国务院重大政策精准保障，确保一张蓝图绘到底。逐步做实中期财政规划，对教育、医疗、乡村振兴等需要持续稳定投入的领域，按 3—5 年为期试行“滚动预算”和限额管理，推动部门系统长远谋划事业发展。建立跨部门财政资金统筹平台，推广涉农资金统筹整合经验，探索资金项目申报“联席联审”，打破条块分割，推动实现系统治理。

### （二）规范全口径财政预算统筹管理体制

强化“四本预算”统筹，全面落实取消一般公共预算中以收定支的规定，应当由政府统筹使用的政府性基金转列一般公共预算，合理确定国有资本收益上交比例，稳步提高社会保险基金统筹层次。逐步统一预算分配权，减少交叉重复安排。加强“四本预算”和政府专项债券等收入的勾稽衔接，将依托行政权力、政府信用和国有资源获得的各项收入以及特许经营收入等全面纳入预算管理。将收入纳入“一个盘子”管理，统筹使用公共资源，在“四本预算”之间进行调剂使用，将国有资本经营预算调入一般公共预算，根据实际需要，可以适当用一般公共预算资金补充社会保险基金预算。强化财政拨款收入和非财政拨款收入统筹。各部门和单位依法依规将取得的事业收入、事业单位经营收入等纳入预算管理，在非财政拨款可以满足支出需要时，原则上不得再申请财政拨款。

### （三）加强存量资源与增量资源统筹管理

解决财政资金沉淀固化问题，将存量资金与下年度的预算安排相挂钩，存量资金与增量资金相挂钩。盘活存量闲置资金，做好结余资金的收回使用，根据预算资金使用效益进行调剂使用，将低效运转资金调剂到高效益领域，始终保持预算资金的高效运转。

### （四）健全跨期跨部门统筹协调管理制度

逐步做实中期财政规划，进行跨期统筹管理，从更长远的视角谋划事业发展。并且做好年度预算与中期财政规划的衔接，完善跨年度预算平衡机制。对于财政资金进行跨部门统筹，探索资金项目申报“联席联审”，进行系统管理。加强财政资源统筹能力是提高预算能力的基础，能够更好地为党中央、国务院重大战略、高质量发展提供财力保障。

### （五）完善财政专项支出的统筹管理制度

我国财政专项支出具有种类多、范围广的特点，对于同类支出用途的资金进行合并，避免资金使用“碎片化”，为重点领域发展提供财力保障，提高财政资金使用效益，保障积极的财政政策加力增效。加强财政政策工具储备，结合支持对象进行优化组合，建立“精准滴灌”型的财政政策体系。对兼具金融属性和规模效应的（如基金、风险补偿资金池、股权投资等），由财政部门统一调度实施，解决重复投入、使用分散等问题。

## 三、完善预算管理制度，提高资源配置效率

### （一）改进预算编制流程，提升其规范性与科学性

预算编制是预算改革和管理的起点，一是进一步完善部门预算制度，厘清权力责任范围。强化预算编制过程中财政部门的统一编制权，减少准预算部门的资金分配权，增强总额支出控制能力。二是理顺预算编制流程，适当调整预算编制时间，协调好各级预算单位编制时间和人大审议批准时间，解决预算执行与审批的时间矛盾问题，提高预算法律权威性和准确性。三是根据经济社会发展需要动态更新预算科目体系。合理界定部门预算支出范围，细化功能分类，将每一项支出都具体分解到基层单位，使得预算科目的设置能全面、准确地反映政府职能，体现政府的所有支出活动，进一步提高预算精细化、实用化程度。四是深入实施中期财政规划管理，完善跨年度预算平衡机制。增强中期财政规划对年度预算编制的指导作用，严格规范超收收入的使用管理。提高财政部门中长期的收入波动预测能力和支出规划能力，提高科学性和准确性，保证财政预算与经济社会发展的长期协调。

### （二）强化绩效管理机制，优化财政资源配置结构

财政资源配置结构的调整应该坚持新发展理念的引领，适应新时代提出的任务和要求，准确把握新时代带来的机遇和挑战，为社会主义现代化建设提供财力保障和重要支撑。强化绩效管理，充分发挥绩效在财政资源配置中的导向作用。

1. 深化预算绩效管理理念

借助政府绩效考核，提高地方领导干部重视程度。当前各地的预算绩效改革推进情况参差不齐，在某种程度上与地方领导干部的重视程度有关。因此，要将预算绩效管理纳入政府绩效考核，加大预算绩效结果在政府绩效考核中的权重，预算安排与部门整体的履职绩效挂钩，整改落实情况也作为预算安排和政府绩效考核的重要依据。通过将预算绩效管理与领导干部考核联系起来，提高各地领导干部对预算绩效管理工作的重视程度，增强各级各地领导干部推进预算绩效改革的主动性。同时，也要开展学习培训，增强预算单位的绩效观念。

2. 明晰绩效管理权责

推进预算管理和绩效管理深度融合，保障党委政府决策部署落地落实。在预算执行责任“归位”业务部门的基础上，进一步理清绩效管理权责。财政部门更加聚焦绩效规则制定、目标审核、评价考核、结果应用等；压实业务部门绩效目标设置、事前评审、执行监控、整改落实等主体责任，推动从“要我有绩效”向“我要有绩效”转变，实现预算责任和绩效责任“双落实”。建立牵头统筹本部门专项资金、部门预算、绩效管理等工作的专门机构，职能从“小财务”向“大预算”转变，营造各方重视预算、关注绩效的良好氛围。加强绩效管理相关制度设计，健全“花钱必问效，无效必问责”的绩效问责机制，完善绩效管理中的激励机制，解决因为制度设计导致的逆向激励问题。

3. 加大数字技术获取绩效信息应用力度

在数字时代，各级各地财政部门可以统筹规划，通过引入多元的数据采集、融合关联的数据建模分析、动态直观的数据展示等“大数据”挖掘技术与系统，收集整理以往通过传统技术手段难以甄别、获取的部分绩效信息和其他地区标准值、历史值、经验数据等参考数据，不断充实历史标准、行业标准及地区经验数据以有效降低经济效益、社会效益、生态效益等绩效标准的量化难度，为制定科学的绩效目标和合理的绩效评估指标标准值提供数据支撑，同时简化、优化日常工作。

4. 构建“预算—政策—能力”相互衔接的预算绩效一体化制度

预算绩效一体化是加快建立和完善现代预算制度，推进国家治理体系和治理能力现代化的必然要求，是深化预算管理体制改革的主要支撑手段。建立预算绩效管理的激励约束机制，以预算绩效一体化改革为突破口，构建“预算—政策—能力”相互衔接的激励约束机制。预算绩效管理结果与政策调整相衔接。重点关注预算资金的配置效率和使用效益，特别是重大政策和项目实施效果，预算绩效管理结果与管理能力改善相衔接。

**（三）推进财政支出标准化，强化预算的法定约束**

标准是规范之基，规范是治理之要。标准是一切工作的基础，标准化水平被视为国家经济社会发展水平的重要标志。财政支出标准化，就是为了在预算管理中获得最佳秩序，运用标准化的原理，对财政资金预算编审活动进行科学的总结，形成管理规范，用以指导财政和部门更有效的从事财政预算编审活动。标准为财政资源的分配和管理提供了目标和依据，是预算编制的基本依据，通过财政支出标准化工作而形成的项目支出标准体系是预算管理的基石，发挥着基础支撑作用。

具体而言，一是要与绩效管理协调推进。将标准嵌入预算管理中，提高标准制定的整体责任意识，并且同步设置绩效目标，强化支出预算约束，提高财政资金使用效益。二是加强支出标准体系建设。健全基本支出标准体系框架，完善支出标准和保障政策调整机制，基本支出标准调整原则上与年度预算编制同步进行，人员经费标准根据国家工资津补贴政策变化等情况予以调整；公用经费标准根据机构职责、经济社会发展和物价水平、财力可能等情况予以调整。根据事业单位分类改革进展等情况，研究完善财政保障政策。加快推进项目支出标准体系建设，建立分行业、分地区、分类分档的项目支出标准，将支出标准嵌入预算管理一体化系统，实现全覆盖。加快构建专用定额标准，将通用定额标准和专用定额标准相结合，使得标准体系的结构更加立体。标准制定充分结合预算评审结果，在预算评审和标准建设之间形成良性互动关系。把握建设重点，对于涉及面广、资金量大、实施期限长、适合标准化管理的项目重点关注。三是完善支出标准的动态调整机制。一方面要根据项目实际执行情况进行调整；另一方面要根据经济社会发展水平和财力保障能力进行动态调整，更加符合实际，保证支出标准的时效性。

## 四、强化预算执行管理，增强预算约束力度

### （一）提高预算透明度管理，利用数字化增强效率

预算透明度是衡量现代预算水平的重要指标，预算信息公开是社会公众了解预算执行情况的重要途径之一。完善相关法律法规，明确披露内容、披露方式以及惩罚机制，扩大财政信息公开范围，做到非涉密事项一律公开。对于不同层级的政府规定相应的信息公开范围和细化程度，构建政府财务报告体系，利用现代信息技术，拓宽预算信息公开渠道，保证社会公众能够及时、准确、全面获取相关信息，提升社会公众对预算的认知水平和参与预算监督的能力。借助信息化技术进一步整合政府财政信息，

实现政府间信息共享，信息的准确性和流通性会影响预算功能的发挥，信息流通越通顺，准确性越高，有助于预算发挥预期作用，反之，会阻碍政府行政效率的提高。推进预算信息公开，完善不同层级间政府信息传递渠道，实现政府内部纵向、横向财政信息共享，从而进一步提高预算的完整性和透明度。

**（二）强化预算的执行控制，确保资金使用合规性**

严格执行人大批准的预算，预算一经批准非经法定程序不得调整。对预算指标实行统一规范的核算管理，精准反映预算指标变化，实现预算指标对执行的有效控制。坚持先有预算后有支出，严禁超预算、无预算安排支出或开展政府采购，严禁将国库资金违规拨入财政专户。严禁出台溯及以前年度的增支政策，新的增支政策原则上通过以后年度预算安排支出。规范预算调剂行为。规范按权责发生制列支事项，市县级财政国库集中支付结余不再按权责发生制列支。严禁以拨代支，进一步加强地方财政暂付性款项管理，除已按规定程序审核批准的事项外，不得对未列入预算的项目安排支出。加强对政府投资基金设立和出资的预算约束，提高资金使用效益。加强国有资本管理与监督，确保国有资本安全和保值增值。

**（三）优化国库集中收付制度，提升资金管理效能**

对政府全部收入和支出实行国库集中收付管理。完善国库集中支付控制体系和集中校验机制，实行全流程电子支付，优化预算支出审核流程，全面提升资金支付效率。根据预算收入进度和资金调度需要等，合理安排国债、地方政府债券的发行规模和节奏，节省资金成本。优化国债品种期限结构，发挥国债收益率曲线定价基准作用。完善财政收支和国库现金流量预测体系，建立健全库款风险预警机制，统筹协调国库库款管理、政府债券发行与国库现金运作。

### （四）完善决算和财务报告编制，健全现代财务体系

一是提升财政总决算工作水平，推动省级财政加快对下结算办理，提高地方决算编制效率。二是加强部门决算管理，建立健全决算审核反馈机制，修订部门决算有关制度。三是组织开展政府财务报告编制工作，扩大政府财务报告编制范围，推动制定政府财务报告审计制度，研究制定适合我国国情的政府财务报告公开制度。

### （五）推进国库数据的管理改革，保障财政运行安全

一是大幅提高预算执行数据的完整性、准确性和相关性，为预算执行管理、绩效评价、财政监督和综合财务报告提供可靠支撑。二是根据预算管理一体化进展情况，推动各级财政总账数据标准统一，逐步实现全国财政总账数据自动汇总，建立全国预算执行数据的集中管理和大数据分析机制。三是加强决算数据、非税收入数据、动态监控数据、差旅电子凭证数据等财政国库数据的分析应用，为改进财政财务管理，服务领导决策提供参考。

## 五、加强债务风险防控，增强财政可持续性

### （一）强化预算宏观调控功能，提升整体风险防控

加强跨年度预算平衡。加强中期财政规划管理，进一步增强与国家发展规划的衔接，强化中期财政规划对年度预算的约束。对各类合规确定的中长期支出事项和跨年度项目，要根据项目预算管理等要求，将全生命周期内对财政支出的影响纳入中期财政规划。地方政府举借债务应当严格落实偿债资金来源，科学测算评估预期偿债收入，合理制定偿债计划，并在中期财政规划中如实反映。鼓励地方结合项目偿债收入情况，建立政府偿

债备付金制度。

### （二）健全地方政府举债机制，确保依法适度管理

健全地方政府债务限额确定机制，一般债务限额与一般公共预算收入相匹配，专项债务限额与政府性基金预算收入及项目收益相匹配。完善专项债券管理机制，专项债券必须用于有一定收益的公益性建设项目，建立健全专项债券项目全生命周期收支平衡机制，实现融资规模与项目收益相平衡，专项债券期限要与项目期限相匹配，专项债券项目对应的政府性基金收入、专项收入应当及时足额缴入国库，保障专项债券到期本息偿付。完善以债务率为主的政府债务风险评估指标体系，建立健全政府债务与项目资产、收益相对应的制度，综合评估政府偿债能力。加强风险评估预警结果应用，有效前移风险防控关口。依法落实到期法定债券偿还责任。健全地方政府债务信息公开及债券信息披露机制，发挥全国统一的地方政府债务信息公开平台作用，全面覆盖债券参与主体和机构，打通地方政府债券管理全链条，促进形成市场化融资自律约束机制。

### （三）防范化解隐性债务风险，增强财政运行稳健

把防范化解地方政府隐性债务风险作为重要的政治纪律和政治规矩，坚决遏制隐性债务增量，妥善处置和化解隐性债务存量。完善常态化监控机制，进一步加强日常监督管理，绝不允许新增隐性债务上新项目、铺新摊子。强化国有企事业单位监管，依法健全地方政府及其部门向企事业单位拨款机制，严禁地方政府以企业债务形式增加隐性债务。严禁地方政府通过金融机构违规融资或变相举债。金融机构要审慎合规经营，尽职调查、严格把关，严禁要求或接受地方党委、人大、政府及其部门出具担保性质文件或者签署担保性质协议。清理规范地方融资平台公司，剥离其政府融资职能，对失去清偿能力的要依法实施破产重整或清算。健全市场

化、法治化的债务违约处置机制，鼓励债务人、债权人协商处置存量债务，切实防范恶意逃废债，保护债权人合法权益，坚决防止风险累积形成系统性风险。加强督查审计问责，严格落实政府举债终身问责制和债务问题倒查机制。

### （四）防范化解运行风险隐患，提升财政安全水平

化解财政运行风险的核心在于有效管理地方政府债务和规范融资行为。首先，应建立动态债务风险预警机制，及时监控地方债务状况，防止债务过度累积。当出现违约风险时，财政部门应采取债务重组或延期偿还等措施，确保财政稳定。其次，加强对地方政府融资平台的监管，严格规范其融资行为，确保资金流向高效、具有长期效益的项目，避免债务资金流入低效领域。最后，推动中长期财政规划，通过科学合理的预算安排，减少对短期债务的依赖，实现财政收支的平衡与可持续性。这些举措能够有效防范和化解财政风险，提升财政安全水平，确保经济稳定运行。

## 六、促进预算管理信息化，提高执行支撑能力

### （一）深入推进预算管理一体化改革

以预算管理一体化为规范，实现预算管理制度主体流程数据、主要业务数据的环环相扣。一方面，通过预算管理一体化工作将预算规划与准备、预算编制与批准、预算执行与控制、决算报告与评价等主要环节紧密联系起来，改善预算管理。另一方面，通过预算管理一体化工作整合政府采购过程与资金支付、整合单位财务管理与会计核算工作等，实现预算执行流程优化、安全高效。因此，应全面梳理清预算管理业务流程，形成标准化的业务基础数据规范，并且优化控制规则，强化动态管理，在横向业

务维度实现预算管理各流程、各业务的“一体化”，实现信息管理系统与预算管理业务流程、业务模块的无缝嵌入和对接。以预算管理一体化的项目为联结点，加强制度与政策规划和实施的衔接。预算管理一体化能够实现横向与纵向维度预算信息与业务整合，构建起以项目为基本单位的预算管理模式。依托预算管理一体化系统，以预算项目为联结点，将预算项目的全生命周期与年度预算周期有机衔接，并持续加强对全项目周期的监测和管理，实现对预算信息的全流程记录，为后续加强项目实施结果的跟踪打下基础，以更好实现财政宏观调控职能，并全面提升财政资金使用绩效。

### （二）实现全国预算系统的纵横贯通

用信息化手段支撑中央和地方预算管理，规范各级预算管理工作流程等，统一数据标准，推动数据共享。以省级财政为主体加快建设覆盖本地区的预算管理一体化系统并与中央财政对接，动态反映各级预算安排和执行情况。中央部门根据国家政务信息化建设进展同步推进相关信息系统建设。建立完善全覆盖、全链条的转移支付资金监控机制，实时记录和动态反映转移支付资金分配、拨付、使用情况，实现资金从预算安排源头到使用末端全过程来源清晰、流向明确、账目可查、账实相符。加快全国预算管理一体化系统大集中，实现中央、省、市、县一套系统贯通。全面梳理归集各级预算单位财务、资产、账户等信息，推动实现各级政府一本账、一张表（资产负债表）。强力推进预算管理标准化，规范各级业务流程、管理要素和控制规则，实现各级预算执行动态跟踪和有效反馈，切实减轻基层统计负担。

### （三）推进部门间预算信息互联共享与整合

预算管理一体化系统集中反映单位基础信息和会计核算、资产管理、账户管理等预算信息，实现财政部门与主管部门共享共用。积极推动财政与组织、人力资源和社会保障、税务、人民银行、审计、公安、市场监管等部门实现基础信息按规定共享共用。落实部门和单位财务管理主体责任，强化部门对所属单位预算执行的监控管理职责。加强大数据开发应用，为财政经济运行分析、资金安排使用、制度优化设计提供参考，辅助提高政府决策的科学性、合规性。

### （四）运用信息化技术提升监督水平

构建“制度 + 技术”的监督框架，建立全覆盖、全链条的财政资金监控机制，实时记录和动态监控资金在下级财政、用款单位的分配、拨付、使用情况，探索自动控制和实时预警，实现资金从源头到末端全过程流向明确、来源清晰、账目可查，确保资金直达基层、直达民生。加强财会监督与人大、审计等监督的协同，主动对接人大实时在线联网监督、审计部门数据审计系统等，形成多层次的综合监督体系。

## 七、健全人大监督机制，提升预算审查合力

### （一）发挥多种监督方式协同作用

充分发挥党内监督的主导作用，加强财会监督，促进财会监督与党内监督、监察监督、行政监督、司法监督、审计监督、统计监督、群众监督、舆论监督等协同发力。各级政府、各部门要依法接受各级人大及其常委会、审计部门的监督。推进人大预算联网监督工作。各级财政部门要做好财税法规和政策执行情况、预算管理有关监督工作，构建日常监管与专项监督协调配合的监督机制。强化监督结果运用，对监督发现的问题，严格依规依纪依法追究有关单位和人员责任，加大处理结果公开力度。

### （二）改进并细化预决算编报流程

按照人大有关要求不断改进预决算报告编写，围绕贯彻落实党中央决策部署和全国人大及其常委会有关预算、决算决议，充实财政支出政策有关内容。同时，预决算草案编制逐步完善，将中央本级支出细化编列到项或款，分地区、分项目编列转移支付预决算，并逐项说明专项转移支付的支出内容，增加基建支出预算安排的表格等，便于人大代表理解和监督。

### （三）积极配合人大审议预决算工作

在预算审查前，向财政经济委员会预算审查小组、其他专门委员会委派的组成人员、部分人大代表通报年度预算编制情况，重点汇报预算安排和财政政策情况。“两会”期间，向人大代表全面系统介绍贯彻实施《预算法》、完善财政政策等工作进展。在全国人大财经委提出审查意见后，迅速认真研究，加大落实整改力度，对于人大代表提出的合理化意见建议，及时在政策研究和预算编制工作中予以采纳，提高支出政策科学性。

### （四）强化专委会与人大代表职能

政府预算反映国家的战略、规划、政策，涉及面广、政策性和专业性强。因此，审查好政府预算、部门预算，需要发挥人大各专门委员会的专业特点和优势，增强审查监督针对性和有效性。在专门委员会对对口联系的部门预算开展调研和审议时，应重点就部门的支出预算结构、资金使用和管理、支出绩效内容提出意见建议。与此同时，要总结各地人大探索发挥专门委员会参与预算审查工作的经验做法。面对人大预算审查监督工作的新形势，人大代表依法履行预算审查监督职责和社会公众对“国家钱袋子”的知情权、监督权的诉求越来越强烈。因此，必须通过各种形式和渠道，听取人大代表和人民群众的意见建议，回应人民的期待和诉求。

# 第三节　健全现代预算制度的重点举措

健全现代预算制度是确保国家财政安全和推动经济高质量发展的重要基础。党的二十届三中全会明确指出，财政体制改革必须围绕提高财政资源配置效率、增强国家治理能力展开，以应对日益复杂的经济环境和日益增长的公共服务需求。为实现这一目标，健全现代预算制度的重点应聚焦于促进财政资源统筹、深化零基预算改革、国有资本经营预算改革、政府债务管理与数字化管理等五大方面。通过健全预算制度，做到预算一个"盘子"、收入一个"笼子"、支出一个"口子"，促进财政资金优化配置，推动建立现代财政制度。

## 一、深化零基预算改革，提升财政资源配置能力

零基预算改革是对现有财政支出格局的深度调整，是对长期以来"基数 + 增长"预算编制方法的一次革命性变革。2020 年 5 月，第十三届全国人民代表大会财政经济委员会《关于 2019 年中央和地方预算执行情况与 2020 年中央和地方预算草案的审查结果报告》指出，运用零基预算理念，打破支出固化格局，提高预算编制的科学性和准确性。2021 年 4 月，《国务院关于进一步深化预算管理制度改革的意见》明确"积极运用零基预算理念，打破支出固化僵化格局，合理确定支出预算规模"的要求，再次强调未来预算管理制度改革中零基预算的重要性。党的二十届三中全会审议通过的《中共中央关于进一步全面深化改革、推进中国式现代化的决定》（以下简称《决定》）进一步提出：健全预算制度，加强财

政资源和预算统筹，深化零基预算改革。

### （一）零基预算的产生背景与理念

在传统的预算模式中，预算决策是在预算基数的基础上作出的，即每年的预算决策都是在上一个预算年度的预算拨款的基础之上增加一定的数额，预算基数的形成和预算增量的决定有赖于政治上的讨价还价。所以预算决策的理性程度就比较低，政府支出的持续增长也就不可避免。为了控制支出和将预算理性引入预算过程，从 20 世纪 30 年代开始，以美国为首的西方国家进行了数次理性预算改革。零基预算（Zero－based Budget，ZBB）就是这些理性预算改革中的一种，对传统预算模式形成了巨大的挑战。

零基预算是美国人 PeterPyhrr 于 1970 年提出的，定义如下：零基预算是一种计划与预算的程序，要求每一位主管人员在申请预算时，应从计划的起点开始（故名为“零基”），且将审核工作交给各主管人员负责，由他们自行说明各项支出的理由。采取这一方法后，每一项业务均分别视为一项“决策案”，用系统化的方法予以评估，并按其重要程度依次排列。这就意味着，在这种预算模式下，所有的支出决策都是在不接受和不认可任何预算基数的前提下作出的，预算决策包括所有的预算要求（无论是原有的还是新的预算要求），而不仅仅只是预算增量，正因如此，这种预算模式被称为零基预算。

零基预算的核心理念就是根据公共项目的重要性确定预算安排的优先性。优先性排序是零基预算用于提高管理效率的核心策略，零基预算在众多资源分配方案中寻求最佳方式以提高资源分配的效率。从这个意义上来说，采取这一制度将会以同样的成本提供更多、更好的商品或劳务，或者是以较少的成本提供同样多商品或劳务。

### （二）以零基预算改革为突破口，提升财政资源配置能力

预算能力不仅是财政部门牵头组织预算工作的能力，更是各级政府及部门实施预算编制、执行、监督等能力的综合体现，其高低很大程度上影响着政府治理的整体水平。围绕《决定》关于加强财政资源和预算统筹，强化对预算编制和财政政策的宏观指导，深化零基预算改革等要求，以零基预算改革为突破口，在预算编制环节打破支出固化格局，以绩效为导向，切实提高各级各部门预算能力，并牵引带动政府治理效能不断提升。

1. 推进财政资金统筹整合

一是推动跨部门财政资金的统筹整合。对目标相近、内容类同的财政资金原则上由一个行业主管部门牵头管理。对跨级次、跨区域的重大战略任务，根据支出责任实行中央、省、市、县（市、区）分级共担。推动各部门根据政府年度重点保障事项清单，梳理、整合、重构部门主管的项目资金，聚焦支持保障清单所列事项。

二是盘活存量资金。健全预算执行通报机制，全面追踪转移支付资金在省、市、县（市、区）分配、拨付、使用情况。对未按时下达的转移支付资金、涉企补助资金、预计当年无法形成支出的项目资金，各级要及时收回预算，依规统筹用于经济社会发展亟须支持的领域。落实部门结转结余资金定期清理制度，除按规定留用外，一律收回预算统筹。

2. 创新预算编制方式

引入零基预算编制理念，打破预算安排和资金分配的基数依赖，所有预算支出均以零为基点，以党委、政府决策部署和事业发展目标为导向，以政府当年可用财力为基础，根据资金实际需求、项目轻重缓急、绩效评价情况等统筹核定。保工资、保运转支出，实行以定员定额为主的预算编制方法，根据组织、编制、人力资源社会保障、公务用车管理等部门批准的机构编制、实有人员、基本工资、津贴补贴、公务用车等基础信息，按

照各级财政部门制定的定员定额标准据实编制。对于政府年度重点保障事项清单支出，根据清单所列事项细化编制到具体单位，项目支出实行“先有项目后有预算”的编制方法，推动部门提前谋划储备项目。

3. 建立“集中财力办大事”预算决策机制

构建“先谋事、后排钱”的预算安排机制。以事业发展规划为遵循，实行“决策（规划）—业务—资金—项目”清单式管理，对党中央、国务院重大政策精准保障，确保一张蓝图绘到底。逐步做实中期财政规划，对教育、医疗、乡村振兴等需要持续稳定投入的领域，按 3—5 年为期试行“滚动预算”和限额管理，推动部门系统长远谋划事业发展。

4. 实行预算项目全生命周期管理

全面实行预算支出“项目化”管理。以零基、滚动、优选为导向进行项目排序，实现各项支出可增可减、可进可退。可率先在政府投资基础设施项目领域实施滚动遴选，突出优中选优，推动重大项目“竣工一批、在建一批、开工一批、储备一批”成为常态，有效保证有充足项目可安排资金、资金安排即可形成支出和实物工作量。

5. 明晰绩效管理权责

推进预算管理和绩效管理深度融合，保障国家战略和决策部署落地落实。在预算执行责任“归位”业务部门的基础上，进一步理清绩效管理权责。财政部门更加聚焦绩效规则制定、目标审核、评价考核、结果应用等；压实业务部门绩效目标设置、事前评审、执行监控、整改落实等主体责任，推动从“要我有绩效”向“我要有绩效”转变，实现预算责任和绩效责任“双落实”。业务部门要配强预算管理机构队伍，建立牵头统筹本部门专项资金、部门预算、绩效管理等工作的专门机构，职能从“小财务”向“大预算”转变，营造各方重视预算、关注绩效的良好氛围。

6. 强化全流程预算绩效融合

全面实施重大政策和项目事前绩效评审。加强成本效益分析，从源头实行绩效“一票否决”预算控制。规范绩效目标管理，以事业发展规划为直接依据，科学设置定量和定性相结合、可比较可考核的绩效目标。优化“双监控”程序机制，运用系统及时开展偏离绩效目标和绩效进展未达预期的分析和纠偏。加快推进部门整体绩效和中长期政策绩效评价，增强绩效评价的权威性。健全预算绩效问责机制，从单一的挂钩扣减预算向调整“放权”力度等转变，逐步扩大绩效评价结果在政府绩效考核、干部选拔任用等领域的应用，促进预算绩效管理激励相容。

## 二、以统一预算分配权为切入点，加强财政资源和预算统筹

由于减税降费政策的实施和2020年新冠疫情对经济的双重冲击，在当前和今后一个时期，财政长期将处于紧平衡状态，收支矛盾较为突出。2020年党的十九届五中全会《中共中央关于制定国民经济和社会发展第十四个五年规划和二〇三五年远景目标的建议》提出：强化对预算编制的宏观指导，加强财政资源统筹。2021年国务院发布《关于进一步深化预算管理制度改革的意见》（国发〔2021〕5号）提出：强化预算编制环节政府性资源的统筹能力，盘活各类存量资源，提升财政对国家战略规划的支撑保障。2023年党的二十届三中全会《中共中央关于进一步全面深化改革、推进中国式现代化的决定》中进一步提出：健全预算制度，加强财政资源和预算统筹，把依托行政权力、政府信用、国有资源资产获取的收入全部纳入政府预算管理。尽管党的十八大以来我国预算制度改革已经取得重大突破，现代预算制度主体框架基本确立，但目前我国“大财政大预算大资产”的管理格局尚未完全形成，财政在面对经济运行波动时压力较大，预算在稳妥应对政府财政可持续发展压力方面还有待加强。

### （一）规范非税收入管理，实现各种财政资源全口径纳入预算管理

实现财政资源统筹的前提是各种的财政资源能够全口径纳入到政府预算管理。党的二十届三中全会《决定》提出“健全预算制度，把依托行政权力、政府信用、国有资源资产获取的收入全部纳入政府预算管理”。财政资源统筹的范围是在目前政府四本账的基础上，对除税收以外的依托政府行政权力、政府信用（誉）、国家资源资产或提供特定公共服务征收、收取、募集的非税收入纳入全口径管理，摸清楚政府全口径税收收入和非税收入的家底是什么。这与《决定》中提出的“规范非税收入管理”一脉相承，从全口径的角度对加强所有财政资源和预算统筹提出了更高的要求，也为统一预算分配权打下了基础。

### （二）统一预算分配权，推动各种财政资源和预算统筹

破除部门障碍，推动财政资源统筹的核心是统一预算分配权。党的二十届三中全会《决定》提出“统一预算分配权，提高预算管理统一性、规范性，完善预算公开和监督制度。”表明要打破财政资金的固化、加强资金统筹使用、优化支出结构，就要提高预算管理统一性、规范性，重要的切入点就是统一预算分配权。

这是因为我国目前的预算分配权除了财政部门外，还有多个政府部门在某些专项资金或特定项目上拥有一定的预算分配权。例如，发改、教育、科技、农业等部门，其中在专项转移支付上占比较大。尽管 2015 年国务院印发《推进财政资金统筹使用方案》中提出了十个方面的统筹，涉及项目之间、预算科目之间、部门之间、四本预算之间、跨年度预算之间、各类收入之间、增量与存量之间、编制与执行之间等。但目前这个问题还没有根本解决，由于多个部门参与预算分配，造成预算分配权分散化，从而导致资金分散，也往往会出现支出在项目间交叉重复，出现

“九龙治水”的现象，这不仅容易影响各项政策取向的一致性，加大了财政资源统筹的难度，也降低了预算资金的使用效率。因此，有必要从统一预算分配权的视角，提升财政部门作为“核心预算机构”的角色，加强顶层设计，完善法律法规，增强政策取向的一致性，优化预算统筹与分配机制，提高预算服务国家重大战略的财力保障。

## 三、完善国有资本经营预算，优化国有经济战略布局

国有资本经营预算是国家以所有者身份对国有资本实行存量调整和增量分配而发生的各项收支预算，是政府预算的重要组成部分。其核心目的是规范国家与国有企业的分配关系，增强政府的宏观调控能力，推动国有经济布局和结构调整，同时解决国有企业发展的体制性、机制性问题。继续完善国有资本经营预算制度，有助于更好地实现国家战略目标，提升国有企业的效益和竞争力。

### （一）国有资本经营预算改革目标

与深化国资国企改革相协调，构建全面完整、结构优化、运行顺畅、保障有力的国有资本经营预算制度。国有资本经营预算的功能定位更加清晰，对宏观经济运行、优化国有经济布局的调控作用更加有效，收支政策的前瞻性、导向性更加彰显，支持国有企业高质量发展的资本金注入渠道更加畅通稳定。

### （二）完善国有资本经营预算的举措

1. 完善国有资本收益上交机制

（1）扩大国有资本经营预算覆盖范围。政府授权的机构（部门）等履行出资人职责的企业（即一级企业），应按规定上交国有资本收益，法

律法规另有规定的除外。国有资本收益包括国有独资企业和国有独资公司应交利润、国有控股和参股企业国有股股息红利、国有产权转让收入、企业清算收入等。加快推进党政机关和事业单位所办一级企业按规定上交国有资本收益。凭借国家权力和信用支持的金融机构所形成的资本和应享有的权益，纳入国有金融资本管理，法律法规另有规定的除外。

（2）健全国有独资企业和国有独资公司收益上交机制。国有独资企业和国有独资公司以年度归属于母公司所有者的净利润为基础，依法扣除以前年度未弥补亏损、提取的法定公积金等后，按一定比例计算上交收益。各级政府要根据行业、企业类型等，完善国有独资企业和国有独资公司上交收益比例分类分档规则，健全动态调整机制。需要作出调整的，由本级财政部门会同政府授权履行出资人职责的机构（部门）提出建议，报本级政府批准后执行。新增企业适用的分类分档上交收益比例，由本级财政部门向有关单位审核确认。法律法规另有规定的，依其规定执行。

（3）优化国有控股、参股企业国有股收益上交机制。国有控股、参股企业按照市场化、法治化原则建立健全分红机制。政府授权履行出资人职责的机构（部门）以及有关党政机关和事业单位（以下统称出资人单位）研究提出国有控股、参股企业利润分配意见时，应当统筹考虑国有经济布局优化和结构调整总体要求，企业所处行业特点、发展阶段、财务状况、发展规划以及其他股东意见等，所提意见的利润分配原则上不低于同类国有独资企业和国有独资公司收益上交水平。出资人单位应督促国有控股企业依法及时制定利润分配方案，股东（大）会审议决定上年利润分配方案的时间原则上不晚于当年9月底，利润分配方案通过后，企业应及时按规定上交国有股股息红利。

（4）加强国有资本经营预算收入管理。收入预算要根据企业年度盈利情况和国有资本收益收取政策等合理测算，上年结余资金应一并纳入收入预算编制范围。纳入国有资本经营预算覆盖范围的企业，要确保利润数据真实可靠，及时足额申报和上交收益，按照政策规定免交收益的应当零申报。规范完善国有资本收益上交渠道和方式。划转充实社保基金的国有资本，其收益不纳入国有资本经营预算管理，按照《国务院关于印发划转部分国有资本充实社保基金实施方案的通知》（国发〔2017〕49 号）等文件规定执行。

2. 提升国有资本经营预算支出效能

（1）优化支出结构。国有资本经营预算安排要切实贯彻党的路线方针政策，聚焦关键领域和薄弱环节，增强对国家重大战略任务的财力保障，强化资本金注入，提高资金配置效率，更好发挥对重要行业产业发展的引领作用。重点用于落实党中央、国务院决策部署，保障国家战略、安全等需要，支持国有企业高质量发展，推进国有经济布局优化和结构调整，对下级政府特定事项的转移支付等。

（2）加强支出管理。国有企业可根据国有资本经营预算重点支持方向和企业发展需要，向出资人单位申报资金需求。要强化支出预算审核和管理，坚持政策导向，区分轻重缓急，提升资金安排使用的科学性、有效性和精准性。严格预算约束，严禁超预算或者无预算安排支出。资金拨付严格执行国库集中支付制度。资本性支出应及时按程序用于增加资本金，严格执行企业增资有关规定，落实国有资本权益，资金注入后形成国家股权和企业法人财产，由企业按规定方向和用途统筹使用，一般无须层层注资，确需收回的依法履行减资程序。费用性支出要严格按规定使用，结余资金主动交回财政。

（3）推进预算绩效管理。建立对重大支出政策的事前绩效评估机制，强化绩效目标管理，做好绩效运行监控，加强绩效评价和结果应用。探索开展国有资本经营预算整体绩效评价，具备条件的地区要开展整体绩效评价试点，重点关注落实国家战略情况、支出结构、政策效果等，全面提升政策效能和资金效益。

3. 完善国有资本经营预算管理工作

（1）加强国有企业名录管理。出资人单位应当定期统计所出资企业的数量、资产权益、损益等情况，建立所出资国有企业名录；财政部门汇总建立本级国有企业名录，为收支预算测算提供有效支撑。

（2）完善预算编报。国有资本经营预算应当按照收支平衡的原则编制，不列赤字。各级政府要严格执行预算法及其实施条例等规定，细化完善预算编报，提高国有资本经营预算草案编制质量。提交本级人大审查的预算草案中，收入预算应按行业或企业编列，并说明企业上年总体经营财务状况；支出预算应按使用方向和用途编列，并说明项目安排的依据和绩效目标。

（3）主动接受人大和审计监督。全面落实人大关于加强预算审查监督和国有资产管理情况监督的各项要求，健全预算管理和资产管理相衔接的工作机制，更好配合人大和审计审查监督工作。

## 四、完善政府债务管理，确保财政可持续性

### （一）健全地方政府适度举债机制

1. 健全地方政府适度举债机制

应适当提高全国地方政府债务率对地方新增债券总额负向调节的权重。应严格控制债券总量尤其是地方专项债总量增长，在当前全球疫情尚未稳定的情况下，既要强调发挥专项债稳投资、助建设的作用，也要警惕地方政府债务率越过国际警戒线，避免地方债务过度膨胀危及国家财政可持续发展。

2. 优化新增债券限额结构

在控制总量的前提下，调整新增一般债与专项债的结构，优化债券期限结构和偿还方式。调整各地方新增债券限额分配系数，使新增债券限额

分配更多考虑各地方债务率水平，更多考虑中长期债务收支平衡，债务限额分配更多向偿债能力高的地区倾斜。同时，需适当提高一般债比例，因地制宜考虑地区经济发展情况，提高具有雄厚一般公共预算收入的经济发达省市的新增债券限额中一般债占总新增债券限额的比重，有效发挥地方政府债券杠杆作用撬动经济发展。除此之外，要推动债券期限结构进一步优化，尤其要提高专项债期限结构与项目周期的匹配度，鼓励各地区探索"固定＋浮动"期限结构专项债券。

3. 构建地方政府适度举债机制

不仅要严格保证债务举借限制在财政部规定的限额之内，更应提高对的债务举借中长期影响的关注度。在地方中长期规划中反映地方政府债券发行方案，基于地区重大财政收支、债务负担率、化债进展，以及经济发展发展水平，合理测量债券资金需求，做好的中长期重大项目的债券发行规划，在更长的周期和更广的视野上，既不触碰债券发行的"天花板"，也要谨防债券偿还高峰导致的偿债"灰犀牛"，确保财政可持续。

### （二）推动债务管理规范化和标准化

1. 提高地方债务预算管理人员技能，确保预决算编制准确

地方政府债务预算的可持续意识，是确保地方政府债务可持续发展基础和前提。当前，有些地方和部门工作人员不仅预算风险意识不强，对债务在财政可持续发展中的地位认知不够，且对地方债务预算管理专业知识储备不足。对此，应加强地方债务预算管理培训，加强相关单位人才队伍建设，尤其是市县级人才队伍建设，提高专业素养，努力实现以下两点：一是提高预算、预算调整方案、决算编制水平。保障预决算编制准确无误，杜绝混淆预算年度、会计科目编辑错误等低级错误发生，在上级决策部署得到贯彻落实的基础上，始终牢记财政可持续发展，保持地方债务收支平衡。二是完善地方债券资金违规调用处罚细则，在加大对的擅自挪用

债券资金的问责力度的基础上，组织学习地方政府债券资金违规调用处罚制度，确保相关人员熟知各项违规操作可能导致的后果，倒逼提高相关人员预算执行意识。突出强调项目单位等部门严格按照经本级人大及常委会批准的预算使用债券资金。

2. 细化《指引》规范资金用途调整，确保债券资金合规

以细化《地方政府专项债券用途调整操作指引》（简称《指引》）为基础，支撑地方各级财政部门、财政部各地监管局及其他单位开展监管工作，通过提升监管力度，推动地方政府债券预算调整规范化，实现专项债券资金用途调整合规、标准、高效。

首先，坚持“不调整为常态，调整为例外”原则，明确负向激励条例。鼓励各地方结合当地债务率水平、综合财力、经济发展情况等，探索适应本地区发展的调整规章，设立“调整规模红线”“调整频率红线”，建立与调整频次和幅度相结合的阶梯型新增债券配额惩罚机制，例如连续两年且年均超半数专项债券项目需进行资金用途调整的地区，省级财政部门可扣除下一年度新增债券额度的20%，对申请项目较低地区，或可采取项目“N－1”政策，根据项目建设轻重缓急、项目进展难度较大、项目同质性等因素进行排序，对排序末端的项目采取暂缓进入项目库处置，倒逼地区做好的项目规划。同时，对于专项债券项目资金用途调整频繁的下级行政单位，省级行政部门在加大惩戒力度的同时，应鼓励该行政单位加强自主学习，积极向其他市县“取经”，提高专项债券项目规划水平。除此之外，可考虑在年度新增专项债限额分配中加入债券资金用途调整系数，对专项债券项目规划整体表现不佳的省份予以适当处罚。

其次，应加强专项债券资金用途调整预算公开。一方面，应当细化信息公开目录，在中国地方政府债券信息公开平台、省级政府或财政部门门户网站等平台，公开包括跨级次跨地区的专项债资金调入地区的资金调入前后的债务率波动情况、地方政府性基金预算收入、该地区专项债券的债

务（转贷）收入等相关预算科目信息等。另一方面，各地区应在年度预算执行情况和下一年度预算编制草案的报告中，主动报告专项债券资金用途调整情况，自觉接受人大监管。

最后，应加强专项债券资金用途调整监管力度和调度力度。省级财政部门注重把控跨级次跨区域专项债资金调入地区债务率水平，尤其该地区政府性基金预算收入充裕程度，避免出现局部债务高风险现象。对于由省级财政部门收回的专项债券资金，且较长时间段内无符合条件项目安排，若收回规模较大，可探索专项债券提前偿还机制，避免专项债券资金沉积浪费。

### （三）全面提高专项债券项目的预算绩效管理水平

1. 更新专项债的管理理念

转变专项债项目重资金使用、轻产出管理的局面，转变重项目建设、轻全生命周期绩效管理的理念，转变重项目本身风险，轻整体宏观风险的错误思路。专项债券收入是专项债券项目建设的资金来源，重视债券资金的使用和项目建设，而项目竣工后的有效运作才是确保专项债券收回本金支付利息，维持专项债券收支平衡的保障。与此同时，还必须提高对项目建设对地方财政收支平衡和区域经济发展影响的关注度，尤其重大项目可能引发的一系列恶性冲击。

2. 加强专项债券项目库建设

项目资金沉积国库，滞留项目单位，归根结底是债券项目审查出现问题，债券发行脱离项目建设周期等实际情况。对此必须健全专项债项目入库审批，加强专项债项目库建设。对规划中新建项目，增加“项目预计最迟落地建设时间”指标的权重，对基本不能确保项目落地时间的新建项目不予审批通过，对项目最迟落地时间距离预计债券收入入账时间超 90 天及以上的新建项目不予审批通过，必须落实“资金跟着项目走”的基本思路，避免出现因项目单位准备不足，导致的专项债券收入滞留国库等待开工建设的情况。优先安排已完成项目审批程序的专项债券项目发行，推动专项债券资金更快形成实物量。对在建项目，更加突出强调债券周期与项目建设周期相匹配的问题，严格禁止各单位利用竣工项目再举债融资。

3. 完善地方政府专项债券项目预算绩效目标及评价指标体系

债券项目预算绩效目标的完成，既是衡量项目建设成果的优劣的标准，也是评判预算绩效管理成效的标准。因此，为确保地方政府专项债券项目目标设定的科学性、合理性、可操作性，确保绩效目标的设定满足地方政府债务可持续发展的要求，必须提高绩效目标设定的标准化水平，规范绩效目标设定。在指标设定方面，一方面，必须突出项目可持续和资金的可持续性，尤其是在项目决策指标上必须更加强调债务可持续发展的权重，禁止严重偏离“债券发行与项目建设收益相匹配”原则的项目审批通过；另一方面，由于专项债券项目为具有收益的公益性项目，相比于其他项目，专项债券项目具有更大的外部性收益，因此，绩效目标的设定，需要在充分考虑社会效益的基础上，深入探讨公共文化、公共交通、农村人居环境改善等不同公共领域的社会效益的量化问题，确保专项债券预算绩效项目目标设定能够与不同领域、行业发展相适应。同时，完善地方政府专项债券绩效评价指标体系，强化评价结果运用，保证绩效目标的实现。

### （四）加强债务监管体系建设，防范化解地方政府债务风险

1. 积极推进地方政府债务监管体制改革，统筹监管地方政府债务

建立新型地方债务监管体系，统筹管理地方政府显性债务和隐性债务。可建立以中央财经委员会等机构为依托，联动银行等金融机构，建立包括财政部、审计署、发改委在内的更高层次的政府债务监督管理机构，各司其职统筹领导地方政府债务监管工作，克服当前以财政部门为主干，

地方政府债务，尤其是隐性债务监管能力有限的问题。

2. 加强重点领域和薄弱环节监管力度，防范地方政府债务风险

在建立新型地方债务监管体系的基础上，加大对重点领域监管力度。进一步健全多级风险防控机制，按“急事急办，特事特办”的原则，对债务率超过100%的高风险地区高度警惕，实施实时监控，避免突破底线引发风险，多方督促高风险地区化债工作，限制地区所有可能增加隐性债务和或有债务的措施，还需建立健全化债成效纳入地方政府官员政绩考核体系的路径，对长期化债不力地区进行通报批评，并对相关行政人员进行追责；完善预算拟安排新增专项债券项目先行调度库款建设的细则，明确允许提前建设项目标准，划定调库上限，规范调库行为，避免过度透支库款对地区财政运行产生影响。

3. 加强地方政府隐性债务统计检测，适度提高隐性债务透明度

应积极推动地方政府隐性债务风险动态监测评估体系建设，实现精准监测常态化管理。基于当前以地方综合财力水平和债务率为核心的评估体系，充分运用动态随机一般均衡模型（DSGE）等分析工具，打造定量动态监管机制，实现地方政府隐性债务的精准分析和评估，科学评估隐性债务规模增长对地方财政可持续发展的冲击，例如合理测量保障性住房项目债务、棚户区改造项目债务等可能带来隐性债务的重大项目对地方财政可持续发展的影响。做到对地方政府隐性债务风险爆发精准预判，对债务风险问诊把脉，对症下药。

适当提高地方政府隐性债务预算透明度，做好隐性债务信息预算公开工作，尝试预决算中逐步公开地方政府隐性债务余额、年度新增隐性债务总额、地方政府隐性债务源头及其化债支出等信息。适当开放地方全口径债务监测平台，扩大平台访问主体，逐步向学术界、金融界等领域的专业人士开放，既有利于学术界集思广益，提高地方债务预算管理水平和地方债务可持续发展能力，又有利于市场投资者了解实情，科学评估地方政府

债务负担率，有利于地方政府债券评级的合理认定，促进地方债务可持续发展的良性循环。

## （五）健全债务风险应急响应机制，确保财政的可持续性发展

1. 积极推动地方偿债准备支付制度建立

为更好应对地方债务风险，尽可能在地方债务风险产生时，降低其对地区财政运作造成的冲击，鼓励地方与银行等金融机构展开合作，在做好中期规划的基础上，参考银行存款准备金制度，因地制宜建立偿债准备支付制度。可由省级财政部门，依据地区综合财力水平、债务负担率、债务风险爆发红线、隐性债务化债率等宏观指标，科学合理设定基准偿债准备支付率，再结合具体专项债券项目收支预估及风险预判，基于地方债务动态监测体系，建立较稳定的基准偿债准备支付制度。其资金来源为项目提前实现的收益、项目资产处置收入、各级财政政府性基金中一次性收入等。为避免偿债准备支付金过度滞留国库，省级财政部门应科学合理设定偿债准备金，对处于还本付息的阶段的专项债券，及时调回偿债准备金，逐步使用偿债准备金支付本息。

与此同时，为有效发挥地方偿债准备支付制度降低债务违约冲击，维护地方财政可持续的作用，地方政府还需进一步健全相关配套措施，例如，偿债准备金余额监管制度、偿债准备金下达及支付制度、偿债准备金预算公开制度等，且必须确保地方偿债准备支付和相关资金流动全面纳入地方政府债务预算管理。

2. 建立健全应急响应机制的配套措施

基于国务院办公厅印发的《地方政府性债务风险应急处置预案》（以下简称《预案》），各地区应因地制宜完善各项应急保障措施，及时切断债务风险冲击，避免发生持续性的系统性风险，具体包括：

一是建立省级地方政府债务应急救助专项资金。在省级预算中建立一

般债券和专项债券还本付息应急专项资金，临时救助债券还本付息出现困难的市县，尽可能避免出现启动财政重整的现象，降低债务风险对市县经济社会运行秩序的冲击，维护社会稳定，实现地方经济的可持续发展。

二是建立救助资金拨付直达机制。建立救助资金直达机制，确保在债务风险发生的第一时刻，资金及时拨付，避免层层下拨耽误债务风险阻隔切断。

三是建立健全省级政府财政重整相关救助资金回收机制。在市县政府启动财政重整预案后，《预案》规定省级政府对下级单位包括待偿还部分政府债务、加大转移支付等在内的救助资金，可由省级政府自行决定是否回收。为确保应回收资金的有序回收，省级财政部门应建立健全相关救助资金回收机制，根据债务风险等级以及风险发生地财力水平，在合理预估地方财政恢复运转的基础上，设定资金回收标准、回收比重、回收期限等，采取直接或间接的方式归还补助资金。做好相关资金及时足额入库，相关资金流动全面纳入预算管理，相关财政部门应做好回收资金预决算编制工作，避免资金错报漏报，同时还有做好对资金回收的预决算公开工作。

## 本章主要参考文献

［1］白景明．新意义、新目标、新制度、新要求：把全面实施预算绩效管理落到实处［J］．中国财政，2019（10）：8－13.

［2］樊丽明．健全现代预算制度：回顾与前瞻［J］．财政研究，2022（11）：8－13.

［3］樊丽明，孙超，丁文文，等．健全现代预算管理制度：改革分析与路径探索［J］．财政研究，2024（01）：3－15.

［4］高培勇．论健全现代预算制度的基础工程［J］．中国工业经济，2023（01）：5－18.

［5］高培勇，马蔡琛．中国政府预算的法治化进程：成就、问题与

政策选择［J］. 财政研究，2004（10）：11－14.

［6］何文盛，杜丽娜. 中国预算绩效管理改革的政策演进与双重逻辑——中央和省级政府双向互动的政策实践视角［J］. 中央财经大学学报，2021（06）：3－15.

［7］胡伟. 我国财政支出绩效管理法制化的反思与完善［J］. 河北经贸大学学报（综合版），2017，17（03）：22－27.

［8］刘昆. 健全现代预算制度［J］. 中国财政，2022（23）：4－7.

［9］刘文卿. 新时代对财政大数据应用的思考［J］. 地方财政研究，2017（12）：10－14.

［10］马蔡琛. 将全面实施预算绩效管理落到实处［J］. 中国财政，2018（01）：38－40.

［11］马蔡琛. 预算绩效管理改革研究综述［J］. 湖南财政经济学院学报，2020，36（06）：5－13.

［12］潘欣欣. 中国政府非税治理：制度、困境与改革［J］. 宏观经济研究，2021（01）：19－37，52.

［13］肖鹏，顾健耀，林晓丹，等. 如何进一步加强"三公"经费和一般性支出监管？［J］. 财政监督，2022（22）：37－51.

［14］徐全红. 我国全口径预算管理的问题与改革路径选择［J］. 经济研究参考，2018（28）：19－30.

［15］余丽生，江中亮，冯健，等. 预算绩效管理改革的实践与思考［J］. 经济研究参考，2012（52）：41－50.

［16］岳红举，单飞跃. 政府性基金预算与一般公共预算统筹衔接的法治化路径［J］. 财政研究，2018（01）：101－111，123.

［17］卓越，徐国冲. 绩效标准：政府绩效管理的新工具［J］. 中国行政管理，2010（04）：20－23.

第八章

# 构建现代税收制度

俗话说：“民以食为天，国以税为本”，税收是国家（政府）公共财政最主要的收入形式和来源。马克思也曾指出：“国家存在的经济体现就是捐税”，税收是国家财政收入的命脉，承担着筹集财政收入、推动经济发展、促进社会公平、引导资源配置、维护社会秩序等重大职能。因此，现代税收制度是国家治理的基础性制度，是中国特色社会主义制度的重要组成部分。

从历史逻辑上看，我国税制改革经历了改革开放的前期探索、适应社会主义市场经济体制改革和全面深化改革三个时期，1983 年先后实施的两步利改税标志着我国基本建立起现代税制的雏形，到 1993 年，我国已经初步建立起一套以流转税和所得税为主体、其他税种相配合的税制体系；1992 年 10 月，党的十四大明确提出要建立社会主义市场经济体制，为适应经济体制建设的需要，我国在 1994 年实行全面税改；2012 年以来，中国经济发展进入新常态，2013 年党的十八届三中全会强调，全面深化改革的总目标是完善和发展中国特色社会主义制度，推进国家治理体系和治理能力现代化。因此，在初步建立起公共财政体制的基础上，为了更好地匹配国家治理现代化，在税制方面又进行了一些局部调整优化，但现行税制仍延续 1994 年税改的基本框架。现如今，随着数字经济迅猛发展，绿色低碳转型发展理念深入人心，经济进入以高质量发展推动中国式现代化的新阶段，现行税制不适应经济发展形势的诸多弊端也逐渐凸显，例如税制结构不合理，直接税比重低且体系不健全，地方税体系建设滞后造成地方主体税种的缺乏和基层财政运行紧张，所得税调节收入分配的职能不能完全发挥，税收优惠政策零散化、不合规，税收法治体系不完善，不适应数字经济和绿色经济发展的需要等问题。

基于此，本章将从构建现代税收制度的目标、基本思路和重点举措三个层面展开，根据党的二十届三中全会对深化税收体制改革的重点部署，尽快构建和完善与高水平社会主义市场经济体制相适应的、与数字化绿色化等新业态发展趋势相适应的现代税收制度，以此推进国家治理体系和治理能力现代化。

# 第一节　构建现代税收制度的目标

什么是现代税收制度？与传统税收制度相比，现代税收制度的“现代”体现在哪里？目前众多学者从不同角度对现代税收制度的内涵和特征做出阐述，但并未形成统一的观点。结合我国国情来看，现代税收制度首先，是匹配国家治理现代化的制度，税收职能不再局限于经济领域而走向政治、经济、社会、文化、生态文明五大领域，是“跳出税收看税收”，是与现代经济、现代政府、现代社会、现代国家相匹配的制度；其次，是“中国式”的，是立足中国实际、具备中国特色的税收制度。作为现代财政制度的重要组成部分，现代税收制度坚持党的全面领导，坚持人民至上的根本立场，服务于中国特色社会主义市场经济体制建设，致力于维护社会公平正义，这些中国特色决定了我国税制现代化道路从根本上区别于西方现代化发展范式。总而言之，中国式现代税收制度是与国家治理现代化相匹配、以法治性、高效性、民主性、规范性、公平与效率兼顾为主要特征，为中国式现代化行稳致远发挥基础、支柱和保障作用的税收制度体系。

在明确了现代税收制度的内涵后，我们不难看出当前税制还存在诸多不完善、不合规的地方，还需要抓住深化财税体制改革的机会，结合推进国家治理现代化的现实需要，强化构建现代税收制度的目标取向。党的二十届三中全会《决定》已经为税制改革目标做出基本定性，即健全有利于高质量发展、社会公平、市场统一的税收制度，本节在此基础上补充“维护国家安全”这一重要目标，从而将构建现代税收制度的目标扩展至四大维度，并展开详细论述。

## 一、服务于高质量发展

现代税收制度要有利于推动经济高质量发展。高质量发展是体现新发展理念的发展，是经济发展质量的高级状态，是质量和效益并行、创新和共享兼备、协调和绿色共融的发展。高质量发展的核心是产业结构的现代化，这对构建现代税收制度提出三点要求。

第一，要强化现代税制服务于实体经济的能力。实体经济是一国经济的立身之本，也是高质量发展的重要着力点。现代税制要锚定为实体经济提供高质量税收服务的目标，减税降费政策要继续朝结构性优化，清理规范不合规税收优惠，重在通过精准性、针对性的税收政策优化提升企业营商环境，激发竞争活力，尤其要加大对民营经济的支持力度。

第二，现代税制要有利于推动新质生产力发展，推动科技创新能力的提高。发展新质生产力是推动高质量发展的内在要求和重要着力点，为此，构建现代税收制度的关键工作是构建公平税制框架。公平税制的核心是破除“税收万能论”，为战略新兴产业、未来产业和传统产业转型升级创造公平的税负环境，鼓励其独立发展，防止因过度税收优惠造成的企业缺乏竞争压力和动力进而阻碍创新能力。也就是说，现代税制建设虽然以推动新质生产力发展为目标，但主要工作应集中于税制的自身优化，把核心工作放在如何构建公平公正的税负环境上，而不是一味依赖和继续加大各种税收优惠力度。“输血”固然重要，但“造血能力”建设更重要，企业创新成果是市场竞争逼出来的，是企业自己拼出来的，而不是靠优惠政策补出来的，现代税制建设需要明确政府边界，对于基础性研究和“卡脖子”技术等关键领域，税收优惠和补贴要继续资助，但要注意优惠政策的合理合规和资金高效使用，对于其他应用性研究，应以税负责任的公平分配为目标，该放手的要放手，通过公平税收督促企业在市场展开竞争，这才是真正的有效市场和有为政府结合。

第三，现代税制要适应新业态发展。新业态是在传统经济基础上针对数字化、网络化、智能化、绿色化等新经济形态而提出的，同新业态相适应的税制不能简单等同于数字经济税制或绿色税制等，它更强调税收制度整体适配性的提高，之所以用“适应”一词，意味着当前的新业态发展尚未给现行税制体系带来颠覆性冲击，虽然未来在数字化、绿色化等新业态场景下，纳税人、课税对象、纳税地点、纳税环节等基本的税收要素都需要重新定义，以增值税为主体的税制框架也可能面临重构，但眼下本轮深化税制改革应以稳为重，以局部调整为主，先改革现行税制中局部存在的不协调、不适配部分，例如继续强化数字税收征管建设，考虑开征数字税、碳税，加大税收对养老第三支柱的引导和支持以应对人口老龄化等。

## 二、促进社会公平

党的二十届三中全会《决定》强调：“进一步全面深化改革要以促进社会公平正义、增进人民福祉为出发点和落脚点。”公平正义是人类社会永恒追求的理想和目标，是中国特色社会主义的价值取向，税收作为调节收入分配和缩小贫富差距的重要手段，理应发挥促进社会公平的职能。西方财税体制的根本原则是弥补市场失灵，落脚点是资本，是重效率而非重公平，而我国财税体制的根本原则是取之于民、用之于民，其目的是满足公共需要和实现社会福利的最大化，落脚点是人民，因此，理想的中国式现代税制应在效率和公平间实现平衡。

第一，构建现代税制要提高与老龄化、城镇化新趋势的适配性，推动地区、城乡、群体的均衡发展。人口老龄化加速演进，财政福利支出会随之增加，不仅会加大整体的财政支出负担，老龄化造成的劳动参与率下降也会侵蚀基于劳动所得的税基，从而冲击宏观税负稳定性，此外随着新型城镇化趋势下的农业转移人口市民化，城镇的集聚效应日益显现，税源的空间配置也要相应做出改变。对税制改革来说，一方面要健全以所得税和财产税为主体的直接税体系，逐步提高直接税比重，这不能直接靠简单加征直接税相关税种实现，更重要的是在保持财政收入稳定和结构性减税降费的基础上逐步降低间接税比重，同时尽快建立科学规范合理的直接税税收征管体系；另一方面随着都市圈城市群时代的到来，地方税系建设任务日益紧迫，而目前形势下房产税和各类附加税种都无法承担起地方主体税种的责任，遗产税等财产税开征也较为困难，如何改革消费税、如何优化共享税收入分成机制以及探讨开征数字税等对于拓展地方税源和长远视角下培育地方主体税种有重要意义。

第二，要坚持以人民为中心的基本原则。现代税制的核心是以人为本的现代化，这要求构建现代税制要夯实“两个规范”，即规范收入分配秩序和规范财富积累机制，形成有效增加低收入群体收入、稳步扩大中等收入群体规模、合理调节过高收入的税收制度体系。具体到税种上，要重点推动个税向大众税过渡，完善综合和分类相结合的个人所得税制度，适当提高个税比重。个税虽然在收入分配调节中发挥着重要作用，但在整体税收收入中占比很低，2023 年仅为 8.16%①，这意味着我国税收与居民间的对接渠道十分狭窄，且当前个税中经营所得、资本所得和财产所得征收标准不统一，尚未实现劳动性所得统一征税，自然难以发挥税收调节收入分配、缩小贫富差距的职能，这也是为什么我国个税对基尼系数的调节作用微乎其微。但需要强调的是，要充分认识到在我国当前税制结构和财政“紧平衡”形势下，与筹集财政收入和调节经济运行职能相比，税收调节收入分配职能的发挥是相对次要的，缩减贫富差距、促进社会公平需要税

① 数据来源：中华人民共和国财政部官网。

收发挥调节作用但不能有路径依赖，更关键是要通过税收与其他财税政策的有机配合来做大经济蛋糕，提高劳动报酬在初次分配中的比重，优化国民收入分配格局，推动初次分配环节的起点公平。

## 三、推动市场统一

市场统一能够克服市场区域分割和碎片化的弊端，是夯实国内大循环、推动国际国内市场双循环良性互动最具效率的途径，当前推动市场统一的核心工作是建设全国统一大市场。建设全国统一大市场是加快构建新发展格局的基础支撑，是构建高水平社会主义市场经济体制的内在要求，如何理解“统一”的内涵？具体来说，“统一”包含四层含义，一是市场运行一体化，即打破区域保护主义壁垒，实现商品和服务在全国范围内的自由流通；二是竞争规则的统一，即市场主体无论地域、规模都应制定统一的竞争标准，确保市场活动的公平性；三是要素和资源市场统一，以实现各类生产要素的自由流动；四是法规标准统一，包括法律法规、市场规则、监管标准等统一以确保市场规范运行。对于构建现代税收制度来说，推动市场统一要求税收要尽可能保持中性，以促进商品、要素畅通流动，为市场机制在全国范围内配置资源奠定基础。

第一，构建现代税制要求通过规范税收政策实现税收制度自身的统一。一方面是要实现税种内部和税种之间的组合与协调。税种内部来说，要推动以增值税为主的复杂税种在纳税主体、课税对象、税基、税率、税收优惠政策等各要素间的协同规范，推动简化税制。税种之间来说，由于不同税种在课税对象、征税范围等要素上存在重叠，因此要加强税制协调避免重复征税，此外还要积极顺应区域产业分工趋势，构建公平的区域税收分配机制，确保产业价值在产业链不同环节的分配与所在区域的税收分配相适应，最大限度减小税收在区域资源配置中的扭曲作用。另一方面是要加强全国税收政策的统一性。清除不利于全国统一大市场建设的各种阻碍，强化税收中性。主要工作是按照《公平竞争审查条例》的规定，在全国范围内清理规范税收优惠政策，除了专门税收法律规定和《中华人民共和国民族区域自治法》规定的税政管理权限外，税收优惠政策应由中央统一制定，严控各地区为招商引资而擅自制定违法违规或干扰公平竞争的税收优惠政策，填平“税收洼地”，逐步清除“候鸟式企业”及其伴生的“注册型经济”，打破地方保护和区域壁垒，营造公平竞争的市场环境。

第二，构建现代税制要求落实税收法定原则，强化税收法治建设。税收法治水平是衡量国家法治水平的重要因素，也是保障全国统一大市场规范有序运行的制度基础。税收法治建设首先要做到有法可依，即加快立法工作，推进条例上升为法律的进程。目前现行 18 个税种中已有 13 个完成立法，其他税种的立法工作也要抓紧落实，尤其增值税、消费税和关税的立法工作是重中之重，要稳中求进、分步实施，同时加快《税法总则》《税法典》等税收基本法的制定和《税收征管法》修订工作，也要注重税收优惠相关立法，统一税收优惠法治体系，以此强化市场基础制度规则统一；其次，税收立法不应只是形式上的立法，更应强化税收执法能力建设，统一税收执法标准，加强税收执法监督，同时利用科技赋能、数字赋能，通过互联网、大数据技术应用加强税务部门和其他部门间的信息共享和针对涉税行为的联合监督，以此纠正不规范市场竞争。

## 四、维护国家安全

党的十八届三中全会指出：“科学的财税体制是优化资源配置、维护市场统一、促进社会公平、实现国家长治久安的制度保障”，现代税收制度作为科学财税体制的重要组成部分，理应发挥实现国家长治久安的税收职能，以维护国家安全为制度建设的目标。这对构建现代税收制度提出两点要求。

第一，国家安全的核心之一是稳定，也是发展的前提和保障，对构建现代税收制度来说，这意味着现代税制首先要稳定宏观税负，提高税收汲取能力。我国学者王绍光和胡鞍钢在其著作《中国国家能力报告》中曾指出，财政汲取能力是国家能力的核心，它直接决定着宏观调控能力、合法化能力和强制能力等其他国家能力的发挥，因此“财政汲取能力是国家能力的主动脉”，而财政汲取能力中最关键的是税收汲取能力。近些年减税降费的力度不断增大，税收优惠方面存在政策杂乱、叠加等不规范现象，以及人口老龄化和突发公共卫生事件等不稳定因素带来的冲击，导致“两个比重”持续下降，不仅不利于发挥税收职能，还会迫使地方政府通过增加非税收入等方式筹集资金满足刚性支出，造成非税收入的不合理增长，长时间还可能引发更多不稳定因素，与维护国家安全的初衷背道而驰，因此，稳定宏观税负是服务高质量发展、促进社会公平和推动市场统一这三个目标的前提，其他三者固然重要，但必须明确问题主次，将尽快恢复税收汲取能力作为构建现代税收制度的首要任务，加强财政安全和财力保障。

第二，构建现代税制要求全面贯彻总体国家安全观，助力实现高水平安全。传统意义上的国家安全主要指军事安全，而在中国式现代化道路下的国家安全是高水平安全，即高标准国家安全体系和国家安全保障能力，它不仅强调国内安全，更注重国际安全。当今世界正经历百年未有之大变局，我国国家安全面临诸多外部挑战，在这样的关键时刻，任何国家都不能独善其身，我国更需要高举对外开放旗帜，以高水平制度型开放推进和维护国家安全。对于构建现代税制来说，要把握好税收在高水平对外开放中的定位，从税制设计、税收政策和税收治理三个层面协同发力。税制设计上要致力于推动税制与产业政策的协调，以提升产业链供应链现代化水平；在税收政策上要致力于完善进出口税收政策，在关税方面尽快完善

《中华人民共和国关税法》配套实施细则，结合我国产业结构调整方向落实出口退税制度；在税收治理上，依托互联网大数据技术和金税四期等已有的税收征管数字化平台提升跨境税收服务质量，推进“智慧海关”建设等。

## 第二节　构建现代税收制度的基本思路

### 一、基本原则

税收的基本原则有很多，例如亚当・斯密的税收四原则（公平、确定、便利、最少征收费用），以及瓦格纳的四项九端原则（财政收入、国民经济、社会正义、税务行政），而在现代税收理论中最重要的两大原则，一是公平，二是效率，此外税收法定、实质课税、税法适用等也都是构建现代税收制度必须遵循的基本准则。但是，单说这些原则可能会比较抽象，要想真正理解其含义还需要结合我国基本国情和发展总路线在这些理论性原则的基础上进行解读。对于构建中国式现代税收制度来说，需要把握全面深化改革推进中国式现代化的总路线，针对当前税制改革面临的最迫切、最关键的问题进行谋划。因此，本节将构建现代税收制度的基本原则总结为“三个坚持”——坚持问题导向、坚持系统观念、坚持理论与实践并重，并结合我国构建现代税制面临的实际问题展开论述。

#### （一）坚持问题导向

问题导向与目标导向都是全面深化改革的方法论和重要原则，目标导向确保方向不走错，问题导向确保措施精准，最后才能保证改革效果显著，二者结合是新时代我国改革发展的重要特征，也是全面深化改革向纵深推进的重要经验。对于构建现代税制来说，目标导向在第一节已经系统阐述过，即要构建有助于服务高质量发展、促进社会公平、推动市场统一、维护国家安全的现代税收制度。之所以单独将坚持问题导向放在构建现代税制的基本原则部分加以说明，是因为对于深化财税体制改革来说，应更加突出问题导向，税制改革也是如此。一方面，问题是改革的索引和动力，是事物矛盾的主要表现形式，改革只有从问题中来、到问题中去才能走向深化，因此在目标导向的正确指引下应更加突出问题导向，针对税制改革的实际问题采取务实措施；另一方面，是以实际问题为契机深入到体制改革中，不停留在表面政策的调整，而是兼顾当前与长远、局部与整体，从而推动税制改革从具体工作领域的变动到革除税制及整个财税体制的弊病，提升国家财政治理能力。

如何在构建现代税制过程中坚持问题导向呢？关键在于找准问题、把握重点。我国当前在构建现代税收制度方面存在诸多问题和障碍，但改革不能完全兼顾，必须先找到最关键、最紧迫的问题，抓主要矛盾，且要透过现象看本质，追问造成该问题背后更深层次的原因。当前税制改革面临的主要问题有三个：一是地方财政困难，税收收入比重失衡，从根源上看是财政支出结构的失衡，是资本性支出高于消费性支出、地方财权小而支出责任过大、重支出规模数量而忽视质量效率的失衡，而这需要预算改革同步推进，优化财政支出结构，此外还要创新解决方式，破除只能减税不能增税的观念，拓展资源税、环保税、消费税的征收空间，扩大税基；二是税收释放企业活力的效能不足，尤其是吸纳城镇劳动就业近 80% 的民营企业，需要提高税收法治化程度、简化税制、进一步完善对这些企业的税收优惠政策、提高纳税服务水平等，但这些措施仅是表面，更深层次上是如何完善市场机制，推动有效市场和有为政府的良性互动，以及税收公平的落实，从根本上改善企业预期；三是现行税制与当前经济的适配性变差，不适应数字化、绿色化、金融化、信息化、老龄化等社会发展方向，税收抗风险能力尚未达到社会治理的更高要求，而这不仅需要在已经建起的现代税制框架下修补完善和政策调整，还需要转变税制改革的基本逻辑，即从传统的财富创造转向促进全体人民自由全面共同发展的理念来谋划改革，系统性重构现行税制。

### （二）坚持系统观念

问题导向的核心是找核问题、精准施策，而系统观念是在问题导向的基础上整体推进，同时把握好税制改革的重点。系统观念，是用普遍联系、全面系统、发展变化的眼光看问题，从整体上把握事物发展规律的思想和工作方法，改革越深入推进越强调系统的重要性。对于构建现代税制来说，坚持系统观念要求现代税制建设要注重系统性、整体性、协同性。这是因为，税收与经济、政治、社会、文化、生态文明等各个领域的关系都十分密切，触及社会生活的方方面面，如果把宏观社会看作一个机体，那么税收就是流淌于机体的血液，渗透机体的各方面、各枝节。因此，现代税制在整个现代财政制度中占据核心地位，税制改革也往往牵一发而动全身，只有坚持系统观念才能协调好政府和市场、经济和社会、效率和公平、活力和体系、发展和安全等重大关系，做到前瞻性思考、全局性谋划、战略性布局、整体性推进。

具体来说，如何贯彻坚持系统观念这一基本原则呢？答案是要综合考虑各种因素，推进渐进性税制改革。一是把握好现代税制建设与整个财税体制建设的关系，按照“一体两翼”的思路去推进。所谓“一体两翼”即中央与地方财政体制改革是主体，预算制度改革和税收制度改革是两翼。央地财政体制改革之所以是支柱，是因为它直接关系着中央到地方自上而下的治理体系能否完善，关系着地方财源建设以及地方积极性的发挥，最终决定税制改革的成效，因此税制改革要与财政体制改革做好协调配合，在确保中央重大决策财力保障的基础上适当下放税权，做好优化共享税收入分配机制等重点工作。同时，也要把握好与预算制度改革的关系。税制改革是收钱的改革，无论历次改革出台多少方案，归根结底还是改变收钱方式，但预算制度改革是花钱的改革，它涉及政府职能和治理方式的转变，更加触及财政的根本，因此只有收的合理、用得恰当，税收才能做到取之于民用之于民，税制改革才能深入推进。

二是把握好现代税制建设与法治、金融、外贸、区域治理等其他领域改革事项的协调，力求改革效应最大化。例如，在研究适应新业态的税收制度方面，税改既要考虑如何支持新业态产业发展和传统产业数字化、绿色化转型，又要考虑新业态税制在当前高新技术产业区域分布失衡的现状下是否会造成区域发展进一步失衡、贫富差距拉大和可能存在的产能过剩等问题，争取“先立后破”，逐步推进。

三是现代税制建设要分清主次，协调好税收职能，即调控职能应让位于收入职能，税收杠杆的使用要愈发谨慎。这一方面是因为我国当前直接税比重较低的税制结构下税收调控职能的发挥作用十分有限，而在减税降费政策下我国近几年税收收入水平持续下降，当务之急是强化税收组织收入的职能，提高税收收入水平，另一方面是因为市场经济下税收杠杆的使用涉及对特定行业企业的税收优惠，不利于市场竞争机制发挥作用和税收公平，因此构建现代税制应把握好当前与长远的关系，当前应在保障基本财政支出的基础上尽快稳定宏观税负，长远来看要以轻税政策为目标，整体降低居民和企业税负水平。

### （三）坚持理论与实践并重

理论是指导实践的基础，实践是理论的检验和应用，二者相辅相成、相互融合，坚持理论与实践并重是构建现代税收制度的基本原则。在实践方面，前面的内容已经给出充分解释，即以服务高质量发展、推动全国统一大市场建设等为前进方向、以现实问题为索引，用系统观念去推进，因此在这里重点强调税收理论建设的重要性，这也是前两个基本原则的进一步深化，即税制改革只坚持系统观念和着眼重大现实问题的解决并不够，它需要理论支撑，更需要理论引领，要坚持理论与实践并重，明确税制改革的顶层设计，着眼于构建系统化的税收理论框架。

我国当前的税收理论是在借鉴西方主流财政理论的基础上结合我国基本国情和改革开放以来的税收实践形成的，但与税制改革的实践相比较为滞后，且近些年来对税收领域的相关研究多集中于用实证方法分析税收经济现象，而对税收理论尤其是基础理论的研究热度不高，前瞻性不足，往往呈现实践带动理论的研究特点。例如，在税收基本理论方面，对税收概念、原理、术语、方法等阐述还不够清晰明确，比方说增值税到底是企业承担还是消费者承担？18 大税种哪些应该专门承担筹资职能、哪些专门承担调控职能？何时发挥、怎么发挥税收杠杆的作用？在税收法治建设方面，如何强化法律思维和法律方式的应用、如何提高税法基础理论的体系化程度？在价值塑造方面，如何在吸收西方税收理论成果和研究方法的基础上，构建以人民为中心的中国特色税收理论体系，塑造公平公正的社会价值追求，以及随着全球化发展更加深入，如何在保持中国特色的同时与全球前沿税收理论接轨、提高税收理论建设在国际上的声音等，都是当代税收理论建设要重点关注的问题。

## 二、基本路线

在本章第一节开头部分阐述过现代税收制度的内涵，这里再针对现代税收制度中“现代化”的一些基本特征进行分析，帮助明确构建现代税收制度的主要任务，为基本路线做铺垫。税收制度的“现代化”主要有以下基本特征：首先是税收职能的现代化。税收职能是指税收所应发挥的作用，无论是税制结构、税收政策还是税收法治，最终都要落实到税收职能上。随着中国式现代化的深入推进，财政的基本定位发展变化，现代税收职能也应该与科学的财税体制相统一，即做到“优化资源配置、维护市场统一、促进社会公平、实现国家长治久安”。其次是税收法治的现代化，即落实税收法定主义，完善立法，使政府征税行为在法治化轨道下运行。再次是税制体系和税制结构的现代化，各税种按自身特点明确其筹资或调控的功能定位，各归其位、各司其职，不同类型的税收适用不同的税负分配原则，税制结构科学合理，适应经济发展水平和结构，主体税种间、税系与辅助税种间、税系间协调配合。最后是税收管理体系的现代化，即税务机关和纳税人依法履行各自的权利和义务，能够使用现代化税收征管技术提高征管效率和纳税遵从度。因此，构建现代税收制度的基本路线最终要落脚于“现代化”的这四个特征，各路线协同推进、并行不悖。

### （一）以稳为主，基于已有的现代税制框架推进

构建现代税制要以稳为主，基于已经建立的现代税制主体框架往下推进，过程中对不适应经济社会发展趋势的部分进行调整。党的十八大以来，税制改革顺势而为、造势而动，在税种设计、央地财力分配、宏观税负稳定、环境保护、数字化建设以及培育现代化国家治理能力等方面作出系列部署，为实现中国式现代化提供了关键支持，到目前已基本建立起现代税制的主体框架。下一步构建现代税收制度的主要工作要沿着该框架进行，不搞“大修大补、大拆大建”，力求在稳定宏观税负的同时逐步推进，以协调好各方利益，确保财力对基本民生的保障力度，维持社会平稳运行，统筹好发展与安全、稳增长与防风险间的平衡，在此基础上再针对当前税制与经济社会发展不适应的地方进行调整。

第一，在税收法治方面，要以落实税收法定原则为目标，具体从以下

五个方面入手进行调整：一是税收法规需要提高层级，以法律形式确定下来，避免在执行过程中出现司法机关不予认可的状况，也容易造成纳税人和税务机关在纳税遵循上面对不一致的标准，造成效率低下；二是税收法律体系建设不完善，缺少具有普遍指导意义和统领作用的税法总则，在税收实体法领域，实质法定还有提升空间，尤其对资本利得税的立法要加快进程，税收程序法领域，《税收征管法》的诸多规定已不再适应数字化税收建设的需要，还需要继续强化对纳税人的权利保障，否则不利于打造市场化、法治化的企业营商环境，制约高水平社会主义市场经济建设；三是税务行政裁量权要进行法治化规范，纠正目前普遍存在的自由裁量权滥用问题，否则会损害纳税人的合法权利，挫伤纳税积极性，也不利于税收公平建设；四是完善税收执法监督体制机制，从实体正义监督尽快过渡到实体正义和程序正义的全面监督，构建立法、司法、行政和社会监督在内的多元化监督机制；五是提高税收司法保障的专门化程度，完善公检法与税务机关间的协调机制，也要加强对司法人员税务知识的培训，否则会造成税收诉讼案件处理效率低、公正性差等问题。

第二，在税收体系建设方面，主要有以下三个调整方向：

一是 18 大税种的优化完善，具体来说，增值税要继续完善留抵退税政策和抵扣链条，渐进式推进税率并档；消费税推进征收环节后移并稳步下划地方，优化消费税征收环节和分享机制，考虑实施消费税扩围；企业所得税要朝着降低税负、统一内外税率、支持创新创业和环境保护的方向努力；个人所得税上要完善综合与分类相结合的个税制度，加大抵扣力度，同时研究规范经营所得、资本所得、财产所得税收政策，实行劳动性所得统一征税；研究把城市维护建设税、教育费附加、地方教育附加合并为地方附加税，授权地方在一定幅度内确定具体适用税率；房地产税收方面要完善房地产税收制度，重点处理好房地产企业债务风险对财政风险的可能影响，坚持房地产税改革的大方向不变，适时推进改革；车辆购置税可以考虑与汽车消费税合并以减少重复计征；车船税上要对不达标新能源车型征收车船税，与新能源汽车税收优惠进行奖惩搭配；关税方面要通过调整税率鼓励低碳环保产业发展，限制高耗能产业，通过调整协定税率和“零关税”政策支撑自由贸易试验区和自由贸易港发展，强化国际间关税协调等；资源税方面重点推进水资源费改税，将森林、草场、滩涂等纳入资源税征收范围；环境保护税方面，要将挥发性有机物纳入征税范围，并在环境保护税法、资源税法、耕地占用税法等地方税立法中赋予省级地方确定具体适用税率、税收减免等管理权限，以扩大地方税权；印花税改革上要明确印花税的调控职能定位，逐步缩窄课税范围，迎合数字化交易方向。二是非税收入的规范管理，适当下沉部分非税收入管理权限，由地方结合实际差别化管理，尤其要做好对以罚增收乱象的整治；三是税制结构优化，不仅要持续推进税源结构、税基结构、税种结构和税率结构的完善，健全以所得税和财产税为主体的直接税体系，还要适应数字化发展新趋势，优化税收功能结构（筹资和调控）。

第三，在税收征管方面，重点强化互联网、大数据技术应用，构建以服务纳税人缴费人为中心、以发票电子化改革为突破口、以税收大数据为驱动力的智慧税务，提高流通环节征管效率，提高税法遵从度和社会满意度。

第四，在税收优惠上，要全面清理规范税收优惠和补贴政策，完善对重点领域和关键环节的支持机制，减税降费要从普惠性向结构性推进，科学制定对中小企业的税收优惠政策，减少对市场机制的扭曲作用，强化税收公平，等等。

### （二）积极进行税制创新

虽然构建现代税制要沿着已有现代税制的主体框架走，但除了上面提到的现代税收制度四个主要方面的调整优化，构建现代税制还存在诸多仅靠制度和政策调整不能解决的问题，而这就要依靠税制创新。

税制创新主要包括两个方面，即理论创新和实践创新，二者要同时推进，尤其理论要对实践发挥引导作用，实践要反过来检验理论。例如，在新业态税制建设上，数字经济发展创造了新的资源配置方式，改变了信息传递方式，改变了传统产业的组织和运作模式，且这些改变是前所未有的，如何度量数字经济网络效应的价值创造？这部分价值税收应该怎么分配？如何针对数据资产征税，是单独开设新税种还是直接适用现行税制？以及碳税开征及其背后的税率设定、功能定位、对基本国情和国际形势的适应性等问题，都需要税制创新加以解决。此外，老龄化、社会公共安全等社会治理新形势和金融全球化等国际趋势增大了发展不确定性，如何基于我国人口规模巨大、城乡二元分化等基本国情创新养老模式体系及相应税收政策，如何与创新预算制度协同以强化税收抗风险能力，强化税收制度区域差异化协调力度、缩减贫富差距等，都对税制创新提出要求。

### （三）参考国际经验做法

上面提到税制创新的重要性，但创新不是凭空而来，还要培育有助于税制创新的土壤，除了立足于本国国情进行税制创新，还要积极参考国际经验，在科学借鉴的同时将他国税制改革的做法进行“本土化”改造。

这里主要举两个例子进行说明：一是在地方税体系建设方面，可以重点参考美国、德国、英国、瑞士、日本、加拿大等国家的做法，这些国家中既有联邦制也有单一制，既有集权型也有分权型，可以为我国地方税系建设提供全面的借鉴经验。具体来说，地方税系的税种构成呈现多样性，日本、德国、瑞士等国家以所得税为主体，这是源于地方政府占据较高的所得税分成比例，又或是在央地税基一致的基础上允许地方政府按地区实际情况采用各自税率，相当于中央（或联邦）让渡自身权益给地方；英国、法国、加拿大等国家以财产税为主体，例如法国财产税在地方税收入中的占比约为55%[①]；以匈牙利为代表的少数国家则以商品税为主，其他多将商品税作为地方税的税源之一而非主体。这对于我国的启示是，在地方税系建设过程中不必执着于建设地方主体税种，以财产税中的房地产税为例，虽然从税收理论层面房地产税适合作为地方主体税种，但实际征收难度大，过程中多方因素难以协调可能会引发新问题，因此可以考虑改革增值税分享办法，锚定增值税长期来看是中央税的定位，同时通过提高增值税、所得税等共享税的地方分成比例，中央让渡部分权益给地方。

二是碳税、数字税的征收方面，可以重点借鉴欧美国家的已有做法。例如，在研究开征碳税上，目前国际碳税设计主要包括三种：第一种是将碳税作为独立税种征收，第二种是将碳税纳入环保相关税种，按照温室气体排放进行征收，第三种是将碳税纳入能源、资源相关税种。对我国来说，在开征初期可以考虑第二种方式，将碳税作为环境保护税的子税目，并借鉴其他国家做法实行复合税收优惠政策，以避免对高耗能行业的巨大冲击，例如丹麦、挪威等国家规定对 EUETS 涵盖的运营商免征碳税、新加坡规定用于生物质燃烧以及制冷和空调设备等非制造用途的燃料免征碳税等，待条件成熟后再考虑扩大征收范围，将碳税作为独立税种开征。此外在数字资产税征收方面，重点参考对数字资产实行严格征税的国家，例如美国、英国。美国国税局（IRS）早在 2014 年就宣布将所有数字资产视为资产并缴纳资本收益税（CGT），德国、新加坡、澳大利亚等国家也可以作为参考对象，且这些多数国家都是将数字资产课税嵌入现有税制体系中，不再单独开征新税种，具体税制安排也会跟随本国和国际形势作出调整，因此可以密切跟踪最新数字资产税动态，及时参考各国在交易追踪、税源管理、立法建设等方面的最新举措。

① 数据来源：IMF 各国财政收入统计数据。

# 第三节　构建现代税收制度的重点举措

上述内容通过系统性分析构建现代税收制度的目标定位、基本原则和基本路线，讲清楚了深化税制改革该往哪走、怎么走，以及过程中的注意事项，但内容还是较为笼统，下面将围绕优化税制结构、健全地方税体系、研究与推进新业态税制建设、深化税收征管改革、助力高水平对外开放五个方面的举措，介绍构建现代税收制度的一些重点、具体的做法。

## 一、优化税制结构

### （一）健全直接税体系

直接税的核心特征是税负不易转嫁，以直接税为主体是现代税制的鲜明特征，因此健全直接税体系是构建现代税制的重要任务之一，具体可以从以下两个方面入手。

1. 完善综合和分类相结合的个人所得税制度

党的二十届三中全会《决定》指出，要完善综合和分类相结合的个人所得税制度，规范经营所得、资本所得、财产所得税收政策，实行劳动性所得统一征税，具体有以下三个方面的重点措施：

第一，明确收入的定性。一是明确劳动性所得的适用范围。广义的劳动性所得包括工资薪金所得、劳务报酬所得、稿酬所得、特许权使用费所得四种收入类型，下一步的任务是要在政策层面进一步明确和细化经营所得、纯财产性收入与劳动所得的区别，将分类所得中属于劳动性所得的部分明确剥离出来划分到劳动性所得并统一税率，统一汇算清缴。二是进一步划分和界定分类所得中的三种所得，确保每一类所得都有明确的定义和适用范围，尤其是针对合伙企业的资本所得和财产所得纳入经营所得征收的问题。此外要强调的是，劳动和分类所得定性只靠税务部门出台通知或政策解释还不够，需要从法律层面给予明确规定，才能治标又治本。三是从长期来看，个税要从“小综合”逐渐向“大综合”过渡，合并统一征税。即逐步扩大综合所得征收范围，将财产租赁所得、财产转让所得、利息股息红利所得等资本所得陆续并入综合所得，也要重点考虑将经营所得纳入劳动所得，但由于经营所得兼具劳动和资本所得性质，且经营所得是个税税目中唯一没有扣缴义务人、需要自行申报的税目，纳入综合所得后如何界定划分具体税目还有很多工作要做，因此短期可能不会实施，但长期来看大综合个税制度势在必行。

第二，统一计税扣除标准。一是形成各类所得一视同仁征收的格局。无论综合所得、分类所得包括税前基本扣除和专项扣除，都实行统一的扣除标准，进一步探索以家庭为单位的申报模式，夫妻双方既可以联合申报，也可以分别申报，这样更符合量能课税原则；二是简并税率级次。从“大综合”的改革方向上看是将9种所得简并为劳动性所得和财产性所得两类，统一扣除标准的基础上统一税率，目前来看可以考虑5级税率，将综合所得前两级税率合并适用3%税率，将第3、第4级税率合并适用10%税率，后面20%、30%、35%三级税率不变。

第三，要以缩小贫富差距为目的进行制度设计。一是要完善专项附加扣除政策，建立专项附加扣除标准与地区发展条件和家庭生活成本变化相挂钩的动态调整机制，同时拓展更多扣除项目，增加生育、养育、教育方面的更多专项附加扣除，以更广泛涵盖纳税人的必要支出；二是建立基本减除费用标准自动调整机制，将每年的基本减除费用标准和专项附加扣除标准与家庭收入水平和生活成本、物价指数等动态挂钩；三是下调最高边际税率至35%，与经营所得最高边际税率保持一致，降低企业成本，激发个人从事经济活动的积极性；四是实行劳动收入负所得税制，即政府通过税收手段对低收入群体进行财政补贴，以达到促消费稳就业等作用。

2. 完善财产税制度，尽快建立系统的财产税体系

财产税是直接税的重要组成部分，我国财产税主要包括房产税、城镇土地使用税、车船税等。下一步完善财产税制度主要从完善房地产税收制度、探究开征遗产税和赠与税两个重点工作入手。

第一，在完善房地产税收制度方面，要积极、稳妥推进房地产税立法和改革。当前较为重要和紧迫的任务是稳定宏观税负，提振有效需求，尚不具备扩大房地产税改革试点的条件，但房地产税立法和改革的大方向没有变，还需要协调好构建房地产发展新模式、小产权房确权、延长土地使用权期限等问题，同步推进房地产税和土地增值税、城镇土地使用税等相关税种的立法工作。具体来说，要划定一个对个人或家庭住房合理的开征面积标准，比如人均住房面积超过 40 平方米的部分征税，对超出免征范围的住房基于评估价值征税，税率可以参考个税中的工资收入实行累进税率制，对家庭唯一拥有的普通住宅给予免征。

第二，我国至今未开征遗产税和赠与税，但随着家庭财富的积累，遗产和赠与行为所带来的财富代际传承加剧了同代人之间的财富失衡，而遗产税和赠与税的开征能够更好发挥财产税调节收入分配、促进社会公平的作用，且其潜在税源较为丰富。具体来说，对遗产可以可考虑实行 5 级超额累进税率，设定遗产净额合理起征点，参考美国将遗产税税率设定在 18%—50%，尤其税率最高档应不低于 50%，对赠与税可以按个人所得税中的“偶然所得”征税。

### （二）完善涉企税制

完善涉企税制是构建现代税收制度的重要内容，它直接关系微观主体活力，进而影响实体经济的发展速度和质量。完善涉企税制有两个重点：

一是深化增值税改革，二是完善企业所得税支持政策。

1. 深化增值税改革

第一，要完善增值税课征体系。一是要准确定位增值税的课税属性，作为涉企税种，增值税的基本原理决定其有明确的消费课税性质，且增值税作为商品税，应以提高税制和经济运行效率作为其主要职能，只有清楚这些才能明确增值税未来的改革方向；二是完善增值税留抵退税政策和抵扣链条。一方面是清理规范各种增值税减免政策，除了保留商品最终消费环节的优惠政策之外，还要进一步简化减免税政策的适用标准，配合推进增值税立法落地，从法律层面将增值税的分配关系法律化、规范化、透明化，增强税收中性，提高市场主体的正向预期；另一方面是健全增值税留抵退税，完善抵扣链条。对于中央来说，要加强对地方分担留抵退税资金的转移支付规模与时效，同时完善省以下留抵退税地方分担机制，对于财政运行困难的市县，中央和省要承担起部分留抵退税资金的分担任务，长期来看要配合增值税央地分享机制的优化，采取消费地原则和人口原则，以各地消费和人口占全国的份额分配增值税地方分成部分，从而增值税留抵退税全部由中央负担，推动区域间协调发展的同时缓解基层财政运行压力。

第二，简化增值税税率，推动税率级次三档并两档。其中，可以考虑将粮食等农产品、自来水、暖气、图书、饲料等这类居民生活基本的必需品税率由9%降至6%，以体现对农业和民生领域的支持，但要强调的是，增值税作为我国第一大税种，简并税档是改革的长期方向，但眼下推进税率并档也应顺应宏观环境，以汲取税收收入为重点。

2. 完善企业所得税制度

第一，在规范清理现有企业所得税税收优惠的基础上，重点鼓励企业科技创新和技术研发，尤其是针对当前现代化产业体系建设过程中的弱项、短板（如芯片、新材料、大数据、人工智能、半导体、关键装备制造等）给予更高的税收优惠力度；还可以考虑将固定资产加速折旧政策升级为一项长期性制度安排，以此激励企业的投资积极性。

第二，完善企业所得税税前扣除制度。一方面要科学界定企业所得税的扣除项目和标准，尤其是在数据资产征税方面，要明确什么样的数据资源可以被认定为企业无形资产并予以征税；另一方面可以适当提高企业公益性支出的当年扣除限制比例，将超出部分从三年内结转变为无限期结转扣除，以鼓励企业积极参与社会公益慈善事业，此外还可以提高企业职工教育经费支出、科研人员工资等的税前扣除比例，以提高劳动者素质。

**（三）深化消费税改革**

第一，推进消费税征收环节后移并稳步下划地方。征收环节后移是指将消费税从生产环节征收后移到批发零售环节征收，以减轻企业在生产环节的税负，强化消费税调节作用。推进过程应以稳为主，目前消费税 15 个税目中已有 12 个具备较为成熟的后移条件（木制一次性筷子、电池、涂料除外），可以实现征管可控，以消费税中最重要的税目成品油和小汽车为例，成品油可以依托加油站的税控加油机实时采集加油品类和数量，税务机关可以与车船登记管理部门共享小汽车销售信息，可以稳步推进后移。在下划地方上，要注意分税目稳步下划，例如烟和白酒销售环节众多，无法准确追溯流通的每一个环节，若盲目下划地方会造成税源流失、征税效率损失等问题，地方可能为获取更多税收收入而鼓励烟酒消费，违反其抑制消费的初衷。因此，还需要配合财政体制改革理顺央地财政关系，先在部分地区的部分行业和税目实行试点，根据实施情况再逐步推广至全国、全行业和全税目。

第二，强化消费税的收入和调节职能以及政策导向作用。一是扩大消费税征收范围，将更多奢侈品及服务、高耗能、高污染商品纳入征收范围，例如高档家具、高档服饰、高能耗家电等，在零售环节征收并下放给地方；二是可以考虑将成品油计征方式从从量计征改为从价计征，以强化成品油消费税的调节作用和低碳绿色政策导向。

第三，要提高消费税改革和增值税改革的协同性。消费税征税范围和税率的调整要配合增值税税率并档，未来可以考虑消费税扩围的同时，增值税后移至批发环节，即以零售环节的消费税替代增值税的主要作用和地位，承担筹集财政收入的职能，而增值税相应弱化收入职能，从而将以抑制消费为初衷的选择性消费税过渡为一般性消费税，二者协同推进改革。

## 二、健全地方税体系

地方税系在保障地方财政支出和调动积极性方面发挥着重要作用，是现代税制的重要组成部分。健全地方税体系的最终目的是形成足以支撑地方履行支出、具有广泛税基和适合的征收难度、能够支持地方财政可持续发展的财源，重点任务如下。

### （一）优化共享税收入分成机制

我国共享税的主体税种是增值税、所得税和消费税，优化共享税收入分成机制也应从这三大税种入手。增值税方面，不适合继续提高地方分成比例，应明确增值税应该是中央税的长期改革方向，当下保持央地 5∶5 分成比例不变，在此基础上将增值税的部分收入用于缓解政府间横向失衡，以实现改善消费环境和平衡财政兼顾，同时将适当的地方分成部分实施消费地原则和人口原则（例如 60%—70%），推进地方分成标准向各地消费和人口占全国的份额过渡；所得税方面，可以将地方共享比例提高到 60%，也可以将所得税税额分成调整为税率分成，即由国家规定所得税的中央税率和地方税率，其中地方税率可划定一个范围，允许地方根据自身经济发展和财政情况选择适合的税率，征收所得税地方收入，从而赋予地方更大的税权，以保障其财力供给。消费税方面，积极推进征收环节后移并下划地方省市县区，这里不再做赘述。

**（二）积极拓展地方税源**

第一，要健全税权划分，扩大地方税收管理权限。首先税收开征权、立法权和划分权应集中于中央，确保中央的宏观统筹和资金调动能力，在此基础上通过税种立法赋予地方税制要素确定、税率确定、减免规则和优惠政策制定等权力。

第二，研究把城市维护建设税、教育费附加、地方教育附加合并为地方附加税，授权地方在一定幅度内确定具体适用税率，帮助扩张地方税源。具体来说，首先，要明确征收地方附加税的法律依据，参考现行《税收征管法》及实施细则，配套地方附加税立法工作；其次，根据地方经济发展情况科学确定税率，参考城建税、教育费附加和地方教育附加的原有税率，合并附加税税率可以在 6%—12% 的幅度内确定，还要考虑实行地区差别税率可能造成的加剧区域发展不均衡以及对中小企业和个体工商户的税负加重等问题，做好合并的前期准备工作。同时，要重视非税收入的规范管理。通过立法形式制定全国统一的征收标准和程序，防止地方对非税收入征管权的不合理使用，依托税收大数据构建全国联网的非税收入管理系统，提高征管透明度。

第三，探索设立新型地方主导税种。短期来看房地产税、遗产税和赠与税开征较为困难，应以构建地方税收体系为主，将共享税收入作为地方的主要税源，以优化增值税、消费税、所得税的央地共享机制为切入点，长期来看要配合健全直接税体系工作的开展，鼓励地方根据法律法规开征地方新税种（如房地产税、遗产税、赠与税、数字资产税），构建地方税种体系，而这要与构建新业态税制、深化税收征管改革等工作协同推进。

## 三、研究与推进新业态税制建设

党的二十届三中全会《决定》首次提出要“研究同新业态相适应的税收制度”，随着传统经济与数字经济的深度融合和绿色低碳循环经济发展，涌现了一批新产业、新服务形态、新商业模式，这些都可以称为新业态。而现行税制中还存在诸多与新业态不适配的地方，因此，研究与推进新业态税制建设是顺应时代发展方向、推动经济高质量发展、服务于中国式现代化的必然选择。

### （一）建设数字税收制度

第一，明确数字经济业态下的税制要素界定。一是科学界定课税对象。数字经济下商品与服务交易从有形向多元化、虚拟化转变，因此要科学界定数字经济业态下的课税对象，核心是对数字产品和服务给出明确定义。短期来看，可以将所有数字商品及服务视作无形资产征税，按照“相同性质或相近原则”将尚未覆盖的数字产品和服务纳入征税范围；长期来看，要随着数字经济发展情况在无形资产的基础上对课税对象概念给予更加清晰的定义。二是明确纳税主体。以平台经济为例，随着各类数字平台开始成为代扣代缴义务人，可以通过法律法规形式赋予数字平台代办税务登记等权利，税务机关因而可以利用这些平台及时、准确、高效获取经营者的真实身份及相关信息资料，从而强化对纳税主体的监管，常见于网约车、直播带货等行业。此外，还可以根据资金流向和受益方向确定纳税主体。三是明确计税标准。应以有无实物载体为依据，有实物载体的数据产品和服务可以基于实物产品或服务价格和价值征税，也可以根据实物载体和数据要素的实际贡献课征；对于没有实物载体的数据产品和服务，还是继续以收入作为计税依据，未来结合数字经济发展状况将更多影响价格的因素纳入定价机制，这其中的重点是数据资产权利归属的确定问题和数据资产定价机制设计问题，合理界定数据资产的公允价值。

第二，优化完善增值税和所得税制度。增值税方面，除了上面提到的界定课税对象、厘清纳税主体等工作，还是要以完善留抵退税政策和抵扣链条、简并税率为重点，数字产品和服务要明确适用的税目和税率，通过留抵退税和其他税收优惠政策强化增值税调节区域发展差距的职能，降低数字经济企业税负，例如将先进制造业按月全额退还增值税增量留抵税额政策范围扩大至更多符合条件的小微企业等；所得税方面，以完善综合和分类相结合的个人所得税制为主线，优化数字经济下的个税课征机制，尤其要明确平台经济下个人提供数字产品和服务的收入性质、适用税目和税率，对于企业的数字化交易，科学界定其税权扣除项目和标准，充分挖掘企业在新业态下的数据价值。

第三，积极探索开征数字服务税、数字资产税等新税种。具体来说，在数字服务税方面，目前国际实践中的普遍做法有两种，即单独开设数字服务税以及将其作为某税种的子税目征收，在我国当前数字经济与实体经济深度融合的背景下，如果开征数字服务税，可以考虑第二种方式，对数字产业中销售数字产品或提供数字化服务的销售收入进行课征，将显著数字存在标准纳入常设机构规则。这其中的关键是要明确哪些企业和活动适合征收数字服务税、如何设计税率既能保证公平又不至于挫伤企业积极性、如何避免数字服务税可能引发的利益矛盾和国际摩擦等问题，配合健全产权制度，从法律层面上明确数据产权归属问题，同时深度参与国际税收治理，配合“双支柱”国际税改方案，做好国内数字税改与国际税改的有效衔接，参与税收规则制定。在数字资产税方面，首先要解决数据资产所有权、使用权、经营权、收益权等的确权，跳出传统所有权理论的思路，重点针对企业数据，确定合理的数据产权制度，也可以积极探索社会主义制度下的数据公有制，做好配套辅助制度建设，例如完善数据登记、数据交易等基础性制度，健全数据安全相关法律法规。在此基础上，从现行税制入手，对于已有明确规定的数据资产业务直接适用现行税收规则，例如使用固网、移动网、卫星、互联网、有线电视网络传输数据，可直接按增值电信服务征6%的增值税，而对于销售数据资产、转让数据资产所有权和使用权等问题还需要进一步的制度设计。但总而言之，最关键的问题不在于眼下是否应该开征数字税，而是要通过税收规则的设计匹配未来数字化发展新模式，实现国内乃至全球税负合理分配的格局。

### （二）建设绿色税制

第一，全面推行水资源费改税，改革环境保护税。水资源费改税在试点的基础上实行全面扩围，是为了进一步规范水资源合理利用，缓解供求矛盾。下一步主要工作包括以下四点：一是推进水资源税立法研究，从立法层面落实水资源刚性约束制度；二是合理设定税率，坚持“税负平移”原则，继续保持阶梯式递增的征收标准和差别税额标准，发挥水资源税调节作用，激励企业通过改进生产方式、进行设备更新等形式提高用水效率，由中央划定税率范围，在范围内允许地区根据当地经济发展状况和水资源禀赋实行差异化税率；三是依托税收大数据建设对地区水资源分布、用水量和税收征缴情况进行充分调查，摸清税源底数，方便统筹调配税源，同时依托税收征管信息化平台完善水资源税征管合作机制，实现水资源税用监控系统、水资源信息管理平台和金税四期系统的互联互通；四是根据水资源费改税推广情况制定不同的税收优惠政策，灵活使用税收杠杆。可以在前期通过税收优惠维稳居民用水价格，随着推广范围扩大逐步减少税收优惠，以及鼓励企业研发节水技术和产品，同时做好纳税宣传、健全水资源监管体系等配套措施。改革环境保护税方面，一是要扩大征税范围，将VOCs、总氮等工业废水污染物、二氧化碳等全部纳入征税范围，尽快建立与之配套的碳排放标准和统计监测体系；二是完善环境保护税优惠政策，发挥对企业绿色转型和技术创新的激励作用，可以扩大税收减免优惠层级，例如将单纯的纳税人排放应税污染物浓度值低于标准扩展为低于标准的70%可以减按75%征税，强化企业减排激励。

第二，除了水资源税和环境保护税外，也要做好其他税种的配合，完善增值税、消费税、企业所得税、资源税等有关促进绿色发展政策体系，引导资源集约化利用，通过将高耗能高污染产品纳入消费税课征范围引导绿色消费转型，以及对碳捕捉、碳封存、林业碳汇等领域的税收优惠政策，将污水处理费、固体废物处理费、水价、电价、天然气价格等收费政策向环保企业倾斜，等等。

第三，研究“双碳”目标下的碳税开征。根据世界银行《2023年碳定价现状与趋势》报告显示，截至2024年4月全球共有73个碳定价政策正在实施，包括37项碳税政策和36项ETS（碳排放权交易系统），我国目前仅实行ETS，还需参考国外经验，立足我国当前碳排放状况考虑碳税开征。具体来说，一是明确碳税定位，科学确定碳税征税范围。碳税应该是ETS的补充，在开征初期应仅针对上游生产端征收，主要考虑石油、天然气等能源型行业中的中小企业，且可以根据地区碳排放量、产业结构、GDP等因素选择试点城市先行开征，再逐步扩展至全国和更多行业，并过渡到下游消费端；二是在税率设计上，可以参考新加坡、日本等国家的做法，在开征初期设定较低税率（例如20—30元/吨），并计划在未来几年内分阶段提高税率；三是制定合理的碳税优惠政策，通过对特定企业实施低税率、设计碳排放权交易奖励机制等方式引导纳税人向绿色低碳转型；四是明确碳税税种属性，可以考虑将其作为共享税，央地分成比例为7∶3，以确保调动地方节能减排积极性的同时保持中央宏观调控能力；五是协调好碳税与现有绿色税种的关系，可以参考国际做法，征收融入型和附加型碳税，前者是将二氧化碳并入应税污染物以环境保护税形式征收，后者是根据化石燃料的含碳量附加在资源税、能源税或消费税上征收，与独立型碳税相比，这两种征收方式可以依靠现有税种实现，成本更低且方案较易制定和推行。

## 四、深化税收征管改革

深化税收征管改革、优化税收治理是构建现代税收制度的重要内容，也是新时代推进经济高质量发展、服务中国式现代化的必然要求。深化税收征管改革的目标是进一步提高税收征管效率、降低税收征管成本、优化税收征管组织方式，具体有以下三方面的措施。

### （一）推进税收法治化建设

要加快税收立法进程，全面落实税收法定原则，将税制改革与完善法制结合起来，全面提高税收立法层次，推进税收法治化进程。

第一，完善税收法律体系。一是完善税收实体法，对 18 大税种中尚未完成立法的税种，要加快立法进程，尤其增值税、消费税、关税和房地产税立法是税收立法工作的重点，应稳步推进，此外对已经立法的税种要聚焦服务经济高质量发展、推动市场统一、促进社会公平等目标，通过法律修订调整或清除不适配部分以及制定优化措施；二是尽快完成《税收征管法》修订工作，落实税收法定理念和纳税人权利保护理念，以税收管辖、税收争议举证责任、清税前置与复议前置等具体制度优化为重点，并注意与其他法律制度的有效衔接；三是推进税收优惠立法工作，统一各地区在税收优惠方面的具体规则并形成法律体系；四是尽快启动和落实《税法总则》的制定，配合税收实体法和税收程序法的修订工作，在此基础上编纂《税法典》，建立和完善现代化税法体系。

第二，推进税收司法专业化改革，提高税收司法公正度。司法公正是法律价值的体现，具体来说，一是可以建立专门的税收司法机构，设立税务法庭以及更高层次的税务法院，专门处理税务争议问题；二是扩大税务司法审查范围，强化全诉讼流程监督，完善举证责任配置，明确税务机关和纳税人举证责任范围；三是积极保障纳税人权益，完善纳税人诉讼制度，保障纳税诉讼权利，打破行政机关对税收争议处理的垄断，通过优化流程降低维权成本；四是提高司法人员的专业素养，强化对法官财税知识方面的培训，确保税务司法公平公正，提高专业水准。

第三，加强税法宣传教育，提高全民纳税遵从度。一方面可以依托大数据平台、微信公众号等渠道强化税法宣传，另一方面要通过高质量纳税服务让人民群众亲自感受到税收法治建设重要性，以实际行动转变征管理念；此外还可以建立专门的税法咨询机构，对纳税人的相关疑问答疑解惑，配套建立纳税人权益保护机制，回应和解决纳税人的合理诉求。

### （二）规范优化税收执法和纳税服务

一方面是进一步规范税收优惠政策，严格管控不合理税收竞争行为，清理税收洼地，维护区域间投资环境稳定与公平；另一方面是深化税务领域“放管服”改革，简化税费优惠享受程序，税务机关组织结构应进一步扁平化，税务机关内部责任分工划分明确，以提高税收征管效率；此外，还要规范优化税收执法，研究制定税务“首违不罚”规则，严格执行“首违不罚”清单，贯彻税收柔性执法，同时完善税务监管体系，对重点领域实施“全税费种、全生命周期、分类分级、智能化”风险监管，推进税费风险一体化防控体系建设，以此优化企业营商环境，更好地服务市场主体发展。

### （三）强化税收征管信息化建设

推动以数字治税、建立智慧税务是全面推进税收征管数字化升级和智能化改造的主要任务，在智慧税务“四精”目标（即精确执法、精细服务、精准监管、精诚共治）中，推动精诚共治是下一步强化税收征管信息化建设的主要方向，即深化税收大数据共享应用，加强数据共享和协同。具体来说，应以完善税收大数据云平台为主要抓手，挖掘数据资源深层次价值，推进税务部门与其他相关部门之间、省市县区政府之间的涉税信息互联互通。此外，要强化责任意识，通过税法修订进一步明确“各有关部门和单位应当支持、协助税务机关依法执行职务，及时向税务机关提供涉税信息”中的各有关部门和单位范围，尤其是涉税中介机构、社会组织等税收治理主体有义务与税务机关进行信息共享，通过落实主体责任鼓励社会公众积极参与税收大数据治理共同体建设，推动精诚共治。

## 五、助力高水平对外开放

开放是中国式现代化的鲜明标识，高水平对外开放是构建高水平社会主义市场经济体制的重要内容，因此，税收服务于高水平对外开放也是构建现代税收制度的重要内容，具体可以从跨境业务相关税种完善和加强国际税收合作两个主要方面入手。

第一，跨境业务相关税种完善方面，目前与跨境经济业务密切相关的税种有关税、增值税和企业所得税。在关税上，要优化现行关税政策，通过关税调整推动对外贸易。一是通过对巴西、南非等新兴市场国家实行协定税率或特惠税率深化合作，扩展我国产品出口的海外市场；二是根据产业特征实施差异化关税减让策略，通过合理降低关税释放我国产业国际竞争力。要与国内现代化产业体系建设步伐协调，对我国尚不具备自主生产能力的先进生产设备和关键零部件应适当降低关税，对新能源汽车、光伏产品等战略新兴行业和潜在比较优势行业，可以通过适当抬高关税壁垒等方式保护产业初期发展成长，具体可以通过签订双边或多边自由贸易协定的方式推动关税减让，例如美、日、欧盟签订的《欧盟—日本经济伙伴关系协定》和《美日贸易协定》；三是落实“三零”国际经贸规则，即“零关税、零壁垒、零补贴”，对标该规则推动自贸试验区和自由贸易港建设，尤其 RCEP 正式生效后，要继续落实“原产地规则”政策，推进 RCEP 框架下的中国—东盟自贸进程和中日韩自贸协定谈判。

在增值税上，要进一步完善增值税出口退税政策，一方面要扩大政策适用范围，适当提高出口退税率，另一方面要通过出口退税政策引导产业结构升级，对数字化、绿色化相关的高新技术产品和其他技术含量高的产品实行高退税率，继续落实“两高一资”出口不退税政策，反向推动企业调整生产模式和新技术研发；企业所得税方面，要重视中小企业在服务高水平对外开放中的重要作用，随着数字经济发展，中小企业在科技创新、吸纳就业、拓展国际市场、激发经济活力等方面发挥着主力军作用，因此要确保对中小企业的所得税优惠政策落到实处，进一步优化税前扣除政策，逐步放宽对出海企业的亏损结转年限。

第二，要深化国际税收合作，积极参与国际税收改革。一是要加大与重点国家的税收协定谈签力度，进一步扩大税收协定网络，推动税收合作迈向更广泛更深入的领域；二是积极提升我国税收政策的国际协调能力，依托“一带一路”平台在关税协调、税收协定、税收征管与纳税服务等方面深化合作，提高跨境企业在税收管理流程和操作规范上的标准化程度，减少企业跨境税收合规操作的不确定性和复杂性；三是提高跨境纳税服务水平，围绕“信息通”“政策通”和“服务通”的具体要求，为纳税人提供更加便利的税收服务，优化税收营商环境；四是紧跟国际税收规则改革动向，尤其要加强对数字经济国际税收规则的研究和制定，可以在自贸区率先展开试点，密切关注“双支柱”国际税改方案的实施进展，通过国际组织、多边论坛等平台贡献中国方案，争取更多的税收话语权。

## 本章主要参考文献

[1] 白彦锋，岳童，童健．碳税征管的理论实践与策略选择［J］．经济理论与经济管理，2023，43（11）：17－29．

[2] 白彦，徐可，刘浩明．数据要素视角下数字税收制度的设计与衔接［J］．税务研究，2024（08）：61－65．

[3] 樊丽明，郭健．地方主体税种选择：理论逻辑、国际经验与策略权衡［J］．国际税收，2022（11）：3－10．

[4] 贾骥业，朱彩云．税政如何应对“新业态大考”［N］．中国青年报，2024－08－06（005）．

[5] 康樾桐，毛晓杰，刘文静．国际碳税实践及启示［J］．中国金融，2022（06）：82－83．

[6] 李红霞，张阳．数字经济对税制改革的影响及对策建议［J］．税务研究，2022（05）：68－72．

[7] 李明，朱志钢，龙小燕．地方税体系服务中国式现代化：作用机制、现实困境与优化路径［J］．税务研究，2023（08）：17－22．

[8] 李蕊，王苏姗．数字服务税收属性及中国税制构造进路［J］．学习与实践，2024（03）：2，113－124．

[9] 李桃．我国碳税政策设计与实施的国际经验借鉴［J］．税务研究，2022（05）：86－90．

[10] 吕冰洋，李昭逸．以改革试点推动全局财税体制改革［J］．东北财经大学学报，2024（03）：13－22．

[11] 吕冰洋．理性看待税收的收入分配调节功能［J］．重庆税务，2023（09）．

［12］聂海峰，耿纯，刘怡．留抵退税负担机制、消费地原则与政府增值税收入［J］．管理世界，2023，39（12）：38－57.

［13］庞凤喜，王一欢．现代税收制度之现代性衡量及推进路径分析［J］．税务研究，2021（06）：31－38.

［14］王绍光，胡鞍刚．中国国家能力报告［M］．沈阳：辽宁人民出版社，1993.

［15］王向东．数字经济、数字产业与数字税制创建［J］．税务研究，2024（03）：122－127.

［16］谢波峰．数据相关国际税制评述［J］．大数据，2022，8（03）：78－86.

［17］杨斌，王佳．我国增值税改革经验和进一步完善的制度设计［J］．税务研究，2024（08）：24－29.

［18］杨志勇．数字资产税征收的国际实践与我国的政策建议［J］．经济纵横，2020（11）：102－110.

［19］岳树民，王庆．论优化税制结构的目标、路径、思路和任务［J］．税务研究，2024（07）：11－16.

［20］岳树民，谢思董，白林．适配数字经济发展的税制结构优化［J］．国际税收，2024（04）：3－9.

［21］曾军平．税收该如何助推形成新质生产力？［J］．税务研究，2023（12）：12－15.

［22］张斌．推进税收治理现代化的思考［J］．财政科学，2018（08）：23－27.

［23］张德勇．谋划新一轮财税体制改革视野下的消费税改革探讨［J］．税务研究，2024（07）：32－38.

［24］张国钧．数字资产税收治理的国际比较与优化路径［J］．国际税收，2024（08）：42－49.

［25］张晓颖，汤子杰，陈海宇．消费税征收环节后移并稳步下划地方改革的思考［J］．税务研究，2024（07）：39－45．

［26］朱旭阳，马蔡琛．推动直接税比重提升的税制结构优化研究［J］．税务研究，2023（11）：61－68．

# 第九章

# 完善政府间财政关系

财政作为国家治理的基础和重要支柱，政府间财政关系的科学性与法治化不仅是财税体制改革过程中的重点和难点，更是国家治理体系和治理能力现代化的制度保证。如果说政府与市场的关系是一国经济体制的基本出发点，那么政府间财政关系则是一国政治体制的基石。党的二十届三中全会站在新的历史起点，对如何进一步完善中央和地方财政关系，提出了建立权责清晰、财力协调、区域均衡的中央和地方财政关系。在收入的层面，以增加地方自主财力、拓展地方税源和增加一般性转移支付为主要改革方向；而支出（事权）的层面，则以加强中央事权为主要改革方向。

## 第一节 完善政府间财政关系的目标

政府间财政关系改革有利于激发政府积极性，对实现国家治理体系和治理能力现代化至关重要。自党的十八届三中全会以来，财税改革取得了明显成就。党的十九届四中全会强调优化政府间事权和支出责任划分，建立稳定的各级政府事权、支出责任和财力相适应的制度。随着经济的发展和国家治理现代化目标的确立，我国进入现代财政体制建设新阶段。党的二十届三中全会进一步强调建立权责清晰、财力协调、区域均衡的中央和地方财政关系的重要性，提出要明确中央和地方的职责划分，适度加强中央事权和支出责任，拓展地方税源，增加地方自主财力等。在当前的经济形式下，这一要求是激发中央和地方两个积极性、推动国家治理体系及其治理能力向现代化迈进的重要举措。

### 一、目标一：权责清晰

政府间事权和支出责任的划分是现代国家治理体系中的一个重要组成部分，它涉及中央与地方各级政府以及省以下各级政府在提供公共服务、管理经济社会事务等方面的职责和财政支出的分配。2016 年《国务院关于推进中央与地方财政事权和支出责任划分改革的指导意见》（国发〔2016〕49 号）（以下简称《指导意见》）指出，中央与地方财政事权和支出责任划分改革是建立科学规范政府间关系的核心内容，是完善国家治理结构的一项基础性、系统性工程，对全面深化经济体制改革具有重要的推动作用。积极稳妥推进中央与地方财政事权和支出责任划分改革，为建立健全现代财政制度、推进国家治理体系和治理能力现代化、落实“四个全面”战略布局提供有力保障。同时，《指导意见》作为纲领性文件明确规定“有关部门要按照本指导意见要求，研究制定相关基本公共服务领域改革具体实施方案。选取国防、国家安全、外交、公共安全等基本公共服务领域率先启动财政事权和支出责任划分改革。同时，部署推进省以下相关领域财政事权和支出责任划分改革”。在文件发布之后，各相关部门开始推进财政事权和支出责任改革。截至2023年底，国务院已经针对生态环境、医疗卫生、科学技术、教育、交通、公共文化、自然资源、应急救援和知识产权等多个领域，发布了关于中央与地方财政事权和支出责任划分改革方案的通知。这些改革旨在更好地划分中央和地方之间的事权和支出责任，以保障公共服务的均等化和效率。

现阶段，首先要明确中央与地方的财政事权与支出责任划分。落实中央与地方的财政事权与支出责任划分改革方案，在出台医疗、教育、交通运输等方案的基础上加快制定更多细分领域改革方案。明确界定中央政府事务、地方政府事务、中央与地方共同承担的事务、中央委托给地方的事务以及中央指导和鼓励地方开展的事务的界限，适当强化中央财政事权和支出责任，重点将涉及维护国家安全、保障居民基本权益、促进生产要素合理配置，以及涉及不同区域具有较强外部性的事务等划分为中央财政事权，加强中央直接履行的事权和支出责任，减少中央对地方的委托性事务。同时，根据《国务院办公厅关于进一步推进省以下财政体制改革工作的指导意见》要求，加快推进省以下事权和支出责任划分改革。首先，根据教育、医疗、养老和基础设施建设等基本公共服务的受益范围和信息管理的复杂性，合理确定省级以下各级政府的财政职责。然后依据省级以下各级政府的财政收入状况和支出成本，遵循减轻基层负担和反映地区差异的原则，由省级以下各级政府的事权来决定其相应的财政支出责任。

## 二、目标二：财力协调

财力协调是完善政府间财政关系的重要组成部分，它涉及如何在中央和地方之间合理分配财政资源，以确保各级政府都有足够的财力来履行其职责。1994 年分税制改革是我国适应社会主义市场经济过程中的重要探索，是适应国情的伟大实践。分税制改革扭转了上一个阶段中央政府的财政困境，有效提高了中央政府的宏观调控能力，充分调动了地方政府财政理财和财政改革的积极性，中央和地方政府在财政收入和支出方面的合作与协调得到了加强，从而促进了市场的一体化和资源的优化配置，促进了全国统一市场的形成。首先，分税制通过调整中央和地方政府的财政权责和收入分配比例，实现了财政资源的集中配置。中央政府在分税制中享有一定比例的税收收入，可以统筹协调国家范围内的重大投资项目，推动基础设施的互联互通，改善不同地区之间的交通、通信和物流等条件。这样可以减少地区之间的发展差距，促进全国范围内各类资源优化配置，进而推动统一市场的形成和发展。其次，分税制鼓励了地方政府间的合作和竞争。在分税制下，地方政府可以自主地决定本地区的财政开支，为吸引投资和促进本地经济发展提供竞争优势。同时，地方政府之间也会展开合作，共同推动经济发展和产业协同。这种地方政府间的竞争和合作机制，有助于形成一个共享资源、优势互补的统一市场，并在整个国家范围内实现经济整合和市场一体化。分税制还促进了中央和地方政府合作与协调机制的建立，中央政府可以通过财政政策和分配机制的调整，激励地方政府加大发展力度，减少地方间的非理性竞争，推动市场秩序和规范的形成。而地方政府则可以通过加强与中央政府的沟通与合作，积极响应国家政策，充分利用中央的资源和政策支持，进一步推动本地区的经济发展。

新时期我国深化财税体制改革，完善政府间财政关系，实现财力协调，还需要在坚持分税制改革方向的基础上进一步深化税收制度改革，调整中央和地方的税收分成比例，完善地方税体系，扩大地方税管理权限，包括优化间接税制度，调整增值税征收标准和征管模式，积极应对数字经济发展和“双碳”目标带来的挑战，推进增值税立法改革，同时统筹消费税改革，优化征收范围；逐步健全以所得税和财产税为主体的直接税体系，完善综合和分类相结合的个人所得税制度，扩大企业所得税优惠政策，积极稳妥推进房地产税改革；深化环境保护税、资源税等绿色税制改革，考虑给予地方政府在地方税制要素设定和具体执行方面等大的自主权。此外，非税收入也是构成地方财政收入的重要部分，未来将规范非税收入管理，并适当下放部分非税收入的管理权限，允许地方政府根据自身实际情况实行差异化管理。

## 三、目标三：区域均衡

我国幅员辽阔、人口众多，东西南北差异大、各地发展不平衡。为了减少各地经济发展水平、资源禀赋以及地理位置的差异，我国建立了转移支付制度，通过上下级之间纵向以及地区间横向的转移支付来弥补地区间的财力差异，促进区域协调发展。通过提供有针对性的财政支持，中央政府能够帮助欠发达地区加快经济发展，提高人民生活水平。同时，也有助于加强中央政府的宏观调控能力，确保国家整体经济的平稳发展。

转移支付制度是调节中央和地方间财政关系的重要手段之一。其中，过渡性转移支付、一般性转移支付、财力性转移支付和共同财政事权转移支付等名称随着时间的推移而出现和演变。这些转移支付形式各有特点，旨在满足不同地区的财政需求和公共服务需求。过渡性转移支付是1994年分税制体制改革前后产生的一种临时性转移支付，旨在帮助地方政府应对改革带来的财政压力。一般性转移支付主要出现在1995年以后，是为了弥补地方政府的财力缺口，实现地区间的财力平衡而设立的。一般性转移支付的资金接受者可以根据实际情况自主安排资金用途，相对灵活。财力性转移支付是为了实现地区间基本公共服务能力的均等化而设立的补助支出，资金接受者可以根据实际情况自主安排资金用途。共同财政事权转移支付是指用于履行本级政府应承担的共同财政事权支出责任的一种转移支付形式。

未来要进一步深化中央与地方转移支付制度改革，理顺中央与地方的财政分配关系，均衡地区间财力配置，通过财政转移支付，减少地区间财力差距，特别是支持欠发达地区和财政困难地区，促进区域协调发展。加大“三保”支持力度，确保基层政府在教育、医疗、社会保障等基本公共服务领域的财政支出，保障基层财政平稳运行。通过转移支付激励和引导地方政府增加对基本公共服务的投入，提升基本公共服务供给质量和水平。控制转移支付规模，将中央对地方转移支付规模与中央财政收入增长相匹配，以确保转移支付制度的可持续性，考虑建立转移支付规模退坡机制，以提高财政资金的使用效率。优化转移支付结构，完善一般性转移支付，控制专项转移支付规模，形成以一般性转移支付为主，专项转移支付为辅的结构，以更好地均衡地区间财力，支持欠发达地区的发展。加强转移支付绩效管理，强化转移支付资金的监管和绩效评价，确保资金使用的合规性和有效性，提高资金分配的科学性和透明度。同时，推进省以下转移支付制度改革，明确省以下各级政府间的财政收入关系，保障省内各级政府间的财力均衡。

# 第二节　完善政府间财政关系的基本思路

## 一、服务于社会主义市场经济发展的阶段性目标和长远目标

党的二十届三中全会明确提出到 2035 年要实现全面建成高水平社会主义市场经济体制的目标。高水平社会主义市场经济体制是中国式现代化的重要保障，它要求进一步全面深化改革，处理好政府和市场的关系，使市场在资源配置中起决定性作用，同时更好发挥政府作用。包括深化财税体制改革，优化税制结构，完善中央和地方财政关系，加强财政资源和预算统筹。因此，新时期财政改革要服务于社会主义市场经济发展阶段性目标。

共同富裕是社会主义的本质要求，也是社会主义市场经济经济发展的长远目标。促进区域协调发展是实现共同富裕的重要途径，它有助于平衡不同地区之间的发展水平，确保各地区都能享受到经济发展的成果。通过区域协调发展，可以优化资源配置，提高经济效率，促进产业升级，增强落后地区的自我发展能力，从而为实现社会主义市场经济经济发展的基本目标奠定坚实的基础。而促进不同区域协调发展实现共同富裕需要合理改革政府间财政关系，厘清中央和地方在促进区域协调发展中的职责和分工。基于此要建立完善的转移支付制度，优化转移支付结构，建立以一般性转移支付为主，专项转移支付等协调配套的转移支付体系。加大对财力薄弱地区的支持力度，以实现共同富裕为目标取向推动财力向困难地区和基层倾斜，使中央财政更多向相对落后地区的基本公共服务投入倾斜，缩

小区域人均财政支出差异。

## 二、与行政改革相匹配

政府事权代表中央政府和地方政府各自在公共事务和服务中应承担的任务和职责。良好的事权配置，有利于激发中央和地方政府两个积极性，实现既定的政府职能。党的十八大以来，我国实施了一系列政府行政管理体制改革，进一步明确了中央政府和地方政府的事权，如将行政审批、市场监管等部分事权下放地方，使地方有更多权力干预经济，促进本地经济发展；将重要监管、重大事项审批等事权上收中央，更好的发挥中央宏观调控职能。而财政事权与政府事权又有着密切联系，财政事权是需要通过财政安排支出才能履行的政府事权，是政府事权在财政领域的体现，本质上是政府事权的一部分，同时支出责任的确定要与财政事权相匹配。因此，在中国特色社会主义制度下，政府间财政关系与我国政府行政管理体制密切相关，在确定政府间财政事权和支出责任时要兼顾政府职能和行政效率。

根据现有中央和地方的政府职能配置，将维护国家安全、保证市场经济稳定运行、以及信息比较容易获取和甄别的基本公共服务等事项由中央政府负责，将信息复杂、难以获取和识别的基本公共服务等事项由地方政府负责。同时，按照“谁的财政事权谁承担支出责任”的原则，确定各级政府支出责任。对于属于中央并由中央组织实施的财政事权，由中央承担支出责任；对于属于地方并由地方组织实施的财政事权，由地方承担支出责任；对于属于中央与地方共同财政事权，根据基本公共服务的受益范围、影响程度，区分情况确定中央和地方的支出责任以及承担方式，逐步实现政府间财政事权和支出责任划分的规范化管理。

## 三、稳定中推进改革

在中国改革历程中，始终注重保持社会稳定，因此采取了渐进式的方法，通过试点先行和逐步推广的方式，既鼓励大胆尝试，又坚持实事求是，确保改革的力度、发展的速度和社会可承受的程度相统一，避免因改革引发社会动荡。党的二十届三中全会中提出改革是一项长期且复杂的系统工程，要坚持党的全面领导，确保改革的稳定性和连续性。财政改革是中国经济改革中的重要组成部分，其改革牵一发而动全身，因此要谨慎把控改革的节奏，保证在逐步推进的过程中能够及时实现关键性的突破。例如，我国正稳步推进房地产税改革，确保房产税的征收能够促进房地产市场的健康发展，而不是造成市场过度波动。这主要是由于中国经济下行压力较大的情况下，全面开征房产税可能会对市场信心造成进一步打击，影响经济稳定，而稳步推进则有助于调控房地产市场，严格落实“房住不炒”的政策导向，通过增加房产保有环节的成本，抑制投机性购房需求，促进房地产市场的长期稳定。

## 四、多方面改革统筹推进

政府间财政关系改革涉及各个方面，包括税制改革、转移支付改革、事权和支出责任划分改革，关系到政府与市场、政府与社会、市场与社会之间的多维利益关系，牵一发而动全身。在改革过程中要综合考虑，以增强改革的系统性、整体性、协同性。例如，增值税在探索由生产地原则向消费地原则转变过程中，需要考虑不同地区的消费能力差异所带来的地区财政收入变化，通过结合转移支付以确保改革后各地区财政收支平衡，减少地区间的财力差异，保证改革平稳进行。而转移支付制度也会存在地方政府对转移支付资金的过度依赖，产生道德风险和逆向激励问题，为此也要配合地方税制改革协调进行。

## 第三节　完善政府间财政关系的重点举措

### 一、进一步完善事权和支出责任划分

#### （一）明确中央和地方财政事权范围和支出责任

政府事权和支出责任的改革是优化财政管理、提高公共服务效率的关键。这一改革的核心在于明确中央与地方的事权范围和支出责任，确保各级政府能够根据其自身职能，合理分配资源，有效履行职责。一是要适当加强中央财政事权、提高中央财政支出比例。中央政府在国防、外交、国家安全等全国性事务中扮演着不可替代的角色。这些事务具有广泛的受益性，需要中央政府承担起在这些事务中的职责。同时，中央政府还承担着提供全国性公共产品的责任，如跨区域的重大基础设施建设，党的二十届三中全会审议通过的《中共中央关于进一步全面深化改革 推进中国式现代化的决定》中提出了要适度加强中央事权、提高中央财政支出占比的基本举措，包括：首先加强中央在关键领域的支出责任，如知识产权保护、跨区域生态环境保护等；其次为了保障地方政府有足够的财力支持其有效履行基本职责，提供优质公共服务，中央政府要适时增加对地方的转移支付和财政补贴；最后在确保关键领域资金需求得到满足的基础上，对中央财政支出进行调整，以减少不必要的开支，提升资金使用的效益。二是要明确地方财政事权，地方政府主要负责教育、医疗卫生、社会保障基础设施的建设和维护等事务。这些事务直接关系到民众的日常生活和地方

的经济发展，因此，地方政府需要根据本地实际情况，合理规划和使用财政资金，以满足当地居民的需求，促进地方经济的均衡发展和社会的和谐稳定。最后减少并规范中央与地方共同财政事权。对受益范围较广、信息相对复杂的财政事权，如跨省（区、市）重大基础设施项目建设、环境保护与治理、公共文化等，根据财政事权外溢程度，由中央和地方按比例或中央给予适当补助方式承担事权和支出责任。

### （二）清晰界定省以下财政事权和支出责任

省以下事权与支出责任划分改革是省以下财政体制改革的重要组成部分，是中国深化财税体制改革的重要内容。首先，需要根据基本公共服务的受益范围、管理的复杂程度以及信息获取的难易性等属性，明确划分省级以下各级政府的财政职责，确保每一级政府的财政事权界限清晰。既要适当上收部分事权，强化省级财政事权，对跨市县重大基础设施规划建设、重点区域（流域）生态环境保护与治理等需要不同地区统筹协调或具有较强外溢性的事务，适当加强省级政府的支出责任。同时，也要加快推进市级以下政府间财政划分改革，明确将社会治安、公共交通、城乡建设和公共设施管理等基本公共服务作为市县一级的财政职责，以充分利用市县政府接近基层、便于就近管理的优势。其次，根据不同市、县级政府的财政收入水平和支出成本，按照减轻基层负担、体现区域差别的原则，合理划分省以下各级政府间财政事权并确定相应的支出责任，省本级对财政困难市县可以适当提高支出责任和分担比例。

## 二、推进税收制度改革

### （一）优化间接税制度

一是推进增值税改革，简并增值税税率，打通增值税抵扣链条，减少增值税制度对企业经济发展的扭曲，完善留抵退税制度，设置更为合理的中央和地方退税负担比例。二是深化消费税改革，为了满足当前经济社会发展的新要求，应当适度扩大消费税的征税范围，可以将具有高污染、高耗能特征的消费品纳入其中，对高档化妆品、贵重首饰、金银珠宝等高价值消费品适当调整的认定标准，强化消费税的调节功能。

### （二）完善直接税体系

完善直接税体系是中国财税体制改革的重要组成部分，它涉及个人所得税、企业所得税、财产税等多个税种的改革，旨在实现税制的公平性、合理性和效率性。一是完善个人所得税综合征收制度。进一步扩大综合所得范围，将经营所得、财产租赁所得纳入综合征收的范围；优化税率结构，调整边际税率或税率级距；完善专项附加扣除，对子女教育、继续教育等六项扣除内容调整扣除标准和分摊方式。二是完善企业所得税优惠政策。发挥企业所得税对激励企业技术创新和加快科技成果转化的作用，进一步提高研发费用加计扣除的比例；结合新时期数字技术、信息技术等投入要素的新变化，科学界定扣除项目和标准。三是完善财产税体系。结合我国现阶段经济发展状况和居民财富分布情况，探索财产税的税种设置、免征范围等方面的要素设计。

### （三）推动绿色税制建设

一是扩大环境保护税的征收范围，将挥发性有机物、二氧化碳等温室气体纳入征税范围；提高对重点污染物的征税标准，使得环境税的税率恰好等于企业污染排放所造成的边际环境损失；完善应税污染物排放量的监测计算，改进按污染因子征收的计税方式。二是深化资源税改革，适时将水资源全面纳入征税范围，适当提高资源税税率，促进纳税人对自然资源的合理开发和利用。三是加大增值税的优惠力度，扩大对清洁能源的增值税减免范围，将更多的清洁能源如潮汐能、绿色氢能、先进生物液体燃料等纳入税收优惠范围。四是改革车辆购置税，根据燃油车辆的碳排放量设置差别税率，加强对高污染高能耗车辆的约束作用。

### （四）健全数字经济税收制度

随着数字经济的发展，数字经济与税收之间的关系亟须重新审视。数字产业的集群效应可能会显著促进当地经济和税收的增长，然而这也可能导致数字经济不发达地区的技术、人才、资本等生产要素的流失，进而对这些地区的经济增长和税收收入产生负面影响。因此，数字经济下税收制度的不完善将直接影响地区间的税收分配，并由此引发税收竞争和争夺税源问题。现阶段为适应数字经济发展，要鼓励各地区、各部门积极探索适应数字经济发展趋势的地方数字税制建设，在税收管理可以支撑的范围内优化现有税制，解决数字经济领域的问题。

## 三、完善收入划分

### （一）完善税收收入分享方式

在中国目前的主要税种中，消费税主要在生产和进口环节征收，并且所征税款全部上缴中央。为了扩大地方政府的税收来源，中国计划逐步将消费税的征收环节后移，并将其部分收入分配给地方政府。由于各省份商品生产规模和居民消费水平不同，在推进消费税收入归属改革的过程中，可能会破坏地区间现存的财力均衡，造成居民消费水平低的地区财力受损。基于此，中央政府可以考虑适当增加对该类区域的转移支付，从而缓解消费税改革所带来的地方财力不均衡问题。

增值税是中国第一大税种。长期以来，按照生产地原则在地区间分享增值税，即商品或劳务在哪个地区生产，增值税就归属于该生产地。在这种原则下生产会为政府带来税收，但消费却不能，加剧了地方政府之间的税收竞争和区域经济发展的不平衡。为了促进各地区财力协调，可以借鉴国际经验，在增值税征收过程中采用消费地原则——即商品或劳务在哪个地区消费，增值税就归属于该消费地，这种改革方向将有助于地区间财政收入差距缩小。

资源税是地方税体系的重要组成部分，尤其对资源丰富地区的财政收入影响重大，深化资源税改革，有利于调动地方发展经济和组织收入的积极性。国有资源是全民共有的财富，因此，从这些资源中获得的税收收入应该在更广泛的区域中进行分配，而不应该完全保留给资源的产出地区。《国务院办公厅关于进一步推进省以下财政体制改革工作的指导意见》提出，区域间资源分布不均的地区，省级可参与资源税收入分享，结合资源分布地区的经济发展状况、财政收入水平和支出规模、区域间均衡度等因素确定省级分享比例。因此，未来将由省级适度参与资源税收入分享。既可避免资源丰富地区对资源开采产生过度依赖，又有利于实现资源税收入在省域内共享，促进基本公共服务均等化。

### （二）规范非税收入管理

非税收入作为政府财政收入的重要组成部分，其管理的规范化对于提高财政收入质量至关重要。根据《政府非税收入管理办法》，非税收入包括行政事业性收费、政府性基金、罚没收入等多种形式，应当遵循依法、规范、透明、高效的原则纳入财政预算管理。这表明非税收入的管理需要依法进行，并且要保证其透明性和规范性，以避免地方政府在财政收入上的机会主义行为。另外，非税收入的分配可以采用多元化的方式，并且逐步向按比例分配的方式转变。同时，可以适当下放一些非税收入的管理权限，让地方政府根据实际情况进行差异化管理。

## 四、完善转移支付制度

### （一）完善一般性转移支付

一般性转移支付是中央政府为了减少不同地区之间的财力差异，实现各地区基本财政资源的均衡分配，促进地区间基本公共服务均等化而采取的一项重要财政政策，包括均衡性转移支付、对革命老区、少数民族地区、边疆地区和贫困地区的转移支付以及对重点生态功能区的转移支付等。该项资金不规定具体的使用方向、不限制具体支出范围、不指定具体使用对象，但是在实际使用过程中，中央会对资金的使用施加严格的限制，下级政府很难根据经济发展实际需要统筹安排使用，使其均衡地区间财力水平的效果并不理想。因此，有必要进一步明确一般性转移支付的主要目标，规范一般性转移支付的种类、规模和比例，严格控制专项转移支付项目的增加，清理整合已有专项，减少一般性转移支付和专项转移支付的交叉重叠，提高资金使用效益。同时，改进转移支付绩效管理，依法落实转移支付公开要求，提高透明度。

### （二）清理规范专项转移支付

与一般性转移支付不同，专项转移支付项目的设立是为了实现中央政府设定的特定目标。但是在实际使用过程中，专项转移支付存在项目种类繁多、申请程序烦琐、资金使用效率低等问题，导致其政策效果并不理想。因此，为了提高转移支付的效率和效果，确保资金使用的规范性和透明性，同时促进区域协调发展和基本公共服务均等化，要进一步清理规范专项转移支付。严格控制新设专项转移支付；凡属“小、散、乱”，效用不明显以及市场竞争机制能够有效调节的专项应坚决取消；对已有专项转移支付严格规范资金的分配和使用，并主动向社会公开专项转移支付的具体项目、规模、管理办法和分配结果等。

### （三）调整省以下转移支付

自分税制改革实施以来，省级以下转移支付体系一直根据中央对地方的转移支付制度不断探索，缺乏明确的法律支持和制度规范，导致省级转移支付资金分配缺乏合理科学的方法，难以解决省内不同地区财力不平衡的问题。未来省以下转移支付制度的改革重点是根据各地不同的发展情况，结合央地转移支付制度安排，制定规范的省级以下转移支付体系以及清晰可行的转移支付测算指标，明确各类转移支付的功能定位，优化转移支付结构，提高转移支付资金使用有效性和资金分配合理性，健全转移支付资金监督机制，确保资金使用规范性，从而促进省内地区间的均衡发展。

## 本章主要参考文献

[1] 代志新，张博文．新一轮财税体制改革推进国家治理能力提升的实现路径［J］．经济纵横，2024（09）：111－119.

[2] 楼继伟．中国政府间财政关系再思考［J］．清华金融评论，2024（04）：20－21.

[3] 吕冰洋，胡深．中国央地财政关系的演进：一个理论框架［J］．经济研究，2024，59（06）：69－87.

[4] 马海涛，任强，李林．分税制改革实践探索与未来政府间财政关系展望［J］．地方财政研究，2024（01）：26－32.

[5] 马海涛．新时代财政转移支付体系改革：成就与展望［J］．财政监督，2023（01）：11－14.

[6] 项怀诚．我国财税改革十年回顾与思考［J］．财经研究，2001（06）：3－7，59.

［7］宣晓伟．区域协调、央地关系和基本权利的中央化［J］．经济与管理评论，2024，40（01）：5－14.

［8］叶青，郭欣欣．新中国成立70周年政府间财政关系变迁［J］．财政监督，2019（20）：5－11.

［9］于长革．国家治理现代化需要加快理顺政府间财政关系［J］．财政科学，2020（07）：57－65.

［10］岳树民，王庆．论优化税制结构的目标、路径、思路和任务［J］．税务研究，2024（07）：11－16.

# 第十章

# 统筹加强财政管理

财税改革从来不只是财税部门自身的改革，牵一发而动全身，落一子而满盘活。目前理论界和实务界的相关专家均对不同形式的财政资源进行了深入探究，并从财力统筹、预算统筹以及财政货币政策统筹等多个方面提出了加强管理的对策建议。

# 第一节　统筹加强财政管理的目标

为更好发挥财政在国家治理中的基础和重要支柱作用以及统筹加强财政管理，我国可确定以下具体目标：包括流量形式的财政资金统筹、存量形式的国有资产统筹、政策统筹、治理统筹等四个方面。

## 一、流量形式的资金统筹

资金是财政资源最直观的表现形式。统筹财政资源首先应加强作为流量形式的财政资金统筹，进一步集中各项财力。

### （一）财政收入统筹

财政收入是财政资金的来源，按照预算方式分为四本预算收入、按照属性特征分为税费利债收入、按照来源级次分为本级与上级补助收入。按照这些不同的分类方式，财政收入统筹又包括以下具体目标：一是加强四本预算收入衔接。以一般公共预算为枢纽，加强四本预算之间的有效衔接，明确衔接调剂原则，同时防范不同预算间的风险转移，如防范专项债务风险从政府性基金转移到一般公共预算，关注社保基金缺口对一般公共预算的影响，合理确定财政对社保基金的补助责任。二是推进税费利债收入协调。坚持以税收为主体，行政事业性收费、国有资本经营收入等非税收入为补充，债务收入为保障的财政收入体系。进一步理顺税费关系，整合规范政府性基金和专项收入，依法将具有税收性质的非税收入改为税收。进一步扩大国有资本经营预算覆盖范围，明确国有控股、参股公司国有股收益上缴财政的比例，提高国有经济对公共财政的贡献度。三是统筹自有收入与上级补助。地方各级政府编制预算，应将上级税收返还、下级上解收入、调入资金和提前通知转移支付，与本级收入一并列入收入预算，统筹安排本级支出和对下转移支付。各预算单位应将各类预算拨款、结转和其他收入全部纳入预算，特别是加强事业收入、经营收入等非财政拨款收入管理，将单位账户、所办企业收入等在预算附表中反映。

### （二）财政支出统筹

财政支出体现了财政资金的用途，按照使用主体层级依次分为政府资金、部门资金和专项资金。按照这些支出的不同分类，具体包括以下目标：一是政府资金统一预算。加强公共资源综合管理，将政府的全部收支都纳入预算，执行统一的预算管理制度。加强基建、科技等切块管理资金与其他财政资金的统筹协调，避免重复安排和投向固化。完善集中力量办大事的预算安排机制，逐步取消一般公共预算中以收定支、专款专用的规定。二是部门资金优化结构。贯彻零基预算理念，从部门预算编制源头压减非重点、非刚性、非急需支出，兜住“三保”底线，控制竞争性领域财政投入，建立节约型财政保障机制。同时，对单位账户闲置资金进行常态化清理，完善非财政拨款结余资金盘活机制，加强收回资金的统筹使用，而不是在资金回收后又通过拨款返回沉淀单位。三是专项资金统筹整合。完善涉农资金统筹整合长效机制，优化任务清单设置，完善统筹整合平台，并参照涉农资金“大专项 + 任务清单”模式，支持地方政府在财政资金统筹使用方面先行先试，纵深推进科技、医疗卫生、节能环保等专项资金实质性整合，防止条块分割、降低资金使用效果。

## 二、存量形式的资产统筹

资产是资金的固化形态，是财政资源的存量形式。统筹财政资源，应加强各类国有资产统筹，进一步优化配置管理、提升使用效益。

### （一）资产管理统筹

从资产管理的角度看，国有资产主要分布在行政事业单位、国有企业、金融企业和自然资源等四个领域。一是加强行政事业单位资产共享共用。健全新增资产预算与存量资产挂钩机制，完善资产管理信息系统，通过“虚拟公物仓”办公用房调配平台等方式，将长期闲置、低效运转或超标准配置的资产，在部门内部或部门间调剂使用。二是推进国有企业资产配置优化。加强企业国有资产产权交易的监督管理，促进国有资产的合理流动和优化配置，进一步调整国有经济布局与结构，促进国有资产保值增。三是完善金融企业资产管理体系。夯实以管资本为主的国有金融资产管理体系，开展国有金融资本产权登记，全面摸清金融家，建立集信息报送、资源共享、数据校验等功能于一体的金融企业国有资产信息平台，统筹规划国有金融资本战略布局。四是健全自然资源资产收益管理。开展全民所有自然资源资产清查，探索建立自然资源资产核算标准体系，深化有偿使用制度改革，形成统一的自然资源配置规则和资产收益管理制度。此外，打通国有企业、金融企业经管资产和行政事业性国有资产的统计管理系统，衔接自然资源资产业务数据，建立全口径的国有资产综合数据库，为强化资产综合管理、挖掘资产数据价值奠定基础。

### （二）资产使用统筹

从资产使用的角度看，国有资产主要包括实物资产、无形资产、数据资产（特殊无形资产）等三类状态。一是推行实物资产数字化管理。摸清实物资产底数，进一步推进国有资产数字化管理，实现国有资产动态化、条码化和全生命周期管理。针对一些地方存在的多头管理、账务不清的公共基础设施资产，逐步建立公共基础设施立项、投资、建设、管理、维护运行全过程的成本核算、计量、资产分类和产权界定等标准体系，将公共基础设施资产核实入账列入常态化管理。二是实施无形资产资本化运营。开发政府无形资产，特别是城市无形资产的市场化价值，将政府投资建设的道路、桥梁、公园、广场等公益设施的广告权、冠名权、经营权等，以及城市交通、出租车、街路保洁等行业特许经营权，实行公开招标拍卖、有偿有期转让，推动由一次性出让收入向长期经营性收益转变。三是加强政府数据资产化配置。面对以指数级规模扩大的政府海量数据，应将其作为一种全新的资产形态，以资产管理的标准和要求加强相关制度及应用，通过合理配置和有效利用，最大程度挖掘数据资产的经济社会效益。

## 三、政策统筹

财政政策不仅决定了财政资金和资产的规模状况，其本身也是财政资源的重要组成。统筹财政资源，应加强空间视角上的各地各级财税等相关政策统筹，进一步加强政策协同、发挥政策合力。

### （一）各级财政政策统筹

一方面，保持上下级财税政策相一致。各级地方政府应加强对中央财税政策的贯彻落实力度，不能重布置轻落实，或者选择性落实、象征性执行，更不能违规自行设立新的税收优惠或变相税收优惠政策。同时，除有关法律规定外，上级政府及其部门不得要求下级配套或以达标评比、考核评价等名目变相配套。上级政府出台涉及下级政府利益的财税政策时，应充分征求下级政府及相关部门的意见。另一方面，保持政府间财税体制相协调。研究出台《政府间财政关系法》，建立权责清晰、财力协调、区域均衡的中央和地方财政关系，适当加强中央事权和支出责任，减少并规范中央和地方共同事权，合理划分政府间收入体制，进一步完善转移支付制度，形成稳定的各级政府事权、支出责任和财力相适应的制度。

### （二）本级财政政策统筹

一是财政收支政策相配合。加强税收优惠、专项资金、股权投资、政府采购等财税政策的统筹运用，采用税收优惠可以取得类似效果的，就不使用专项资金，专项资金也逐步采取市场化运作模式。二是税收与非税政策相协调。税收收入和非税收入分别用于供给一般公共产品和特定公共产品，且税收政策更具法定、规范和稳定性，非税政策更具灵活、针对和多样性，应发挥两者优势，加强相互协调，如减轻中小企业成本负担就需要同时采用减税和降费政策，加大环境治理也需要环保税、资源税等税收政策，与生态环境损害赔偿金及相关罚没的协调配合。三是传统支出方式与新型工具相结合。直接投入、奖补贴息、政府采购等传统支出方式具有投向直接、速度较快的优势，但也容易对市场配置资源形成干扰，且财政负担较大。应加强这些传统手段与 PPP、政府投资基金、政府购买服务等新型支出方式的统筹结合，通过不同财政工具的优化组合和统筹运用，最大程度上实现政策效果。

### （三）相关经济政策统筹

财税政策只是政府宏观调控的一种手段，若要充分发挥财税政策的实施效果，必须加强财税与金融、产业、土地、价格等其他政策的协调配合。一是加强财政与金融政策协调。做好财政政策与货币政策的松紧搭配，发挥货币政策调总量和财政政策调结构的特征，并在国债、财政投融资等两者结合领域更好地推进政策协调。二是加强财政与产业政策协调。发挥产业政策的导向作用和财政政策的支撑作用，通过税收优惠、专项资金、股权投资、政府采购等财税政策，扶持先进制造业、现代服务业及中小企业发展，推动产业转型升级和布局优化。三是加强财政与土地政策协调。统筹财税优惠和土地政策，增强园区产业集中度，提升亩均效益，同时完善房产税、城镇土地使用税、耕地占用税等税收政策，进一步提升土地资源使用效益。

## 四、治理统筹

### （一）治理目标下的相关部门统筹

财政传统理论对财政定位是经济学的一个分支，主要从经济领域展开分析，但从目前的实践和理论分析来看，财政已经超越经济学的范畴成为一门综合学科。党的十八届三中全会明确指出财政是国家治理基础和重要支柱，我们要基于国家治理要素配置和效能发展来认识财政，财政管理部门包括政府、人大及司法检查等要基于国家治理的层面来把握。相应地，财政资金和政策也要超越狭义的财政部门范围，应该将所有虽未由财政部门管理但具有财政属性的资金、资产和资源全覆盖。基于国家治理体系和能力现代化的目标来认识财政是国家治理的基础和重要支柱定位，需要拓宽视野和认识，提高站位。总之，财政是国家治理的基础和重要支柱，财政职能的有效发挥是国家治理体系和治理能力完善的重要保障。国家治理体系总体框架体现为上述治理要素的合理配合，深度提升财政统筹能力和效能发挥，优化国家治理要素资源配置，需要财政深度提升统筹能力，发挥财政治理效能。

从财政是国家治理的基础和重要支柱这一论断来看，财政作为国家治理体系的重要内容和推进国家治理能力现代化的重要保障，对应的是优化资源配置、维护市场统一、促进社会公平、实现国家长治久安等制度保障功能，属于层级很高、内涵很广的国家治理范畴。

财政治理的职能不可能通过财政部门独立完成，而是由相关部门按照优化的程序和科学的方式形成一定的治理体系。当然，财政要在治理体系中发挥重要作用必然要统筹财政资源、联合相关部门，形成协同治理效应。因此，在国家治理的视域中，财政统筹通过发挥基础治理作用、通过制度创新和政策设计，服务和保障国家发展的政治意图、战略部署和改革方向，理顺和规范国家与社会、政府与市场、中央与地方、人大与政府等重大关系，有效发挥中国特色社会主义的制度优势，这是我国财政统筹管理的根本目标。

### （二）财政与经济社会发展的统筹

统筹财政资源是落实“十四五”时期重要经济社会发展目标的必然要求。十四五期间为实现我国经济发展战略新格局，提出了五位一体的战略总体布局，只有统筹国内财政资源，才能为我国经济循环发展提供强有力的财政资金支持。

2023 年底，中央全面深化改革委员会第三次会议强调，要始终坚持“过紧日子”的思想，加强财政资源科学统筹和合理分配，合理确定预算收支规模，统筹保障和改善民生，杜绝奢靡浪费等现象。党中央强调要加强财政资源统筹，主要是基于当前的财政经济形势做出的重大决策。近年来，随着经济增速放缓，财政收入增速也在快速回落，而财政支出刚性增长，财政收支矛盾日益加剧，财政的可持续性有所下降。当前，国民经济持续恢复向好，但外部环境更趋复杂严峻，国内需求仍显不足，经济回升向好基础仍不牢固，财政政策需要继续加力提效。面对这样的收支矛盾，要提高财政的积极空间和保障能力，财政改革需再担大任，力争在加强财政资源统筹方面取得更大成效。展望“十四五”，我国经济增长依然面临较大的下行压力，财政仍将处于紧平衡状态，统筹财政资源是财政运作的枢纽。政府要通过强有力的财政统筹，将政府、企业、社会组织和个人有效地动员起来，挖掘和汇集各方面的潜力，让有限的财政资源在政治、经济、社会等各领域合理高效配置。在此基础上，统筹财政资源是实现中国特色社会主义经济社会发展目标的需要。面对新的国内国际环境提出了发展的新要求，实现财政资源的统筹管理，就是为了更好地围绕新时代的新发展要求，实现财政资金对我国经济社会发展的保障作用，重点包括以下五个方面：

一是推动经济运行持续好转。统筹稳增长和增后劲，突出固本培元，加大逆周期调节力度，着力提高政策精准性。充分考虑助企纾困需要和财政承受能力，根据经济运行情况及时研究出台一批新的政策，更好稳定市场预期、激发市场活力。

二是强化创新引领，推进现代化产业体系建设。把发展经济的着力点放在实体经济上，推进科技创新和产业创新深度融合，培育壮大发展新动能。优化财政科技经费支出结构，重点向基础研究、应用基础研究和国家战略科技任务聚焦。

三是切实保障和改善民生，加快社会事业发展。统筹实施降低失业保险费率、提高创业担保贷款额度等政策，多渠道稳定和扩大就业。

四是扎实推进乡村全面振兴，促进城乡区域协调发展。统筹各项财税政策支持，优化城乡区域资源配置，增强发展的协调性平衡性。

五是大力支持生态文明建设，推动发展方式绿色转型。牢固树立和践行绿水青山就是金山银山的理念，一体推进生态保护、污染治理等工作，加快建设美丽中国。统筹水资源、水环境、水生态治理，推进重要生态系统保护和修复重大工程建设，落实好环境保护税、资源税以及节能节水、资源综合利用等方面优惠政策，培育绿色低碳转型内生动力。

## 第二节 统筹加强财政管理的思路

统筹加强财政管理对坚持和发展中国特色社会主义制度、坚持以人民为中心建设社会主义现代化国家具有重要意义。然而，部分地区的财政统筹工作还不尽如人意，比如地方预算的财政资源统筹能力有限，在妥善应对政府财政平稳、健康运行压力方面有待加强等。鉴于当前的经济和政策形势，地方财政在未来较长一段时间内将处于紧运行状态，地方财政需要更有力地统筹协调政府掌控的各类经济资源，以便为政府施政提供财力保障。总之，“大财政”管理格局尚未完全形成，地方政府面对各种经济波动时仍然压力较大。因而，强化地方财政资源统筹就成为缓解财政收支矛盾不断加剧的现实需求，以及协调推动高质量发展与防范、化解风险的必然要求。这需要我们明确管理思路，然后才能制定相关举措和确保管理朝着既定的正确目标发展，具体可以考虑遵循加强财政资源的全面统筹、健全预算制度、借助信息化技术以及依法加强统筹等方面。

### 一、加强财政资源的全面统筹

国家在十四五规划中提出了加强财政资源统筹管理的重大战略目标。财政资源是国家治理的物质基础，有效统筹财政资源是财政治理能力的充分体现。统筹财政资源，要全面理解把握财政资源的内涵，财政资源是基于国家治理的基础和重要支柱的财政资源，根据国家财政部门出台的相关文件说明，我国实施财政资源统筹包括了财政收入、财政支出、四本预算、国有资产、财政存量资金和财政信息六大内容。这其中包括财政部门管理的财政资源，也包括其他部门管理的财政性资源；包括流量财政资源，也包括存量财政资源；包括价值形态的财政资源，也包括实物形态的财政资源。强化财政资源统筹，就是做好上述资源统筹。各地方也按照中央部署持续推进财政资源统筹改革的要求，不断加大财政资源统筹力度，极大地提高了财政资源的配置效率，为财政服务国家治理注入了“资源活水”。这相应要求各级相关部门在实践中避免过去偏重流量、轻视存量管理的倾向，既要做好流量收入的管理，也要强化结转结余存量管理；既要关注流量资金形成的存量资产，也要关注存量资产的统筹盘活。

我国已经在推进财政资源统筹方面做了大量工作。例如，推动将支出内容相近的资金纳入一般预算进行管理，加大政府预算统筹力度。建立预算安排与存量资金挂钩机制，加大专项资金清理、整合、盘活力度，提高财政资金使用效率。通过规范超收收入使用、建立预算稳定调节基金，建立跨年度预算平衡机制，实行中期财政规划管理，加强财政资源跨年度统筹；清理规范重点支出同财政收支增幅或生产总值挂钩的事项，根据需要统筹安排财政支出。当然也要看到，财政资源统筹方面依然存在统筹能力弱、层次低、内容单一等问题，需切实按照党中央部署，进一步加大统筹力度，努力提升财政保障能力和可持续性。

一是加强财政资源统筹，首先是财政资源要“统”起来，即预算一个盘子、收入一个笼子、支出一个口子；其次要“筹”，也就是财政资源在各领域间、横向部门间、纵向政府间以及时序上要协调、有效使用。要充分发挥财政在国家多维治理要素之间的宏观统筹功能。在由政治、经济、社会等要素共同构成的国家治理体系中，财政作为各子系统的连接点和主枢纽，要围绕国家战略和重大方针政策的贯彻落实，统揽国家治理体系全局，通过强有力的统筹规划，实现有限的财政资源在政治、经济、社会等各子系统之间的合理高效配置，促进各领域协同建设和发展，建立安全稳定和谐的政治、经济和社会秩序。

二是加强部门间财政管理职能统筹，要破除部门利益束缚。强化财政部门的预算管理主导权，包括预算工作统筹指导权、部门预算审核权和预算执行监督权，实现预算权统一。合理赋予其他公共部门对本部门预算资金的项目安排、调剂权，相应明确其对本部门预算执行进度和资金使用效率的责任，加强协调配合，确保预算政策与国家战略协调一致。赋予财政部门对财政政策的统筹管理权，以克服政出多门所导致的财政政策重复、冲突或过于超前等问题，最大限度避免财政政策的负效应。

三是加强财政资源科学统筹，要集中力量实施重点突破，切实使各种政府收支均在全口径预算体系的平台上进行统筹配置。应加大收入统筹力度，强化政府性资源综合管理，将依托行政权力、国有资源（资产）获取的收入以及特许经营权拍卖收入等按规定全部纳入预算，强化部门和单位收入统筹管理，切实使部门和单位依法依规将取得的各类收入纳入部门或单位预算，未纳入预算的收入不得安排用于支出。加强财政支出统筹，积极运用零基预算管理理念，坚持有保有压，从严控制一般性支出，加强“三公”经费预算管理，努力降低行政运行成本。继续加强政府预算体系的统筹，加大政府性基金预算的统筹力度，尽快将收入比较稳定的政府性基金及时纳入一般公共预算管理，保证财政资源的高效统筹配置。

## 二、健全预算制度，加强财政资源和预算的统筹

党的二十大三中全会《决定》提出“健全预算制度，加强财政资源和预算统筹，把依托行政权力、政府信用、国有资源资产获取的收入全部纳入政府预算管理”。表明加强财政资源的统筹首先要通过健全预算制度把各种财政资源纳入预算管理。从预算完整性来说，根据党的十八大和十

八届三中全会《决定》以及《预算法》的要求，我国已经形成了一般公共预算、政府性基金预算、国有资本经营预算、社会保险基金预算“四本预算”的预算体系，以政府信用取得的债券形式的政府债务分别纳入一般公共预算和政府性基金预算，实现了税、费、利、债的预算管理，并通过四本预算之间的调入调出机制实现统筹，基本实现了全口径的预算管理及监督。这次三中全会对人大监督的范围由对预算决算、国有资产的监督，进一步拓展到对政府债务的监督，也在凸显着对人大加强全口径预算决算监督的新要求。

《决定》明确提出“把依托行政权力、政府信用、国有资源资产获取的收入全部纳入预算管理”，在目前政府四本账的基础上，更多指向大口径的非税收入，即除税收以外的依托政府行政权力、政府信用（誉）、国家资源资产或提供特定公共服务征收、收取、募集的财政收入，与《决定》中提出的“规范非税收入管理”一脉相承，从全口径的角度对加强所有财政资源和预算统筹提出了更高的要求。

目前依托行政权力取得的收入主要表现为依据法律、行政法规、政府规章及规定等所收取的各项行政事业性收费收入，其特点是种类繁多且分属不同的主管部门。这些收入主要纳入一般公共预算和政府性基金预算管理；依托政府信用（誉）取得的收入，目前纳入预算的主要为经法定程序批准的各类政府债券以及各种国内外的捐赠收入、利息收入，等等；依托国有资源资产取得的收入，除目前纳入国有资本经营预算和一般公共预算的国有资本经营收益外，主要是国家有偿转让国有资源（资产）使用费而取得的收入，内容多且杂。如海域、矿区使用费收入、行政事业单位国有资产出租、出借、处置收入、出租车经营权有偿出让或转让收入、矿产资源专项收入、水资源费收入、市政公共资源有偿使用收入（停车泊位及公共停车场等）等，目前纳入一般公共预算管理。

过去由于预算制度的不完善，还有部分公共资源如国有独资企业、部分事业单位凭借行政权力或国有资产取得的收入没有纳入预算管理。政府所有收入全部纳入预算管理，既规范了预算管理，又有利于强化财政资源的统筹能力，还有利于促进全民所有的资源在更大范围内实现更加公平的共享。因此，从健全预算制度加强财政资源和预算统筹角度来说，除了通过进一步加强管理，堵住跑冒滴漏外，需要重点考虑一些问题：一是依托行政权力的收费，首先要明晰一些有执收执法权的主管部门职权范围，解决部门收费职权交叉重叠问题；其次要厘清收费范围，既要依法依规足额征收纳入预算，同时也要取消一些已经不适应及不合理的收费，更要注意应对新发展阶段出现的一些新兴领域的收费问题，如政府的政务数据资产带来的收益分配问题等。二是将依托政府信用取得的收入，纳入预算管理应该结合《决定》中指出的“完善政府债务管理制度，建立全口径地方债务监测监管体系和防范化解隐性债务风险长效机制，加快地方融资平台改革转型。”三是在国有资源资产收入，目前我国已经建立了政府向人大报告国有资产的制度，将分属不同部门管理（国资委、金融监管、财政、自然资源）的国有资产分别以四个专项报告（企业（非金融）国有资产、金融企业国有资产、行政事业性国有资产、自然资源国有资产）向人大报告。通过报告制度逐步摸清了家底，但在资产价值的实现及分配、资产收益的征收及分配、如何加强各主管部门的协同、以及如何纳入预算统筹管理等方面仍存在一些难点需要突破。

## 三、信息技术助力财政统筹管理

一是提升整体化信息能力。随着信息化时代的到来，信息技术已经成为支撑生产和生活的重要技术手段，为实现财政体制改革，财政部门需加快财政管理信息化平台建设。但是整体上我国行政事业单位的信息化水平参差不齐，部分经济发展较快的省级政府机关和行政事业单位信息化建设上进展较快，但是基层政府机关和行政事业单位的信息平台建设却十分落后。另外，目前很多省市三级财政管理系统存在不统一的情况，省、市、县的管理信息系统不一致，导致政府机关和行政事业单位系统对于信息数据的收集、分析都存在较大困难，也难以获取有关财政资源的准确、完整的信息。

二是建设数字财政体系。统筹财政资源离不开信息技术的保障，这相应需要财政部门建设数字财政体系加强对财政收支等资源的全方位动态监管，以信息化提升财政管理的科学化水平，具体包括以下方面：一是启动金税四期工程。深入推进内外部涉税数据汇聚联通和线上线下数据有机贯通，实现税费全业务、全流程、全数据的“云化”打通。二是推进预算管理一体化。逐步纳入非税收入、政府采购、资产管理、债务管理等专项业务，动态反映预算安排和执行情况，实现各级财政部门、预算单位间的信息实时共享、数据自动流转、业务协同办理、流程有效衔接。三是打造数字财政体系。在深入推进财税信息化的基础上，将大数据、云计算、区块链等技术和财政业务进行深度融合，进一步打破各部门“数据烟囱”，实现财经大数据横纵向连接、传输和整合，构建能够完整反映财政资源状况和有效推进财政资源统筹的数字财政体系，大幅提升财政治理能力。

## 四、依法加强财政统筹管理

一是法治化保障财政统筹管理。统筹管理涉及诸多财政管理主体，在实际执行时需要依法理财，也即要由财政制度的单方政府主导性转变为多方主导，而这就要求在财政制度的决策时加强其他主体的参与，其中最重要的是公众参与。财政资源主要来自公民的税收，而在其支出时却没有突出体现公众的参与。每一项制度的制定在政府和公众来看都有自己的利益立场，通过双方之间在规范的平台之上进行博弈，才能制定出相对适合中国发展的财政制度。

二是强化监督以保障财政统筹管理。监督对于营造法治化、科学化和精准化的优良财政生态十分重要。对于地方财政来说，如果失去有效监督，则会降低地方财政资金的投资管理效率和经济发展质量，扩大经济发展的结构性矛盾，给地方财政带来沉重的负担；甚至影响地方政府公信力，不利于地方政府有效运转，并直接导致中小企业利益和群众生活受损，延缓地方经济和社会发展。因此，随着现代化程度不断提高，持续推进财政法治化、科学化、精细化建设，加强监督能力是不断提升财政管理水平的必然要求。

## 第三节　统筹加强财政管理的重点举措

党和国家历来重视统筹财政管理，在不同时期的重点举措有所不同。2023 年中央经济工作会议要求“积极的财政政策要适度加力、提质增效”，其中，“适度加力”的一个主要方面即为加强财政资源统筹。财政部部长蓝佛安表示这是党中央着眼经济社会发展全局，对 2024 年财政政策定下的总基调。“适度加力”主要是加强财政资源统筹，组合使用专项债、国债以及税费优惠、财政补助、财政贴息、融资担保等多种政策工具，适度扩大财政支出规模。除财政自身收入外，2024 年安排一定规模的赤字，并从预算稳定调节基金、其他政府预算调入一部分资金，确保财政总的支出规模有所增加。根据当前我国顶层设计的目标和相关要求，重点可以考虑从法治化建设、国有资产管理、财政和货币协同以及财会监督等方面着手。

## 一、加强法治化建设保障财政统筹管理

### （一）增强财政法治的效能

整体上看各地财政部门认真贯彻落实中央关于法治建设的重大决策部署坚持在法治轨道上提升财政治理效能，将依法行政贯穿到财政工作各环节，用法治管住"账本子""钱袋子"，依法规范权力运行。严格依法依规决策，充分发挥本单位法规部门和法律顾问的作用，重大决策集体讨论前，严格实行合法性审查，提高依法决策水平，同时依法制定规章制度，全面推进政务公开，为全面落实法治化建设各项任务提供了强有力的组织保障。

### （二）提升财税法律制度的质量

法治化更加强调财税法律制度建设的科学性、民主性、协调性与渐进性。各地财政部门认真落实财政部规范性文件合法性审查制度，及时开展对涉及行政审批等事项的制度文件的清理与规范，提升财税制度整体的协同性与规范性。现阶段预算立法权主要由行政机关所控制，立法机关的规范和监督权力还在进一步突出，各地方在逐步加强人大及其常委会在预算活动中的核心地位，通过预算编制、审批等具体制度的进一步完善，预算分项审批权、预算修正权的赋予，来保障预算权的实现。另外，预算活动不应该只有立法机关和行政机关的参与，民众、社会组织等参与对预算活动的监督也非常重要。这相应需要建立公开的预算信息制度。财政部门持续推动扩大公开范围、细化公开内容，不断完善预算公开工作机制，强化对预算公开的监督检查，逐步实施全面规范的预算公开制度。扩大部门预决算公开范围，除涉密信息外，中央和地方所有使用财政资金的部门均公开本部门预决算。要细化部门预决算公开内容，逐步将部门预决算公开到

基本支出和项目支出。

### （三）建立部门内控制度

财政部门秉承分事行权、分岗设权、分级授权的制衡性原则，综合运用不相容岗位分离控制、授权控制、归口管理、流程再造、信息系统管理控制等方法，建立内控制度，将内部控制贯穿于决策、执行、监督、改进和反馈全过程，使任何决策或业务工作都有案可查。结合财政部业务性质与工作特点，对法律风险、政策制定风险、预算编制风险、预算执行风险、公共关系风险、机关运转风险、信息系统管理风险、岗位利益冲突风险等八类风险进行识别、评估、分级、应对、监测和报告，建立对风险的事前防范、事中控制、事后监督和纠正的工作流程和机制，对包括财政资金分配使用、国有资产监管、政府采购等重点业务在内的财政部各项工作强化内部控制，防止权力滥用。

### （四）强化财政监督效能

2023 年以来，各地方财政部门根据人大有关方面和审计部门提出的意见建议，把加强财政管理监督、防范财政运行风险摆在更加突出位置，着力提升财政资金使用效益，增强财政可持续性，促进积极财政政策更好服务保障高质量发展。财政部门以法治思维加强财政监督，监督检查财税等方面法律法规和政策的执行情况，检查、处理、反映财政收支管理中的重大问题。以监督检查为手段，依法开展“三公”经费、非税收入、重点领域资金和会计信息质量、预决算公开等各项财政监督检查工作，规范预算管理，完善财政监督职能。同时，推进预算绩效管理规范化、整体化、公开化建设，将绩效管理深度融入预算编制执行监督全过程，构建绩效管理工作机制，有力推动预算绩效评价管理，以财政监督检查和绩效管理相结合的形式，双管齐下加强财政资金统筹、优化财政资金配置。

## 二、重点加强国有资产管理，实现财政资源统筹管理

各地方财政树牢“大财政”理念，做好“大统筹”文章，以“合理配置、有效利用、盘活增效”为目标，全力推动行政事业性国有资产清查盘活，最大限度挖潜增效，将“沉睡的资产”变为“增收的活水”，全面提升财政资源配置效益，更好服务改革发展大局。

### （一）多种方式灵活运用国有资产

一是着力优化在用资产，加强新增资产配置论证和修旧利废，推进集中统一办公。二是全面加强统筹调剂，新增资产优先通过调剂解决，建立跨单位、跨部门、跨政府级次统筹调剂机制。三是大力推进共享共用，实现资产管理信息系统与科技资源统筹服务平台数据对接。四是建好用活公物仓，建立全省一体化网络公物仓平台，实施公物仓资产清单化管理，充分发挥公物仓统一配置、统一调剂、统一处置功能作用。五是严格规范出租处置，面向市场建立健全统一出租处置平台，实现国有资产收益最大化，探索研究。六是明确闲置标准。为便于部门单位具体操作执行，各地方财政明确分类了纳入盘活范围的低效闲置资产，并与预算一体化系统相统一。

### （二）加强国有资产管理的信息统筹

实践中，很多地方的各个单位、各个层级之间没有通用的财务核算信息软件，无法将会计账目与资产管理账目的信息进行有效关联，以致财务管理与资产管理相脱离，无法实现管理的连贯性。为实现财政资源统筹管理，各级行政事业单位须充分利用现代信息技术，搭建财务管理信息化平台，实现资产管理与预算管理一体化。具体包括以下两点：首先，建设预算管理信息化平台，在该平台上设置资产管理模块，在这一模块中增加资

产的采购、处置、折旧、存货管理等基础信息，通过系统可以实现对资产的全过程管理。其次，资产管理模块要实现与其他业务模块的融合，包括政府采购、会计核算、非税征管等，一方面，通过一体化系统掌握本单位的资产及资源配置信息，为资产管理提供有效的数据支持，另一方面，实现资产管理与预算管理的充分融合，达到优化资产配置效率的目的。

### （三）加强国有资产管理部门之间的统筹

健全国有资产管理体制是加强财政体制改革的重要内容。为加强国有资产统筹管理应该在同一地区建立统一的国有资产管理体制和监管制度，贯彻落实财政综合指导、主管部门日常监管、行政事业单位占有使用的分级管理原则和管理体制。在这一管理原则指导下，机关务管理部门负责管理特定单位的特定资产，财政部门承担综合管理职能，负责国有资产管理政策的制定和解释以及相关权限的配置等。各级主管部门根据财政部门赋予的权限对资产的日常使用和处置进行审核批示，相应地，还要制定有关资产配置的预算编制制度。在这一资产管理体制下，必须明确国有资产产权，确保各级单位使用的国有资产没有产权纠纷，加强各个单位之间资产变更入账管理，对于所有权和使用权分离的国有资产必须在明确资产用途后，进行统一的产权变更，由机关事务管理部门负责统一登记管理，确保资产管理政策上下贯通。

## 三、重点加强财政政策与货币政策协调

面对经济下行压力加大，党中央审时度势、及时出台各项举措，形成政策组合拳，推动经济企稳回升；2024 年四季度政策力度进一步加大，特别是增发 1 万亿元国债支持灾后恢复重建和提升防灾减灾救灾能力，提前下达 2024 年度部分新增地方政府债务限额，合理保障地方融资需求，

有效稳住了预期。中央经济工作会议提出强化宏观政策逆周期和跨周期调节，继续实施积极的财政政策和稳健的货币政策，加强政策工具创新和协调配合。

### （一）财政与金融政策的协调联动

财政部门统筹运用各项财税政策工具，实施好积极的财政政策。在“适度加力”方面，主要是适度加大支出规模，支撑经济社会发展需要，具体包括科学确定赤字率和赤字规模、加强财政资金资源统筹、保持必要的支出强度等；同时，更加注重激励地方高质量发展，增强发展的内生动力。在“提质增效”方面，主要是推进财政管理科学化、标准化、规范化，把同样的钱花出更大的效果，同时加强与货币、就业、产业等政策协同联动，着力提升支持高质量发展的效果。

财税政策只是政府宏观调控的一种手段，若充分发挥财税政策的实施效果，必须加强财税与金融、产业、土地、价格等其他政策的协调配合。其中加强财政与金融政策协调相当关键，做好财政政策与货币政策的松紧搭配，发挥货币政策调总量和财政政策调结构的特征，并在国债、财政投融资等两者结合领域更好地推进政策协调。

### （二）实现主管部门联动协同

财政金融联动机制需要加强行业主管部门在政策制定、政策执行、政策反馈等方面的协同性，保障经济社会各领域发展需要。具体可考虑以下方面：一是政策制定协同。地方相关行业主管部门要主动对接了解企业金融需求，由财政、金融和行业主管部门集思广益，共同参与政策制定研究，从源头上保证政策协同的可操作性。二是政策执行协同。财政、金融和行业主管部门明确分工、各司其责，确保宏观调控政策尽快落实。三是政策反馈协同。各部门加强对政策执行落实情况实施监督，定期组织沟通、注重反馈，针对政策执行中出现的问题及时研究并协调解决，不断完善改进政策。积极推进政府、金融和企业合作。财政金融联动机制的构建，不能只是政府部门的“单打独斗”，必须能有效引入金融资源。考虑到地方金融机构大多是分支机构，需要向总部机构争取支持。财政金融联动创新推出的通过补贴金融机构、由金融机构降低利率发放贷款的贴息产品，能够推动金融机构及时向总部机构争取更大的支持力度，与地方政策目标保持协同一致。通过财政金融联动措施，带动金融机构把业务做大做好，更有利于地方金融机构向总部机构协调争取更多的倾向性优惠政策，为地方经济发展提供更多和更优质的金融支持。

### （三）加强财政与金融统筹联动的引导

财政金融联动机制的构建，是运用财政资金通过“补、奖、贴、偿、投”等方式，有效撬动金融资本，可考虑从以下方面着手。一是通过补助方式，对新进驻的金融机构给予一次性补助，能够适当分担其固定投入成本。二是通过奖励方式，重点奖励业务规模大、社会反响好、信贷支持产业效果明显的金融机构，提高金融机构积极性。三是通过贴息方式，由贷款银行以政策性优惠利率向企业提供贷款，财政将贴息资金直接拨付给贷款银行，保障其利润收入。四是通过风险补偿方式，对金融机构支持薄弱领域的贷款出现损失的按一定比例给予风险补偿，分担金融风险。五是通过基金投资方式，增加企业资本降低资产负债率，优化企业治理结构，提高企业信用等级，从而带动金融机构为企业贷款，帮助企业直接融资与间接融资有效结合。补助、奖补、贴息、担保、基金等五种财政与金融联动的方式统筹安排，能够效引导各类金融机构创新服务、降低成本，满足不同企业项目需求。其中：补助、奖补、贴息、担保本质是财政费用性支出，财政资金循环使用和市场化程度较低；基金本质是财政投资性支出，可以实现财政资金滚动循环使用，参与所投资企业治理，市场化程度较高。基金主要帮助解决企业资本金不足问题，而补助、奖补、贴息、担保主要帮助解决企业贷款问题，每一种方式都能有针对性地解决不同企业的融资问题。在财政与金融联动中需要注重发挥不同方式的作用：对于传统产业、农业以及市场效益不高的企业项目，较多使用补助、奖补、贴息、担保；对于新兴产业、科技企业以及未来价值增长空间较大的企业项目，更多采取基金投资方式。

### （四）深化财政与金融统筹联动的政策要领

1. 注重顶层设计，形成财政与金融统筹联动合力

首先，坚持政府引导与市场主导相结合。加强政府在规划指导、规范运作、服务保障、激励约束等方面的作用，引导金融健康发展。发挥市场在资源配置中的决定性作用，引导各类金融机构根据经济社会发展需求创新服务、降低成本。

其次，积极推进政府、金融和企业合作。财政金融联动机制的构建，不能只是政府部门的“单打独斗”，必须能有效引入金融资源。考虑到地方金融机构大多是分支机构，需要向总部机构争取支持。财政金融联动创新推出的通过补贴金融机构、由金融机构降低利率发放贷款的贴息产品，能够推动金融机构及时向总部机构争取更大的支持力度，与地方政策目标保持协同一致。通过财政金融联动措施，带动金融机构把业务做大做好，更有利于地方金融机构向总部机构协调争取更多的倾向性优惠政策，为地方经济发展提供更多和更优质的金融支持。

2. 注重金融联动，提高财政与金融统筹联动的效率

首先，着力培育多元主体，优化金融市场结构。以完善金融机构组织体系为切入点，财政奖补助力金融供给侧结构性改革，扩大金融服务覆盖面和供给水平。一是推动地方金融机构发展。安排扶持资金，通过定额补助、费用补贴、网点补助和业务奖励等措施，帮助农村合作机构成功改制

和加快发展，推动地方法人金融机构向县域下沉机构网点，服务县域金融需求。二是鼓励引进和设立金融机构。对新迁入或新设立的金融机构、金融中后台功能性服务机构，根据机构类型、组织形式给予落户奖励，推动优质金融要素集聚。三是支持发展资本市场。制定出台直接融资奖补政策，对企业上市、债券融资、股权投资等运用资本市场融资业务给予费用补助、业务奖励等，降低企业融资成本，拓宽企业直接融资渠道，深挖直接融资潜力。

其次，突出分类支持，发挥不同金融机构的优势。不同资产性质、不同规模的金融机构，经营范围、业务方向均有其自身定位和比较优势。财政金融联动机制采取分类支持模式，结合金融机构和市场主体的特点，充分发挥各金融主体的比较优势，提高政策协同的对接精度、实施效率和政策效果。

最后，充分借助金融科技力量，实现信息共享。充分借助金融科技力量，研发综合金融服务平台，上线财政贴息贷款申请、股权融资服务、线上金融超市、重点企业名录、首贷续贷中心等财政金融联动功能，可以根据企业的贷款需求，提供产品推介、贷款贴息、融资担保等一站式、一体化服务，解决企业融资“最后一公里”难题。抗击新冠疫情期间，“复工贷”“稳企贷”等贴息政策呈现了信息共享优势，企业贷款申请、银企融资对接、银行贷款发放、贴息审核等操作均采用线上模式，企业“足不出户”即可申请贴息贷款，银企双方可以实现24小时全天候对接，贴息资金查询审核批量化、智能化，提高各方对接效率。

3. 注重防范风险，确保财政与金融统筹联动的规范

首先，坚持以服务实体经济发展为目的。围绕深化供给侧结构性改革要求，发挥好财政资金的导向作用和聚集效应，促进财政资金与金融工具联动，强化财政金融政策同向发力，全面提升金融服务实体经济效率和水平。

其次，坚持以守住不发生系统性区域性金融风险为底线。强化风险意识，坚决遏制新增政府隐性债务，避免金融风险向财政风险转化，提高财政金融领域风险识别能力，稳妥做好风险预警、防范、化解和处置工作。

最后，坚持以提高财政资金使用效益为保障。不断完善相关政策、调整支出结构、优化资金分配，推动财政资金的安排使用更合理、规范、有效，进一步提高财政资金使用效益。

## 四、着重加大财会监督力度

财会监督作为党和国家监督体系的重要组成部分，在推进全面从严治党、维护中央政令畅通、规范财经秩序、促进经济社会健康发展等方面发挥了重要作用。

### （一）加强财会监督主体横向协同

目前我国已经初步构建财政部门、有关部门、各单位、中介机构、行业协会等监督主体横向协同工作机制。其中，各级财政部门牵头负责本级政府财会监督协调工作机制日常工作，加强沟通协调，抓好统筹谋划和督促指导；税务、人民银行、国有资产监管、银行保险监管、证券监管等部门积极配合、密切协同。各部门之间也建立了财会监督政策衔接、重大问题处理、综合执法检查、监督结果运用、监督线索移送、监督信息交流等工作机制，形成监督合力，提升监督效能。

### （二）强化中央与地方纵向联动

2023 年 2 月，中共中央办公厅、国务院办公厅发布《关于进一步加强财会监督工作的意见》，牵头组织制定财会监督工作规划，明确年度监督工作重点，指导推动各地区各部门各单位组织实施。县级以上地方政府和有关部门依法依规组织开展本行政区域内财会监督工作。国务院有关部门派出机构依照法律法规规定和上级部门授权实施监督工作。地方各级政府和有关部门进一步畅通财会监督信息渠道，建立了财会监督重大事项报告机制，及时向上一级政府和有关部门反映财会监督中发现的重大问题。

### （三）推动财会监督与其他各类监督贯通协调

我国已经初步建立了财会监督工作的信息沟通、线索移送、协同监督、成果共享等机制，具体包括以下方面：很多地方开始探索深化贯通协调有效路径，加强与巡视巡察机构协作，建立重点监督协同、重大事项会商、线索移交移送机制，通报财会监督检查情况，研究办理巡视巡察移交的建议；加强与纪检监察机关的贯通协调，完善财会监督与纪检监察监督在贯彻落实中央八项规定精神、纠治“四风”、整治群众身边腐败和不正之风等方面要求贯通协调机制，加强监督成果共享，发现党员、监察对象涉嫌违纪或职务违法、职务犯罪的问题线索，依法依规及时移送纪检监察机关；发挥财会监督专业力量作用，选派财会业务骨干参加巡视巡察、纪委监委监督检查和审查调查；强化与人大监督、民主监督的配合协同，完善与人大监督在提高预算管理规范性、有效性等方面贯通协调机制；增强与行政监督、司法监督、审计监督、统计监督的协同性和联动性，加强信息共享，推动建立健全长效机制，形成监督合力；畅通群众监督、舆论监督渠道，健全财会监督投诉举报受理机制，完善受理、查处、跟踪、整改等制度。

### （四）加大重点领域财会监督力度以保障党中央、国务院重大决策部署贯彻落实

相关部门把推动党中央、国务院重大决策部署贯彻落实作为财会监督工作的首要任务。聚焦深化供给侧结构性改革，做好稳增长、稳就业、稳

物价工作，保障和改善民生，防止资本无序扩张，落实财政改革举措等重大部署，综合运用检查核查、评估评价、监测监控、调查研究等方式开展财会监督，严肃查处财经领域违反中央宏观决策和治理调控要求、影响经济社会健康稳定发展的违纪违规行为，确保党中央政令畅通。

### （五）严厉打击财务会计违法违规行为

坚持“强穿透、堵漏洞、用重典、正风气”，从严从重查处影响恶劣的财务舞弊、会计造假案件，强化对相关责任人的追责问责。加强对国有企业、上市公司、金融企业等的财务、会计行为的监督，严肃查处财务数据造假、出具“阴阳报告”、内部监督失效等突出问题。加强对会计信息质量的监督，依法严厉打击伪造会计账簿、虚构经济业务、滥用会计准则等会计违法违规行为，持续提升会计信息质量。加强对会计师事务所、资产评估机构、代理记账机构等中介机构执业质量监督，聚焦行业突出问题，强化行业日常监管和信用管理。

### （六）加强绩效监督

1. 在制度体系方面：建立部门绩效计划制度

我国对部门预算绩效管理的要求分散在不同的文件中，比如《中共中央 国务院关于全面实施预算绩效管理的意见》强调要“实施部门和单位预算绩效管理”，《关于贯彻落实〈中共中央 国务院关于全面实施预算绩效管理的意见〉的通知》（财预〔2018〕167 号）要求“加快设立部门和单位整体绩效目标”。总之，目前我国尚未出台全国层面的部门预算绩效管理办法。因此，有必要加快预算绩效管理立法，推动建立部门绩效计划制度，在法律层面对绩效计划的编制程序、基本环节、核心内容、组织保障等做出要求，为绩效目标管理提供健全的法律保障和完善的制度框架。同时，还可以编制绩效计划配套指南，提供部门使命和总体目标、重点目标、关键指标、工作举措等的编制范本，倡导各部门以可视化的形式在计划文件中梳理分析各年度关键指标、实际值、目标值等内容，为实施绩效运行监控提供依据。

2. 在预算时限方面，明确绩效计划与预算时限

我国绩效目标采取与部门预算“同步布置、同步编报、同步审核、同步批复”方式，因此我国绩效目标申报工作时间紧、任务重，致使绩效目标审核往往把重点放在目标编报内容完整性、量化可考等形式要素上，绩效目标审核流于形式的现象或多或少存在。我国可尽早建立起一套涵盖预测、预算、绩效的中期预算框架，在周期更长的预算框架中战略性地考量部门年度目标和优先支出，将部门中长期结果性目标、二年期的优先目标和年度目标衔接起来，实现绩效目标的有效对接和滚动更新。

3. 在政策和预算的衔接方面，增强绩效目标的系统性

当前，我国每个财政年度初始，各部门以党中央、国务院的决策部署、现代化战略目标以及年度工作重点等作为依据，制订与国家5年计划一致的部门发展规划，以及年度工作计划。针对绩效计划，我国尚未做出明确规定，一般情况下年度工作计划等同于部门的绩效计划，且存在预算编制时间和工作计划时间的错位。各部门尚未树立政策与预算衔接匹配的理念，在预算编制过程中，各部门年度绩效目标与中长期战略目标并未建立清晰的衔接关系，也没有要求说明预算项目对部门发展规划的具体贡献。对此，可以完善部门整体支出绩效目标的编制，理顺宏观层面（国民经济和社会发展规划、中长期发展规划）、中观层面（部门职能和日常工作、部门事业发展规划）、微观层面（部门年度工作计划、年度绩效计划和绩效目标）目标之间的层次分解关系，确保绩效计划和目标符合政策要求，并同年度预算安排有效衔接，这样既能够避免政府部门在编制绩效目标时的年度预算短视，推动预算支出安排的宏观性和合理性，又能增强绩效目标和指标的系统性和关联性。

4. 在绩效目标的实现过程方面，实现业财融合

我国部门整体绩效目标设置依然存在绩效和预算“两张皮”的现象，业务和财务、绩效与预算、战略目标和日常工作尚未实现融合一体。我国绩效管理可以按照“业”“财”相匹配的原则，抓好绩效目标这一“牛鼻子”。

## 本章主要参考文献

［1］福建：坚持系统思维统筹财政资源促进共同富裕［J］. 中国财政，2023（19）：52－53.

［2］关礼. 深化财政与金融统筹联动改革［J］. 中国财政，2021（22）：38－42.

［3］何代欣. 中国式现代化进程中的财政治理与调控功能——基于国家治理中的支撑、稳定与安全需求［J］. 经济社会体制比较，2023（06）：57－65.

［4］焦建国，赵亮，竹志奇. 资源配置、国家治理与中国式财政现代化［J］. 财政监督，2024（07）：75－84.

［5］李俊霖，周志强. 国家财政的逻辑——兼论国家财政治理学的构建［J］. 公共财政研究，2024（01）：4－17.

［6］刘书明. 省级财政统筹推进预算绩效管理的经验与成效［J］. 山西财税，2024（04）：6－9.

［7］马海涛，曹堂哲，程子轩. 财政资源统筹与部门绩效计划制度建构：美国部门整体预算绩效计划制度的实践与镜鉴［J］. 中国行政管理，2023，39（12）：44－53.

［8］文宗瑜，谭静，李尚，等. 加强财政资源统筹切实提高政府投资效率［J］. 郑州大学学报（哲学社会科学版），2023，56（01）：35－40，127.

［9］杨建珠. 基于统筹财政资源视角下的行政事业性国有资产管理研究［J］. 行政事业资产与财务，2022（13）：1－3.

［10］于长革. 科学统筹分配财政资源［N］. 经济日报，2023－11－30.

［11］岳树民，王庆. 构建三级财政资源统筹体系研究［J］. 中国人民大学学报，2024，38（03）：15－24.

［12］张丽. 地方财政资源统筹研究［J］. 商业2.0，2024（11）：73－75.

［13］赵福昌. 更好统筹发展与安全深度提升财政统筹能力——学习党的二十大报告关于强国治理的认识［J］. 公共财政研究，2023（01）：4－12.

［14］朱明非. 共同富裕目标下财会监督的重要使命探讨［J］. 财政监督，2023（07）：36－39.

［15］朱云飞. 构建财政资源统筹框架体系之探索——以河北省为例［J］. 税收经济研究，2022，27（02）：86－95.